南开哲学教材系列

哲学概论

（精编版）

阎孟伟　主编

南開大學出版社
天　津

图书在版编目(CIP)数据

哲学概论 ：精编版 / 阎孟伟主编. —天津：南开大学出版社，2020.11(2023.11 重印)
南开哲学教材系列
ISBN 978-7-310-05973-7

Ⅰ. ①哲… Ⅱ. ①阎… Ⅲ. ①哲学－高等学校－教材 Ⅳ. ①B0

中国版本图书馆 CIP 数据核字(2020)第 200521 号

哲学概论(精编版)
ZHEXUE GAILUN (JINGBIANBAN)

南开大学出版社出版发行
出版人:刘文华
地址:天津市南开区卫津路 94 号　　邮政编码:300071
营销部电话:(022)23508339　营销部传真:(022)23508542
https://nkup.nankai.edu.cn

天津泰宇印务有限公司印刷　全国各地新华书店经销
2020 年 11 月第 1 版　　2023 年 11 月第 3 次印刷
210×148 毫米　32 开本　7.5 印张　196 千字
定价:30.00 元

如遇图书印装质量问题,请与本社营销部联系调换,电话:(022)23508339

编 委 会

序　言

陈晏清

20世纪五六十年代，一些大学哲学系的马克思主义哲学原理都有一个长长的绪论，讲授时间占去大半个学期，内容归结起来也就是讲“什么是哲学”“什么是马克思主义哲学”。这长达十几周的绪论课，确实让人觉得有几分枯燥，却也有不少人很愿意听它，因为他们在即将进入哲学的大门时，非常希望能够尽快地知道哲学到底是一门什么样的学问。这哲学原理课的绪论其实就是一种哲学概论，不过它的视野相对狭窄，只是适应于马克思主义哲学原理这门课的教学要求，讲些同马克思主义哲学直接相关的知识和历史。而我们现在开设的哲学概论课则是适应于整个哲学学科的教学要求的，可以说，它是整个哲学学科的绪论。

为什么要开这样的课？哲学概论课是一门入门课，是为了把刚刚考进哲学系的学生领进哲学的大门。从教学上说，它的一个浅近的目的就是帮助学生找到一种适合于哲学专业的学习方法。只有适合于学习对象的性质的方法才是好的、有效的学习方法。哲学概论要讲清楚的正是哲学的性质，包括哲学的本性是什么，体现这种本性的哲学的特点是什么，以及哲学所研究的基本问题是哪些，等等。这讲的也就是哲学观。哲学这个学科比之其他任何学科来，都显得起点高亦即门槛高。这个门槛在哪里？这门槛就是哲学观。许多人在接触哲学之前，就已经在不同程度上学习或接触过其他学科的知识，但由于没有确立最基本的哲学观，不了解哲学的性质，便常常把学习其他学科的方法简单地移用到对哲学学科的学习上来，最常见的就是用关于经验科学的观点和方法去看待和学习哲学，因而总是不得其门而入。有的人从哲学系毕业了，甚至从事了多年的“哲学工作”，但仍然蹲在哲学的大门之外；虽自认为多年来一直是在做“哲学”，却仍然“不识庐山真面目”，搞不清什么是哲学。学界许多哲学问题的争论往往源于哲学观上的分歧，就清楚地说明了这种情况。20世纪90年代以来，我国从事哲学教育的人们越来越看清了这种状况，并意识到了它同哲学教育的关联。于是许多哲学系的教授便不约而同地想到要开设哲学概论这门课程。

20世纪八九十年代，我做哲学系的系主任。处在这样的位子上，自然会对哲学专业的教学改革有更多的关注。当时，我觉得哲学系的课程体系，从内容上看不仅比较陈旧，而且比较松散，教学目标不大统一、不大集中。学界长期形成的学科分立的局面，在哲学系的专业教学中体现得尤为明显。各门课程互不搭界，只是各自讲授自己学科领域的专门知识。涉及哲学观的问题，也不是“大哲学观”，而多是“学科观”，如中国哲学史观、西方哲学史观、科技哲学观、美学观等等，甚至有的课程几乎只是知识课，而少有“哲学味”。学生毕业时，多是装着一大堆哲学知识走了，很难谈得上良好的、规范的哲学思维训练。这种局面是长时期形成的，要改变它也不是短时期能够做到的，而是需要在教学改革上做出多方面的持续努力。但若能够开设一门哲学概论这样的课，帮助学生把握各门主要课程在思想层面上的内在关联，使他们能够在以后的学习中把各门主要课程贯通起来，也不失为改变这种局面的一种努力。20世纪90年代中期，原国家教委批准南开大学哲学系建立“国家文科基础学科人才培养和科学研究基地”，哲学教学改革有了更好的条件和氛围。开设哲学概论课的事情就是在这样的背景下酝酿和启动的。

本书的主编阎孟伟教授在20世纪90年代中期任南开大学哲学系主管教学的副主任，1997年任哲学系主任。他对于哲学专业的教学改革有很高的热情和深入的思考，对开设哲学概论课的意义也有深刻的理解，便自告奋勇领衔这门课程的建设。孟伟也确实是合适的人选。他对哲学专业一些主要课程如马克思主义哲学、西方哲学等都有很好的研究基础，并且有丰富的教学经验。几位教师在他的率领下，于 20 世纪 90 年代末在南开哲学系本科一年级开设了哲学概论课。他们一边讲课，一边编写和修改教材。现在同读者见面的这本教科书就是他们十几年教学和研究的成果。应当说，这是孟伟等人对哲学教学改革做出的一个积极的贡献。

哲学概论课比较难讲。这不仅在于它是 1949 年后在马克思主义指导下建设起来的一门新课（1949 年以前的大学里曾有哲学概论课程），尚缺乏经验，而且在于它有一些不同于其他课程的特殊困难。最困难的是有两个难题不好解决。第一个难题是，哲学概论主要讲哲学观，但并没有一种古往今来一以贯之的哲学观。不同的时代，不同的哲学派别，都有自己的哲学观。哲学观是历史地变化的，但变中又有不变。哲学概论就要讲清变中的不变和不变中的变。如果只讲变而不讲不变，就把握不了哲学之为哲学的基本规定性，讲不清到底什么是哲学；如果只讲不变而不讲变，那就没有历史，说到底也就没有了哲学。哲学的变革总是以哲学观的变革为先导的，讲不清哲学观的变化当然也就讲不清哲学的发展，到头来也就讲不清什么是哲学，因为哲学本来就是作为哲学史而存在的。可以想象，讲清楚这个“变”和“不变”的统一真不是件容易事。第二个难题是，哲学概论课是面向哲学初学者的，讲授内容的繁简难易程度很难把握分寸。过繁了，就不叫“概论”；过简了，说不清问题。太难了，学生接受不了；但一味地求“易”，就可能讲得不三不四。哲学课求“易”是有限度的，因为哲学的门槛本来就应当那么高，是不可能从它应有的高度降下来的。同样可以想象，做到内容的繁简难易适当，也真不是件容易事。

看得出来，本书的作者是在努力解决这两个难题的，并且也是非常用心的。但究竟解决的如何，最有发言权的、最终的评论者还是读者，是使用这本教材的学生们。我相信，这本教材、这门课程是一定会日益成熟的。

前言

说到哲学，我们首先需要打破一个观念，即把哲学单纯地理解为一种专业学科的观念。当然，如果从目前学科划分的角度上看，哲学的确是一个相对独立的学科，它有自己的研究领域，有自己的一整套研究方法，也有自己的一套话语体系。因此，专门学习和研究哲学的人，也同学习其他学科的人一样，必须经过艰苦的、严格的理论训练才能把握哲学这门学科的知识内容。既然如此，我们为什么要打破那种把哲学单纯地理解为一种学科专业的观念呢？

这是因为，首先，哲学思考并不是仅仅存在于哲学的学科领域中，更不是仅仅存在于哲学学者的头脑中，而是存在于任何一个学科领域的理论思维中，这构成了这门学科的理论前提；甚至可以说，哲学思考存在于每个人对日常生活的思维活动中。如果仅仅把哲学理解为一种专业化的学科知识，那么人们就有可能对哲学思维的普遍存在视而不见。例如，我们常听到有人这样讲，“我是搞物理学的，不是搞哲学的”或“我是搞政治学的，不是搞哲学的”，当他们这样说的时候，意味着在他们的观念中，哲学是与其他学科没有关系的东西。而且这样说还往往带有一种对哲学的轻视态度，那就更糟糕了，因为这意味着，他们会把哲学当作一种不值得重视的东西而拒之门外。

其次，从历史上看，哲学是最为古老的学问。在古代社会中，哲学就是一种包罗万象的知识总汇，任何一种知识（自然的知识、社会的知识等）都被称为哲学。因为那个时候，人们没有今天这么强烈的学科划分概念，而是把哲学理解为一种对智慧的爱好，一种求知、求智的欲望。人们常说，中国传统文化有一个特点叫“文史哲不分家”。其实，“文史哲不分家”并不是中国文化的特色，西方古代文化传统也是这样。例如，看一看柏拉图的《理想国》，你就会发现这部被今人视为政治哲学的作品，其实包含了很多内容，除了政治思想，还包括教育理论、数学理论、美学理论、天文学知识等等。在东西方古代文化传统中，哲学根本就不是一个独立的学科体系，它包含着人们对自然、对人生、对社会、对历史等的理论思考，表现为理论思维的总体特征。

近代以来，随着实验科学的发展，人类的知识体系逐渐开始发生学科分化，先是自然科学的各个学科部门相继从哲学这个知识总汇中分离出去，形成了各种自然科学的专门学科，而后社会科学的各个部门也相继从哲学中分离出去，形成了各种社会科学的专门学科。相应地，哲学也逐渐成为一个相对独立的学科。

这个学科分化的过程，当然是一种历史进步，因为如果没有这种学科分化，任何一门科学或任何一种学问都不能得到充分的发展。但这个学科分化过程也带来了一个巨大的问题，那就是把原本集各种因素为一体的自然现象和社会生活现象机械地分割为不同的过程而加以分门别类地研究。也就是说，我们今天的理论研究都是按学科来划分的，但理论研究的问题或现象，无论是自然现象，还是社会生活现象，都不是按学科划分的方式发生的，而是综合地包含着多方面的因素。例如，火山、地震等自然现象，都不是纯粹的物理现象或纯粹的化学现象。再如，社会生活中的贫富分化现象，也不是单纯的经济学问题、伦理学问题或哲学问题，而是包含了各方面社会因素的问题。至于生态环境问题（如雾霾），更是把自然科学和社会科学的各个方面的因素包含在一起的高度复杂的问题。在学科分化之前，哲学是理论思维的总体，就是对自然现象和社会现象等的总体思考和综合思考，并没有将其分割成不同的甚至是互不相关的各个过程。然而在学科分化之后，人们的理论思维越来越被局限在专业化的研究领域，而且专业划分得越来越细，甚至形成了学科壁垒，不要说综合性的、总体性的思维不见了，就连不同学科之间对话的可能性都几乎失去了。这不能不影响到人们对自然和社会各种现象和问题的准确理解。

随着当今科学的发展，人们已经觉察到学科划分的局限性，因而谋求跨学科、跨领域地进行研究，于是就出现了不少边缘学科、交叉学科和综合学科，逐渐地以一种系统的思维方式，把对问题的研究综合在一起。在这个过程中，哲学理论思维原本就具有的综合性和总体性，就开始在人们的理论思维中“复活”，因为只有哲学这个作为思维的普遍形式的学问，才能真正为打破学科壁垒、实现学科融通提供切实的研究方法和思想原则。因此，真正理解哲学，并不仅仅在于从事哲学这个专业学科领域的研究，而在于真正理解人类的理论思维本身应当具有的这种综合性和总体性。事实上，任何一种学科理论自身都包含着哲学思维，因此，对于每一个非哲学专业的学者来说，最重要的就是要善于在自己的学科理论中发现哲学。

目 录

第一章　什么是哲学

什么是哲学？这其实是一个很难回答的问题。不同时代的人们对哲学有很不相同的理解，因而每当哲学发展到一定历史阶段，人们，特别是那些哲学家，都会提出并试图解答这个问题。也就是说，哲学是什么，这本身就是一个反复被追问、反复被重新解释的问题。但尽管如此，哲学作为哲学总有一些万变不离其宗的东西，正是这些东西体现了哲学的一般品质和特征。

第一节　哲学是关于“思”的学问

理解哲学莫过于首先理解哲学和生活的关系。所谓生活，就是指人的生命活动，即人们为了自身的生存和发展而进行的各种活动的总和。也就是说，生活首先意味着我们要做很多事情，不做任何事情人就失去了自己的生命，当然也就没有任何意义上的生活。动物在其生命历程中当然也要做很多事情，因此动物也有自己的生活。那么，人的生活与动物的生活有什么基本的区别呢？区别只在于一点，即人不仅要“做”（doing），而且要“思”（thinking）；而动物则只“做”不“思”。动物只是按照自己的本能去应对生存环境中的各种事物，并不思考自己的活动，至少不能像人那样凭借自己的理性去思考自己所做的事情。人则不同，在人的生活实践中，“做”与“思”是紧密联系在一起的，做事之前要思（“三思而后行”），做事之中要思（“亦行亦思”），做事之后也要思（“吾日三省吾身”）。

一、生活中的“做”与“思”

既然人的生活实践不能无“思”，那么“思”什么呢？生活实践的具体内容和形式是丰富多样的，因而人们面向具体生活内容的思考也是丰富多样的。然而，概括起来说，无论人们做什么事情，都必然要从两个基本方面进行思考：其一，“我为什么要做这件事情”；其二，“我怎样做这件事情”。第一个问题涉及我们对做事情的目的和意义的思考，因而可称之为“价值之思”或“意义之思”。毫无疑问，任何人，除非被迫和无意，绝不会做自己认为毫无意义、毫无价值的事情。欲做其事，必先确定其意义。第二个问题涉及我们做事情的方法和手段，因而可称之为“方法之思”或“手段之思”。毋庸置疑，如果我们做事情没有掌握正确的方法和恰当的手段，那么无论所做之事多么有意义，也是终究不能成功的。由此可见，对于人的活动或生活来说，“价值之思”和“方法之思”犹如鸟之两翼、车之两轮，缺一不可。

做任何事情都离不开思考，而且我们不仅要对事物本身进行思考，还要对我们的思考进行思考，对“思”本身进行“思”。这就是“反思”，即对思想进行反复追问、反复思索。这种“反思”正是哲学的任务。例如，面对一顿美餐，我们就有可能思考一个问题：应该吃多少？动物从来不会思考这个问题，但我们会很认真地考虑这个问题。有的人会认为，美餐难得，应当尽情享受，这是最大的快乐；有的人则可能认为，克制自己的食欲以保持苗条的身材才是最大的快乐。如此下来，如果两种意见发生争执，就可能把我们引向另一个问题“何为快乐或幸福”，也就是对快乐或幸福这样的概念本身的思考。再如，对于税收，我们也会有很多问题。在国家生活中，交税固然是公民的义务，但交多少则是有争议的。比如个人所得税的起征点问题。有人认为个税起征点低一点是公正的，有人则认为个税的起征点高一些才是公正的，两种意见争执起来，自然会引发一个哲学问题，那就是：“什么是公正”或“什么是正义”的问题。

无论是“价值之思”还是“方法之思”，只要我们思考，就会自觉或不自觉地把我们的思索引向深处。例如，当我们确定做某件事是否有意义、有价值的时候，我们就自然会对“什么是有意义”或“什么是有价值”这样的问题进行思考，因为如果我们对“意义”和“价值”的标准或尺度没有一个基本的理解，就很难对所做的事情是否有意义或是否有价值进行明确的判断，从而陷入苦恼的困惑。再如，当我们思考如何做某件事的时候，就自然会在各种可能的方法中进行选择，由此引发我们对“什么方法是正确的方法”这样一个问题的思考，进而引发我们对“方法”本身的思考。因为如果我们对于方法，特别是正确的方法，没有一个基本的理解，我们就很难在方法是否正确、是否恰当的问题上做出准确的判断，这同样会使我们陷入不知所措的境地。这样的思考，往往会使我们超出对思考的具体内容或对象的理解而转向对我们在思考中所使用的基本概念的理解。例如，爱美之心人皆有之，对美的追求也体现出我们做事情的意义，但当我们对同一事物美与不美的判断发生分歧的时候，我们就会在争论中转而追问“美本身”即“美”的概念是什么，或者说怎样给“美”下一个确切的定义。

我们的思考越是向深处追索，所遇到的问题也就越多。无论是对“价值之思”的理论思考，还是对“方法之思”的理论思考，都会使我们发现，自古以来人们对价值、意义、方法等的理解充满歧义，如果不对之做出深入的理论辨析，就很难找到确切的答案。但是，无论我们的思考面对多少问题，我们总能发现，我们的思考不仅指向思考的具体的经验内容，而且指向了思考本身，也就是把我们的思考本身作为对象加以思考。这正是哲学事业的最为本质的特征，即对思考的思考或“反思”，表现为对思想的反复追问，对思维的形式和方法的反复追问。哲学就是关于“思”的学问。

对思考进行思考，即反思，表现出人们对生活的深度的追求。我们常说，我们不能像动物那样活着，而是要过一种有深度的生活。生活的深度其实就是对生活思考的深度。你对生活思考有多深，你的生活本身就有多深。深度的生活当然需要深度的智慧。而深度的智慧来自我们对生活的反思。所以苏格拉底说：没有经过审思的生活是不值得过的。哲学之用就在于提供启迪人生的深度智慧。

二、亚里士多德：哲学是追求最高的智慧

我们首先可以说，哲学是一门人类最古老的学问。在英语中，“哲学”一词是“philosophy”，它源于希腊文“*φιλοσόφια*”，用拉丁文表示，则由“philein”（爱）和“sophia”（智慧）两个词根构成，其意为“爱智慧”。也就是说，在古希腊文化中，哲学既是“智慧”，也是对智慧的一种态度。正如古希腊哲学家亚里士多德[①]所说：“研究哲学就是摆脱无知，追求智慧。”在中国话语体系中，对“哲”字的解释，与西方人对“philosophy”一词的解释大致相同。如《尔雅》中提到“哲，智也”，也就是说，“哲”就是“智慧”的意思。有智慧的人，就被称为“哲人”，如《尚书·皋陶谟》中说：“知人则哲。”19 世纪，被誉为“日本近代哲学之父”的日本著名哲学家西周首次用汉语“哲学”来翻译“philosophy”，认为哲学是一种使人热爱智慧、增进智慧的学问。之后，中国学者黄遵宪又将这一译名引回中国，并沿用至今。

那么，怎样理解“哲学”之为“智慧之学”呢？这首先要弄清什么是“智慧”。通常人们会认为，知识丰富的人就是有智慧的人。但早在古希腊时期就有一位叫赫拉克利特[②]的哲学家认为，博学不等于智慧，“智慧只在于一件事，就是认识那驾驭一切的思想”。那么“驾驭一切的思想”又是什么呢？关于这个问题，我们最好先看一

① 亚里士多德（Aristotle，前 384—前 322），古希腊斯吉塔拉人，著名的哲学家、科学家和教育家，人称古希腊哲学的集大成者，其著作涉及诸多方面，如形而上学、伦理学、政治学、物理学、神学、修辞学、诗学等，对整个西方哲学的发展有着极为重要的影响。

② 赫拉克利特（Heraclitus，约前 530—前 479），古希腊伊奥尼亚地区艾菲斯城邦的哲学家，出身于王族家庭。他提出“火是万物本原”的哲学观点，把万物生灭变化的原因和规律称之为“逻各斯”，由此奠定了古希腊哲学的理性主义传统。

看古希腊哲学家亚里士多德对“智慧”的解释。他对智慧的解释包含着对“哲学”本身的解释，或者说他把哲学和智慧看成是同一个东西。

亚里士多德在他的《形而上学》这本书中开首便说：“求知是人类的本性。”①他认为，人和动物不一样的地方在于，动物只凭现象与记忆生活，很少有相关联的经验，而人则能够从记忆中积累经验，并运用经验来指导自己的活动，从而减少犯错误的次数，或降低犯错误的程度，提高活动的成功率，因此，人比动物要有智慧。但是，只有经验不算是很高的智慧，只有从经验中产生出来的知识和技术，才是更高的智慧。因为“经验为个别的知识，技术为普遍的知识”，经验只能告诉我们事情“是如此”，而不能告诉我们事情“为何如此”，即“凭经验的，知事物之所然而不知其所以然，技术家则兼知其所以然之故”②。也就是说，知识和技术之所以比单纯的经验更有智慧，就在于懂技术的人知道做一件事情的一般原因或具有普遍的知识。据此，亚里士多德做出结论：“有经验的人较之只有些官感的人为富于智慧，技术家又较之经验家，大匠师又较之工匠富于智慧，而理论部门的知识比之生产部门更应是较高的智慧。这样，明显地，智慧就是有关某些原理与原因的知识。”③

从上述分析出发，亚里士多德认为，哲学就是追求最高的智慧，而所谓最高的智慧，就是最普遍的知识、最普遍的原理或原因。他说：

> 哲人知道一切可知的事物，虽于每一件事物的细节未必全知道；谁能懂得众人所难知的事物我们也称他有智慧（感觉既人人所同有而易得，这就不算智慧）；又，谁能更擅于并更真切的教授各门知识之原因，谁也就该是更富于智慧；为这门学术本身而探求的知识总是较之为其应用而探求的知识更近于智

① 亚里士多德：《形而上学》，吴寿彭译，商务印书馆 1959 年版，第 1 页。

② 亚里士多德：《形而上学》，吴寿彭译，商务印书馆 1959 年版，第 2 页。

③ 亚里士多德：《形而上学》，吴寿彭译，商务印书馆 1959 年版，第 3 页。

慧，高级学术也较之次级学术更近于智慧；哲人应该施为，不应被施为，他不应听从他人，智慧较少的人应该听从他。①

经过亚里士多德的这番解释，我们就可以大致明白，赫拉克利特所说的“驾驭一切的思想”，就是哲人所要探索和把握的最普遍、最高级的知识或原理。所以，亚里士多德称哲学是“最神圣”“最光荣”的学术。

三、黑格尔：哲学是思维的发展

说到这里，我们还应当为亚里士多德的智慧之说做一些修正和补充。哲学作为“智慧之学”，并不是说哲学的理论就是一些现成的、最普遍的原理或知识，而我们这些学习哲学的人，只要把这些原理或知识背下来，就能一劳永逸地获得最高的智慧，成为令人赞羡的哲人。事实上，当我们走进哲学的历史王国中，就会看到，在那里存在着如此众多的哲学派别或思潮。它们彼此相互差异、相互对立、相互抗争，每一个派别或思潮都自信发现了最终的真理，但却不能阻挡来自另一个派别或思潮的批判。每一个派别或思潮都坚信自己有能力结束哲学的混乱，但殊不知自己又陷入了新的混乱，甚至制造了新的混乱。19 世纪德国著名哲学家黑格尔②把这种情况形象地比喻为“厮杀的战场”。这岂不是令人沮丧的图景吗？你到哲学的王国中去寻找那最普遍的真理，却发现没有一个哲学家或哲学派别能够给你提供这种没有任何争议的真理。于是你空手而归，并对哲学的“神圣”和“光荣”产生怀疑。

然而，这种失望、沮丧却不能不说是出自对人类智慧和哲学的误解。人类最高的智慧固然可以说是体现为对最普遍的真理的追求。

---

① 亚里士多德：《形而上学》，吴寿彭译，商务印书馆 1959 年版，第 4 页。

② 格奥尔格·威廉·弗里德里希·黑格尔（Georg Wilhelm Friedrich Hegel，1770—1831），德国 18—19 世纪最著名的客观唯心主义哲学家，著有《逻辑学》《精神现象学》《自然哲学》《历史哲学》《美学》《法哲学原理》等，思想极其丰富。

但人类智慧从来不是某种现成的东西，而是不断增长、不断提升的过程。而这种增长或提升，恰恰就是在各种哲学思维的相互批判中实现的。一种新的哲学否定了较旧的哲学，也可以说，是那些较旧的哲学孕育了这种新的哲学。关于这一点，黑格尔亦有一个精辟而美妙的比喻，他说：

> 花朵开放的时候花蕾消逝，人们会说花蕾是被花朵否定了的；同样地，当结果的时候花朵又被解释为植物的一种虚假的存在形式，而果实是作为植物的真实形式出而代替花朵的。这些形式彼此不同，并且互相排斥互不相容。但是，它们的流动性却使它们同时成为有机统一体的环节，它们在有机统一体中不但不互相抵触，而且彼此都同样是必要的；而正是这种同样的必要性才构成整体的生命。①

这就是说，人类智慧是一个活的有机体，历史上各种哲学之间的相互批判恰恰构成了这个有机体成长的各个环节或阶段，体现了思想的不断发展和人类智慧的不断增长。在这个意义上，黑格尔把哲学理解为思维的发展。

由此可见，哲学作为“智慧之学”，并不是向我们提供现成的智慧大餐，而是要我们在追求智慧的过程中，通过不断的思想批判来提升我们的智慧，既提升我们个人的智慧，也提升人类的智慧。从这个意义上说，哲学并不是向人们宣布真理的地方，而是人们探索真理的领域，这个探索就是通过思想批判来实现的。只有那些把自己所说的东西当作绝对真理，并迫使人们接受这种“真理”的哲学，才是欺世盗名的伪哲学。这就是说，如果我们正在进行一种思想批判，正在反思、追问某种观念是否正确恰当时，我们才是在真正从事哲学。因此，如果说人有别于动物就在于人有智慧，那么还有什么比哲学更神圣的学术呢？我们的智慧是不断被培育出来的，是不

---

① 黑格尔：《精神现象学》上卷，贺麟译，商务印书馆 1983 年版，第 2 页。

断增长着的。而要使我们彻底地摆脱愚昧，过上更富有智慧的生活，我们就应当爱智慧，并且懂得怎样才能增长我们的智慧，这正是“哲学”一词的应有之义。

第二节 哲学与科学文化和人文文化

哲学作为“思”的学问，作为最高智慧的追求，体现了哲学的一般品质和特征。然而，任何一门理论科学都表现为对智慧的追求，因此，要理解哲学对最高智慧的追求，还有必要弄清哲学在人类知识体系中的地位。具体地说，就是要弄清哲学与科学文化和人文文化的关系。

一、哲学与科学文化

人类的知识产生于人类的生活实践，而人类的生活实践创造了属于人类的生活世界。我们生活在这个世界中，就要和这个世界打交道。求知之所以是人类的本性，从根本上说，就在于我们必须同这个世界发生关系，必须通过我们的活动，使这个世界按照我们的需求和目的发生变化。因而，求知是我们的生存手段，也是我们的生存方式，是我们创造和扩展生活世界的前提。科学文化就是在我们与周围世界相互作用的过程中产生的。

1. 科学文化及其基本特征

在这里，我们所谈到的科学文化主要有三类，即自然科学、社会科学和精神-思维科学。

自然科学为我们提供有关自然现象、自然过程和自然规律的有系统的知识和理论。自近代以来，自然科学的发展通过分门别类的研究，相继形成了自然科学的各个学科，如物理学、化学、生物学、天文学、地质学等。自然科学的这些学科向我们提供的各个方面的自然知识构成了我们人类的自然知识体系。

社会科学为我们提供有关社会生活现象、社会生活过程及其规律的有系统的知识和理论。自近代以来，社会科学也经历了学科化的发展过程，逐渐形成了社会科学的各个学科，如经济学、政治学、法学、伦理学、社会学、人类学等。社会科学的这些学科所提供的各个方面的社会知识构成了我们人类的社会知识体系。

精神-思维科学为我们提供有关人类自身精神现象和精神生活过程及其规律的有系统的知识。对于人类自身精神现象、精神生活过程和理论思维活动的形式和规则的研究构成了精神-思维科学的各个学科，如心理学、认知科学和逻辑学等。这些学科所提供的知识构成了我们人类的精神-思维知识体系。

自然、社会和精神是我们生活世界的三个基本领域，而自然科学、社会科学和精神-思维科学的产生和发展，意味着我们生活世界中的任何一类现象、任何一种过程都是科学研究的对象和领域。而且只有当这些现象或过程成为科学的研究对象和领域时，我们才有可能从科学研究中获得关于这些对象或过程的确切的知识。如果说，求知是人类智慧的发源地，那么科学的产生和发展正是人类智慧发展的最为辉煌的成果。因为，正是科学排除了人们对于世界万物的无端猜测、虚幻理解，排除了盲从、迷信和独断，使我们真正获得了可以用于改造世界的精确知识。如同德国哲学家恩斯特·卡西尔所说，“对于科学，我们可以用阿基米德的话来说：给我一个支点，我就能推动宇宙。在变动不居的宇宙中，科学思想确立了支撑点，确立了不可动摇的支柱”。

科学文化的各个门类在研究对象和研究方法上各有不同，但它们都有一个非常明显的共同特征，即经验性和实证性。所谓经验性，不是说科学文化只重经验不重理论，而是说任何科学知识或理论必须建立在观察和实验的经验基础上。但凡科学研究都必须通过观察和实验来获得大量的经验数据，再通过理论思维从中归纳、概括和抽象出有关事物的属性、本质和规律的知识或理论。这就意味着科学知识或理论必然要以经验事实或数据为依托。一个科学命题或理论能否成立，就在于它能否成功地解释该命题或理论所涉及的经验事实或数据。对于那些超出经验观察范围的问题，科学家一般会拒绝做出回答。这种经验性就必然要求实证性，即任何科学知识、科学命题或结论是否正确，都必须通过实证的方式予以验证。也就是说，一个科学命题或理论是否正确，就在于它能否在经验事实中得到确证，或者是否可以获得一整套经验数据的支持。如果一个命题不具有可证实性，这样的命题就不是科学命题，而可能是宗教的或形而上学的问题。

2. 哲学和科学理论的关系

当生活世界中的每一类现象、每一种过程都成为科学研究的对象时，哲学研究什么呢？哲学在人类的知识体系中处于什么位置、起什么作用呢？要回答这样的问题，首先就要弄清哲学和科学的区别，弄清在人类的知识体系中，或者说在人类的求知欲中，有哪些问题是科学研究本身不能解决而必须通过哲学研究来予以回应的。

哲学和科学都是追求普遍性知识的学问，都是用概念和原理来系统地回答人们在生活实践中所遇到的种种问题。在这个意义上，哲学和科学同样都是在理论思维的道路上发展起来的，都是人类理性的产物。正因为如此，在人类知识体系形成和发展的最初阶段，人们没有分门别类的“学科”意识，任何知识都笼统地被称为“哲学”，即一种对智慧的热爱。随着实验科学的产生，人类的知识体系开始出现内部的分化。那些有关自然的、社会的和精神-思维的知识被分门别类地纳入实验科学的研究领域中，各门科学就从“哲学”中相继独立出来。

用科学实验的方法对事物、现象、过程进行分门别类的研究，可以说既是科学产生的前提，也是科学研究的基本特征。“科学”（science）这个词，本身就有“学科”的含义，而学科之为学科就在于对研究对象进行“分类”，即把我们这个生活世界中的事物、现象和过程划分为不同的种类，一门科学就是对其中的一个种类的现象或过程进行研究。这样，科学对普遍性知识的追求就被限定在这个学科的领域之内。而科学理论的形成就表现为具有一套完整的、用以描述和分析这一类现象或过程的基本概念或“范畴”（或者用语词表达，或者用数学符号表达），并通过科学实验的方法，确定这些概念或范畴之间的关系，由此形成所谓的“原理”“定律”或“规律”（或者用命题的形式表达，或者用数学公式表达）。例如，在力学中，我们就可以看到这样一些范畴，如力、作用力、反作用力、物体、质点、质量、密度、速度、能量、矢量、标量等，我们还可以看到由这些范畴之间的关系所构成的各种定律，如惯性定律、运动方程、落体定律、胡克定律等。这些范畴和定律构成了描述、分析宏观物体机械运动（位移）的理论体系。任何科学，无论是自然科学还是社会科学，都因形成了这样一种由范畴和定律所构成的理论体系，而成为相对独立的学科。但也正因为如此，科学所提供的普遍知识始终是学科领域范围内的普遍知识，亦即关于某一类现象、某一种过程的普遍知识。这就意味着，任何科学就其学科性质而言，它们中的哪一个都不面向生活世界的整体。相对于世界整体而言，它们所提供的普遍性知识依然是特殊的知识，或者说是关于特殊现象、特殊过程的普遍知识。因此，单靠其中的任何一门科学都不足以使我们把握整个世界，或从整体上把握世界。

但这是不是说只要我们把所有科学提供的特殊知识总合起来就能获得对整个世界的理解，或者说关于整个世界的知识干脆是没有意义的呢？问题不是这么简单。面向世界整体的知识必然是具有更高或最高普遍性的知识，它不是各门特殊知识的总和，也不是毫无意义的理论。它的意义在很大程度上恰恰是存在于科学理论的建构之中的。事实上，在任何一种科学理论中，我们都可以看到，除了那些用于描述和分析特殊现象或过程的基本范畴外，还存在着一些必不可少的更为基本的范畴，没有这些范畴，任何科学理论都无从产生。但这些范畴的应用却不仅仅限于对这门科学所涉及的特殊现象或过程的理解，而是涉及对整个世界中所有现象、所有过程的理解，例如“时间”和“空间”。试想，哪一门科学理论可以离开这两个范畴？然而，这样的范畴又具有如此之高的普遍性，以至于哪一个学科都不能仅仅依据学科自身的特殊知识赋予它们以一般的规定。如此，“时间”和“空间”究竟是什么？对这个问题的回答，就需要一种更为抽象的、能够打破学科界限的理论思维。这种理论思维能够从各门科学所提供的特殊知识中抽象、概括出有关“时间”和“空间”的更为一般的规定，或者依据各门科学所提供的新的材料对已有的“时间”和“空间”概念进行辨析，使“时空”概念的理论界定具有更为普遍的适用性。承担这种理论思维任务的就是哲学。与“时间”和“空间”类似的概念和范畴还有“物质（存在）”和“意识（思维）”、“主体”和“客体”、“存在（有）”与“非存在（无）”、“实体”和“属性”、“一般（共性或共相）”和“个别”、“一”和“多”、“形式”和“内容（质料）”、“运动”和“静止”、“原因”和“结果”、“必然”和“偶然（或然）”、“可能（潜能）”和“现实（实在）”、“本质”和“现象”等等。哲学的基本任务之一，就是要思考和界定这些基本范畴的含义以及这些范畴之间的逻辑关系。这些范畴以及它们之间的关系，或者直接就是科学理论、科学定律的构成要素，或者是任何科学理论思维必不可少的原理或原则。总之，这些范畴以及它们之间的逻辑关系构成了一切科学思维的共同的框架，并使科学思维成为可能。正如美国科学哲学家瓦托夫斯基[①]所说：

> 不论人们愿意与否，不论我们是否有意识地试图整理这些概念，它们总是以多多少少成系统的方式相互联系着，而且这样一种概念系统构成了共同的框架，在这个框架中，我们才能相互理解和自我理解，所以，这种概念框架是一种我们用理性

① M. W. 瓦托夫斯基（Marx W. Wartofsky，1928—1997），美国科学哲学家，著有《科学思想的概念基础——科学哲学导论》《模型——表象和科学的理解》等。

的方式整理我们知识的方式。[①]

这意味着，当科学理论形成的时候，它已经把哲学思维包含于自身之中了。这也正是科学离不开哲学的理由之一。

当然，指出哲学的任务是思考这些具有更高或最高普遍性的范畴和原理，并不是说，哲学研究是为了给人们提供一个较之科学研究更为一般的世界图景，而是说哲学研究是从人与周围世界的最一般的关系出发，思考人们用以把握周围世界的那些最基本的概念或范畴是如何形成的，这些概念或范畴作为人们的思维形式能否以及怎样被用来把握我们生存于其中的生活世界。

同时，说哲学的任务是思考这些具有更高或最高普遍性的范畴和原理，也不是说，科学家们在科学研究活动中或科学思维的过程中，就不去思考和探讨这些范畴和原理，而是等着哲学家们把“菜”做好了，再去食用。事实上，真正的科学家为了科学理论的建构，经常会对这些概念和原理进行思考。特别是当重大的科学发现突破了对这些范畴和原理的原有理解时，科学家们几乎会专心致志地去思考在这些范畴和原理身上所发生的问题。但是，必须指出的是，当科学家们去认真地思考这些问题时，当他们从理论上去重新考察这些具有最高普遍性的概念和原理时，他们的研究视野就会自觉或不自觉地超出了自己的学科领域，而进行一种哲学思考。这种思考既推进了科学，也推进了哲学。当科学事实或经验没有同这些概念、范畴和理论的原有内涵发生矛盾时，科学家们并不去研究它们，只是默默地按照固有的理解来使用它们，因而似乎看不到哲学的存在。但是，当新的科学事实和经验所显示的问题与这些概念、范畴、理论发生矛盾时，当人们发现如果不重新去理解这些概念、范畴、理论就不能完成新的科学理论的建构时，科学的争论就必然会延伸到哲学领域，而科学家们也会随之走出实验室，进入哲学的“思想殿

① M. W. 瓦托夫斯基：《科学思想的概念基础——科学哲学导论》，范岱年等译，求实出版社 1982 年版，第 11 页。

堂”。这个过程既是科学推动哲学的发展，即哲学离开了科学进步就失去了生存和发展的基础，同时又体现了哲学对科学的推动作用，即离开了哲学，科学就很难达到理论的高度。物理学家玻恩[①]说：

> 我确信理论物理学是真正的哲学，它革新了一些基本概念，例如关于空间和时间（相对论），关于因果性（量子力学），以及实体和物质的关系（原子论）。而且它教给我们新的思想方法（互补性），其使用范围远远超出物理学。[②]
>
> 每一个现代科学家，特别是每一个理论物理学家，都深刻地意识到自己的工作是同哲学思维错综地交织在一起的，要是对哲学文献没有充分的知识，他们的工作就会是无效的。在我们一生中这是一个最重要的思想，我试图向我的学生灌输这种思想。[③]

哲学和科学的关系还表明，哲学始终是作为一种世界观、一种最基本的方法论支撑着、规定着科学家在科学探索活动中的基本信念和态度，因此科学家的科学探讨活动总是带有哲学的关照。爱因斯坦[④]指出：

> 如果把哲学理解为最普遍和最广泛的形式中对知识的追求，那么显然，哲学就可以被认为是全部科学研究之母。[⑤]

---

① 马克斯·玻恩（Max Born，1882—1970），犹太裔德国理论物理学家，量子力学奠基人之一，因对量子力学的基础性研究，尤其是对量子客体运动方程中的波函数的统计诠释，1954 年获诺贝尔物理学奖。

② M. 玻恩：《我的一生和我的观点》，李宝恒译，商务印书馆 1979 年版，第 20 页。

③ M. 玻恩：《我的一生和我的观点》，李宝恒译，商务印书馆 1979 年版，第 26 页。

④ 阿尔伯特·爱因斯坦（Albert Einstein，1879—1955），世界上最著名的美籍德国犹太裔物理学家，他创立了物理学理论中的狭义相对论和广义相对论，并为核能的开发和利用奠定了坚实的理论基础，1921 年获诺贝尔物理学奖，被认为是自伽利略、牛顿以来最伟大的科学家和思想家。

⑤ 《爱因斯坦文集》第 1 卷，商务印书馆 1976 年版，第 519 页。

爱因斯坦之所以这样说，是因为他的重大的科学创见，几乎都包含着深厚的哲学意蕴。他本人在年轻的时候就阅读过柏拉图、康德、斯宾诺莎、马赫等哲学家的著作。在一定意义上，他就是把相对论当作哲学来研究的。他经常说：“与其说我是物理学家，倒不如说我是哲学家。”

二、哲学与人文文化

所谓人文文化，就是探讨、揭示、展现人的本性或本质、人的生存目的和意义、人的价值和尊严、人类的命运和追求的各种文化形态。人文文化本身也可划分为不同的学科，这些学科以不同的方式来探究和回答上述人文文化问题。其中最基本的方式体现在史学、艺术、宗教这三个基本领域中。

1. 史学、艺术与宗教

史学不同于科学。科学所采用的是普遍化的方法，从众多个别事物中抽象出共性的、一般的东西，其目的是揭示事物的一般本质和运动变化的普遍规律。而史学所采用的则是个别化的方法，即通过描述、分析具体的历史人物和具体的历史事件来解释、揭示和展现历史的过程。当然，史学总是力求要真实地记述历史事实，客观地分析和研究历史事件之间的因果联系以及由历史事件的相互关联而表现出来的历史过程。在这一点上，它必须具有一种科学的精神。它不允许人们为了自己的某种主观的需要而任意地编造、篡改历史，它的一切记述、判断、结论都必须以真实的史料为依据。史学的科学精神是不可动摇的，因而在人文文化中，史学是最接近科学的。

然而，史学家对历史人物和历史事件的记述和分析并不是没有选择的，他们没有可能、也没有必要把历史上的人物和所发生的事件统统记入历史过程中。而史学家选择历史人物和历史事件的标准就是人本学意义上的“价值”或“意义”。因此史学研究具有很强的主体性，也就是说，史学研究是以真实的历史事实为基础，通过对这些历史事实的价值选择和价值批判，来显示历史进步的过程和趋势，来揭示社会历史发展中真与假、美与丑、善与恶、自由与奴役、正义与奸邪之间的矛盾抗争，展示人的生存与发展的历史命运，使人们能够通过吸取历史的经验和教训，把握生活的真理，培育人们健康向上的人格精神。

如果说，史学是力求以真实的历史事实来回答人文文化问题，那么，艺术就是通过塑造生动、具体的感性形象来体现、表现或展示人类的生存价值和意义。艺术，不管是绘画、雕塑、音乐、舞蹈、戏剧、诗歌、文学、电影，它们的一个基本特征就是能够而且必须能够在人们的感官面前或头脑当中塑造出具体的、生动的感性形象。这些感性形象首先在于能够满足人们对“美”的追求，而对美的追求恰恰又是人类生存价值的一个极为重要的方面。对“美”的欣赏，往往使我们能够超越对物的功利目的，获得一种纯粹的、自由的精神满足。所以，只有人才能欣赏“美”，只有人才能按“美”的尺度塑造事物。艺术对感性形象的塑造不必是历史中和现实中真实发生的人物和事件，它可以用虚构的手段，克服生活的局限，略去无关紧要的琐碎细节，让人生中最为美好、最有价值的东西凸现出来。艺术的虚构也允许艺术超越科学的限定，用神话、童话，甚至是神鬼怪异的故事去表现生活中那些美好的东西或鞭笞生活中那些丑恶的东西。总之，艺术塑造的感性形象能够使我们更深刻地感受生活中的真与假、美与丑、善与恶、自由与奴役、正义与奸邪之间的矛盾抗争，强化我们对人的生存价值和意义的理解。

宗教是一种依靠信仰的力量来揭示和展现人的生存价值和意义的引导人们生活的人文文化。人类文化最早的形态大概就是宗教文化。所以很多人认为，宗教产生于人类的“无知”。这种说法虽然有一定的道理，但也不尽然。从科学文化高度发达的今天来看，“万物有灵”的观念尽管显得如此虚幻、幼稚、愚昧，但它毕竟构成了我们的祖先对世界万物的“解释”，这种解释同样可以为人们提供一种信念，即确信我们生存所依靠的那个世界是被神灵所主宰的，我们应当通过敬仰、崇拜神灵来谋求神灵的佑护和帮助。这种信念，就是最初的信仰。这种信仰调节着人与自然的关系，也调节着人们之间的关系。它使人们相信，我们在生活中所遵守的那些习俗、道德、法律，我们的生活方式、行为方式等，都与那无所不能、无所不在的神灵密切相关，都是这个神灵为我们做出的安排，因而它们必定如此。如果不想让神灵震怒以致降灾于我们，就要服从神灵的安排，这就是“命运”。随着社会生活的发展，各个民族的宗教观念也在不断演变，并逐渐形成了像基督教、佛教、伊斯兰教等这样一些具有世界性的宗教。时至今日，科学的发展和文明的进步，并没有使宗教因人们“有知”而退出文化舞台，其主要原因之一就是它们至今依然是支撑人的信仰的重要领地。当然，我们可以不相信任何宗教，我们可以用科学的、哲学的理论去批判宗教观念和宗教教条，但我们却绝不可以没有信仰。信仰是我们对生活的超越，在生活中真与假、美与丑、善与恶、自由与奴役、正义与奸邪总是交织在一起，而信仰则使我们把人类生活中那些最优越的价值、最积极的力量凝聚在信仰对象上，使我们通过对它的信仰获得生存的最高境界。

2. 人文文化的基本特征

和科学文化相比，人文文化的基本特征在于它的超验性和引导性。所谓超验性，不是指脱离经验的苦思冥想，而是说，它立足于经验又超越经验。立足于经验，就是说，人文文化的知识和命题，必然要能够体现出人们对现实生活经验的体验、感受和理解，没有现实生活经验的依托，任何人文知识和命题都是没有意义的东西。所谓超越经验，就是说，人文文化的知识和命题并不像科学命题那样完全来自对经验事实的归纳、概括和总结，而是表现出，人们在现实生活的处境当中对美的东西、善的东西、符合人性的东西、体现人的尊严的东西的一种普遍性的价值追求。因此，人文文化的基本的知识和命题往往都具有最高的普遍性，但这种普遍性不是直接来自经验的，而是来自人们对自身生存命运的理性理解和价值追求。

例如，我们讲“人在本质上是自由的”，但这个命题单凭经验事实是无法确证的，因为在经验事实中，我们到处可以看到人对人的奴役和压迫，而且要彻底地摆脱奴役又是如此的艰难。同样，我们说“人人生而平等”，但在我们的生活世界中却存在着阶级、阶层、等级，每个人获得的财富、权力、地位和声望都存在着巨大的差异；我们珍爱自己的人格，但我们的人格却常常遭到邪恶力量的无情践踏。然而，我们不会因为经验上的无法确证就放弃对自由、平等、人格等人类生存的基本价值的追求，因为这些基本价值存在于人有别于动物的生存方式或活动方式中。人们普遍地相信，人的生存方式的历史性发展，无论经历怎样的艰难曲折，都必然体现为这些基本价值的不断实现或不断现实化的过程。

人文文化的超验性同时意味着它的引导性。人文文化的命题不同于科学文化的命题。科学文化的命题是“事实性命题”，它只是客观地揭示事物运动变化的属性和规律，指出事物在运动变化中客观上有哪些可能的演化趋势。而人文文化的命题则是“价值性命题”，它必然涉及人的活动的目的，必然包含人对“善恶”“美丑”的价值判断和价值选择。因此，当科学文化向我们揭示出客观事物的多种可能的演化趋势时，价值判断则引导我们，在这多种可能性中进行价值选择，力求使那种最符合人的需求、人的价值、人的本性的可能性变成现实，从而促使自然界和人类社会朝着人性化的方向演进。人文文化的命题作为价值性命题，尽管它可能不符合人们对经验的“事实判断”，但它绝不改变自身，而是一定要合乎规律地改变经验事实本身，使之符合人自身的价值要求。举个例子来说，古时候人们一直认为太阳围着地球转，后来发现实际上是地球围着太阳转，面对这种情况，你不能改变地球或太阳的运动，只能改变你过去的观念。这是科学命题的基本特点。而当我们说，“你在公交车上应当给老弱病残让座”，这是一个关于“善”的价值命题，但总会发现经验事实中存在着大量不给老弱病残让座的现象。在这种情况下，你要改变的恐怕不是那个价值命题，而是要坚持它，用它来规范与引导人们改变经验事实，使之成为普遍的道德行为。这正是人文文化价值性命题的特征。

自近代以来，随着自然科学的发展，科学技术在人类征服和改造自然的实践活动中获得了巨大的成功，它塑造了现代社会的工业文明。这种成功曾经使人们普遍地相信，科学是具有最高普遍性的知识，人类的一切知识只有也只能纳入科学研究的轨道才是真实的、可靠的和有效的知识，除此之外都是虚妄不实的见解，不值得重视。一种学问只要被宣布为是一种科学，就能获得崇高的荣誉和神圣的地位。这种观念随着社会科学的产生和发展被进一步加强了。我们现在把这种观念称之为“唯科学主义”。恩斯特·卡西尔在《人论》中表达了这种观念，他说：“科学是人的智力发展中的最后一步，并且可以被看成是人类文化最高最独特的成就。……在我们现代世界中，再没有第二种力量可以与科学思想的力量相匹敌。它被看成是我们全部人类活动的顶点和极致，被看成是人类历史的最后篇章和人的哲学的最重要主题。”

然而，问题似乎并不是那么简单。的确，科学的发展确使我们获得了征服和改造自然的强大力量。例如，基本粒子物理学精确地解释了原子核裂变与核聚变产生巨大能量的规律，并且我们已经很成熟地掌握了生产和使用核能的技术。但众所周知，这种核能既可以被用来生产原子弹——一种几乎可以毁灭整个人类的武器，也可以被用来建核电站——一种能够为人们的物质生产和物质生活提供强大能源的设施或设备。那么，从人类生存的角度来看，我们应当用核能来制造原子弹，还是用它来建设核电站呢？对于这个问题，我们恐怕穷尽物理学的理论也找不出答案。但是，我们知道，没有人会认为生产和使用原子弹是正当的，没有人会欣赏这种足以给人类带来灭顶之灾的武器。这种态度来自什么？无疑是来自人类在长期发展中所形成的文化观念，即对人的生命价值、生存意义和人格精神的确认和尊重。大量核武器的存在始终是对人类生存的严重威胁，但遏制乃至最终消除这种威胁的动力只能来自关注人的生存价值的人文精神。科学技术是一把“双刃剑”，既可以被用来行善，也可以被用来作恶。试想，如果真的像卡西尔所说的那样，“再没有第二种力量可以与科学思想的力量相匹敌”，那么我们还有没有力量来制止科学技术被用来作恶呢？如果没有，那将是多么可怕的事情，它意味着我们人类将有可能不是毁灭于自然力，而是毁灭在我们自己的创造物中。还有什么比自己毁灭自己更可怕的事情呢？所幸的是，我们有这个“第二种力量”，这就是在人类文化的长期发展中所形成的并在不断强化的人文精神。

科学文化和人文文化是人类知识体系的两个层面，也是人类智慧的两种不能互相替代但又必须互相补充的力量。科学文化所提供的“事实判断”和人文文化所提供的“价值判断”，成为我们生活实践的两个理性原则，即“科学理性原则”和“价值理性原则”。前者为我们探索并提供实践活动的有效方法和手段，后者为我们探索并确认实践活动的意义和目的，二者是我们生活实践及其发展的两个支撑点，缺少其中任何一个，都会使我们的生活实践和由此产生的生活世界变得残缺不全。

也许有人会问，人文文化是以“人”为对象，难道人不是科学研究的对象吗？的确，人的生存首先包含着自然的生命过程。自然生命的产生是自然过程的结果，这正是科学研究（如生命科学、医学等）所关注的问题。然而，人不仅活着，而且还意识到自己活着，这种意识就表现为人们总是不断地追问自己生命的价值和意义，即问自己“我为什么活着”或“我活得有什么意义”。对生存意义的追问几乎可以说构成了我们生命存在的第二个层面，即与自然生命相对应的价值生命。人的这种价值生命不是自然的产物，而是人通过对自身生活实践的根本意义的反思和追问而不断生成的生命，它包含的是人对自身的人格、尊严、幸福、快乐的理解和追求，对自身生活目标和自我实现方式的价值选择。有人认为，人和动物不同的地方在于人能够自杀。因为动物从来不问自己活着的意义和价值，所以对于动物的生命存在来说，就没有意义的丧失问题。因而，动物是不会自杀的。人则不同，生存的意义是人生存的根据。如果一个人感到生活的一切意义都丧失了，就难免会沉沦、颓废，甚至在自然生命的一切生存条件都具备的情况下放弃自己的自然生命。因此，人应当摆脱自己对生命意义的狭隘理解，使自己能够在有限的生命历程中实现生命的崇高价值。

3. 哲学与人生观

如果说，在探询、思索、展示、回答人的生存价值和意义的问题上，史学是借助于史实的力量，艺术是借助于感性形象的力量，宗教是借助于信仰的力量，那么哲学就是借助于人类的理论思维的力量。也就是说，哲学用概念来把握人生，用理论思维来揭示人类生存的价值和意义，从而透过事实、透过形象、透过信仰的表层，直视人生的真谛。自有哲学以来，就有了这种对人生的理论思考。“人性论”就是哲学不可缺少的组成部分，甚至可以说，哲学对人和世界关系的反思，归根到底还是为了人，为了使人能够更好地生存于这个世界之中，更好地创造那个属于我们的生活世界。因此，哲学必然要对“人”“人性”“人的本质”“人的生存”“人的价值”“人的尊严”“人的命运”等一系列问题做出概念界定和理论分析，从而形成一种理论化的人生观。尽管不同的哲学家、哲学派别对这些问题的解答总是充满歧义，甚至互相反对，但以理论思维把握人生却是人类文化中不可缺少的哲学努力。没有这种努力，人的生存所面临的种种问题就不能清晰地呈现在我们的观念中，也就难以使我们对生存的价值选择做出理性的判断。

对于人生的历史的、艺术的把握，最终都要在哲学的努力中得到提炼和升华。哲学对人生的理论思维同样为历史研究和艺术创作提供了不可缺少的思维形式和方法。因此，一个史学家，他的哲学功底越深厚，就越能在浩如烟海的史料中迅速地发现历史事件的本质，提炼历史过程的线索，从而对历史事件做出可靠的、深刻的分析。一个艺术家，他的哲学功底越深厚，他所塑造的艺术形象就越有力度和深度，他的作品也就更具内涵和耐人寻味。当然，哲学不能代替历史研究和艺术创作，但哲学却可以成为或本身就是历史研究和艺术创作的灵魂。

就探讨人生的终极意义、终极价值而言，哲学和宗教往往会走到同一个领域中。亦即，哲学和宗教都可以说是对人生的一种终极关怀（ultimate concern），都必须回答关乎人的“生”与“死”、“存在”与“非存在”的终极性问题。但宗教把对这些问题的回答隐藏在宗教教条和宗教寓言中，它要求人们去体验、去信奉，而不要求人们，甚至不允许人们去追问、去怀疑。而哲学则把对这些问题的解答，呈现在人们的理论思维中，让人们运用自己的理性去思考，并从中获得答案。因此，只有哲学才能真正提升人的人生智慧。当然，在当代西方宗教文化中产生了宗教哲学这样一个研究领域，这就使宗教文化突破了以往“只信仰，不理解”或“先信仰，后理解”的信条，把对终极问题的回答放到理论探讨中。而这样一来，这个问题也就成了哲学问题。

哲学就是这样一种理论化的人生观，它是人类对自身生存的理论反思。为此，我国现代著名哲学家冯友兰①先生指出：

> 哲学、宗教都是多义的名词。对于不同的人，哲学、宗教可能有完全不同的含义。人们谈到哲学或宗教时，心中所想的与之相关的观念，可能大不相同。至于我，我所说的哲学，就是对于人生的有系统的反思的思想。每一个人，只要他没有死，他都在人生中。但是对于人生有反思的思想的人并不多，其反思的思想有系统的人就更少。哲学家必须哲学化；这就是说，

① 冯友兰（1895—1990），字芝生，河南南阳唐河人，中国著名哲学家，1924年获哥伦比亚大学博士学位，历任中州大学（现在的河南大学）、广东大学、燕京大学教授，清华大学文学院院长兼哲学系主任，西南联大哲学系教授兼文学院院长，清华大学校务会议主席，北京大学哲学系教授，著有《中国哲学简史》《新理学》《新原人》《新原道》等，被誉为“现代新儒家”。

他必须对于人生反思地思想，然后有系统地表达他的思想。[①]

第三节　哲学理论思维的基本特征

哲学是关于“思”的学问，也就是把人的理论思维本身作为对象来加以研究的学问。这样，哲学的理论思维就有了一些与一般的科学理论思维不同的特征。这些特征概括起来主要有两个方面，即反思性和批判性。

一、哲学的反思性

所谓哲学的反思性，就是说，哲学不像经验科学那样以事物或经验事实为对象，而是以人们关于事物或经验事实的思想为对象。所以哲学所面对的是人们的思想，是对思想进行思考。如黑格尔所说：“哲学是以思想、范畴，或更确切地说，是以概念去代替表象。”[②]哲学理论思维的这一特征就叫作反思性（reflexions），亦即，思维以其自身为对象而反身思之、反复思之。所以，黑格尔解释说，“反思以思想本身为内容，力求思想自觉为思想”[③]，“哲学的内容即是思想，普遍的思想。惟有思想才是第一义；哲学里的绝对必是思想”[④]。

哲学的反思性，并不是说哲学的理论思维不关注生活世界中所发生的具体事物、具体问题，或者认为哲学思维是某种不食人间烟火的“纯思”。恰恰相反，哲学必须深入到生活世界中，必须有助于人们用理论思维去把握具体事物和具体问题。只不过，在科学乃至我们日常的理论思维中，我们是通过观察或实验，把对象放到某种

① 冯友兰：《中国哲学简史》，北京大学出版社 1996 年版，第 1—2 页。

② 黑格尔：《小逻辑》，贺麟译，商务印书馆 1980 年版，第 40 页。

③ 黑格尔：《小逻辑》，贺麟译，商务印书馆 1980 年版，第 39 页。

④ 黑格尔：《哲学史讲演录》第 1 卷，贺麟、王太庆译，商务印书馆 1983 年版，第 89 页。

普遍的概念或概念的关系中加以思考，以形成有关这个对象的判断或命题，也就是所谓的思想、观念。而哲学的思维，则是要揭示蕴含在这个判断或命题中的最一般的概念和关系，通过这样一种方式追问这个判断或命题，也就是说追问这个“思想”是否成立。例如，当我们说“这片树叶是绿色的”时候，这个极为简单的判断就已经包含着实体和属性、个别和一般、存在与非存在的关系。这样，我们就可以追问，如:“这片树叶”是什么意思？树叶是否为一种实体？实体又是什么？“绿色”是否为树叶这种实体的属性？属性又是什么？实体和属性又是什么关系？我们为什么不能说“绿色是这片树叶”？“是”是什么意思？等等。当然，在日常生活中，对这样简单的命题做出如此之多的追问，似乎显得很可笑。但是，不要忘记，恰恰是这些追问把我们引向了哲学的思考。而重大的科学建树，也正是在这种追问中产生的。20 世纪前半叶，有关量子力学的科学争论和哲学争论，就是由这样一些追问或反思引起的。经典物理学为我们提供了粒子和波两类物理图景，并提供了分别测试粒子和波的两类实验设备。但是对量子客体进行观测时，量子客体既可以表现为粒子性，也可以表现为波性。那么，量子客体是什么？量子客体是粒子吗？量子客体是波吗？粒子是什么意思？粒子是指在时间和空间中做非连续运动的物体吗？波是什么？波是指在时间空间中做连续性运动的物质吗？连续性与非连续性又是什么意思？时间和空间又是什么意思？显然，有关量子力学的哲学争论，不是围绕量子客体的实验结果，而是围绕对这些实验结果的解释，也就是围绕量子力学的思想展开的。

从根本上说，哲学的反思性特征，表现为反复追问“事物本身”（The thing in itself）。所谓“事物本身”，不是指个别存在的具体事物自身，而是指我们用以把握这些具体事物的那些普遍概念，或“理念”。例如，我们的认识活动总是要追求真理，那么“认识本身”是什么？“真理本身”又是什么？在日常生活中，善的行为有着多种表现形式和多方面的内容，但“善本身”是什么？美的事物和感受亦是千姿百态，“美本身”又是什么？人们的信仰多种多样，而“信仰本身”是什么？在政治生活中，我们都追求公平和正义，而“公平和正义本身”是什么？“社会本身”是什么？“世界本身”是什么？等等。毫无疑问，对这些问题的追问或反思，就是为了满足我们理性地判断和把握真理、善事、美物、公平和正义的需要，为我们在社会生活中或生活世界中的生存提供最基本的依据。

二、哲学的批判性

哲学的反思性表现为哲学以“思想”为内容，以“思想”为对象，反复追问蕴含在“思想”中的、使“思想”成其为“思想”的那些最基本的思维前提、思维形式、思维规则。由此看来，哲学并不把人们的“思想”“知识”“观念”看成是一经形成就理当如此的东西，而是把它们看成是反思和追问的对象，从“合理性”的意义上评判“思想”是否成立。这就构成了哲学的“批判性”。不过所谓哲学的批判不是一味地否定，而是一种研究、审视、追问和反思。具体地说，主要有如下几个方面。

1. 哲学的常识批判

“常识”（commonsense）亦称“良知”，其含义是为普通理智所普遍认同的某种“知识”或“见识”。常识产生于人们长时期生活经验的积累，或者表现为人们看上去不言而喻的共同感受、共同见解，或者表现为人们的观念或行为所依据的共同规则或依据。由于常识产生于人们长期生活经验的积累，凝聚着生活实践中成功与失败的经验教训，因而常识往往可以成为人们的生活指南，甚至成为人们判别观念或行为是否正确的标准。从这个意义上说，常识对于我们的日常生活有着非常积极的作用。

然而，常识又有着与生俱来的局限性。常识的基本特征是“共识性”而不是“真理性”。常识产生于人们经验的共同性和普遍性，某种见识只要能够在人们的直观经验中得到普遍的验证，成为某种

“共识”，也就有可能成为某种“常识”。但是由于人们的直观经验未必能够真正反映事物的实质和规律，产生于这种直观经验的常识也就未必是真理性的知识。例如，“太阳围着地球转”这样一种见识与地球上的人们的直观经验是完全吻合的，因此它在很长一段时期被人们当作一种不言而喻的常识。但现在我们知道，这个常识并非真理，甚至不少人为了确证这个常识的非真理性而付出了惨痛的代价。这表明，某种见识能否成为常识，不取决于这种见识本身是否为真理，而是取决于它是否能够为绝大多数的人们所认同。当然，真理性的知识是可以成为常识的，而且越是具有真理性的知识，就越有可能成为常识。但真理要成为常识也必须经过“共识性”这个环节，也就是说，只有当真理性的知识成为人们的共识时，才有可能成为常识。这就意味着，真理性的知识未必一定是常识，而常识未必一定是真理。

就推进人类的知识进步而言，真正的问题不在于常识本身是否具有真理性，而在于我们对常识能否始终保持一种自觉的批判态度。在日常生活中，人们对于常识通常抱有一种“非批判性”的态度，也就是说，某种常识一经形成，就很容易被人们当作真理或标准，人们也常常会不假思索地用“是否符合常识”来评判一种观念或行为的合理性或正当性，而对常识本身是否的确是一种“真知”或是否具有合理性、正当性却很少提出质疑。对于常识的这种非批判的态度很容易成为阻碍人类知识进步的观念障碍和思想惰性。特别是当某种常识并不具有真理性时，这种态度几乎会无一例外地转变成对真理的抗拒。这就是为什么在历史上真理和常识往往会处于对立之中的主要原因之一。

与这种非批判态度不同，哲学是以“思想”为内容的，它必然要把“常识”作为自己反思的对象，因而真正的哲学必然要对常识采取一种自觉的批判态度。这种批判的态度就是把常识放到理性的“法庭”中加以“审判”，追问其合理性的根据，以期确定它是否经得起推论，是否含有自身难以克服的自相矛盾之处，是否具有内在于经验的普遍真理性；而不是把常识当作直接的、现成的真理，并用它去抵制对常识的质疑。当然，哲学对常识的批判不是以常识为敌，更不是把常识都看成是非真理性的东西予以抛弃。毋宁说它是对常识的一种理性的、健康的态度，它要通过理性的批判或祛除习以为常的谬见，或更新常识，或深化对常识的理解，把常识建立在理性的基础上，使之更有效地发挥生活指南的作用。正如罗素所说："哲学的根本特点便是批判，正是这种特点使得它成为一种和科学不同的学问。哲学对于科学上和日常生活上所使用的那些原则都要加以批判地研究，而且要从这些原则中找出它们的不一致来；只有在找不到摈斥它们的理由的时候，才把它们作为批判研究的结果接受下来。"[①]

2. 哲学的思想前提批判

哲学既以思想为自身的内容和反思的对象，那么它的批判性就不仅仅指向常识，而且也指向包括科学理论在内的任何一种"理论思想"，对其进行"思想前提批判"。所谓"思想前提"（premise of thoughts）主要是指蕴含在思想理论之中的使思想理论成其为思想理论的那些最基本的思想依据、思维形式、思维规则或思维方法。实际上，我们的任何思想都是有着一定思想前提的思想。能够成为思想前提的东西是很多的，如思想依据、思维方式和思维规则等。

思想依据，即一个思想所依据的另一个更为普遍、更为一般的思想。例如，当我们说"由于太阳晒，所以石头热"的时候，我们就是把"太阳晒"和"石头热"这两个经验中的事件放到"因果关系"这个普遍的思维形式中，按照因果规则将这两个事件联系起来构成思想。在这里，因果联系的规则就成为这个思想的前提。因为当我们说"由于太阳晒，所以石头热"的时候，我们一定预设了这样一个前提：任何事件的发生都是有原因的。思维形式，主要是指

① 罗素：《哲学问题》，何兆武译，商务印书馆 2007 年版，第 125 页。

使一个思想得以形成的概念形式。例如，当我们说“这是一个杯子”时，我们就是把眼前的这个东西放到“杯子”的概念中去理解。这个思想是否正确就取决于你对“杯子”概念的理解是否正确。思维规则，主要是指在思维活动中，概念、判断、推理所必须遵循的逻辑规则。在更为广泛的意义上，思想前提还包括文化传统、价值观念、审美意识、道德准则、法律规范等等。

总之，思想前提就是我们形成某种思想所必须依据的普遍根据和普遍形式。这种前提并不总是直接地出现在我们的思想中，而是以默认的方式隐含在我们的思想的深层，是我们形成思想的出发点和内在根据。由于我们掌握了确切的普遍的思想根据，遵循普遍的思维形式和原则，我们才能形成思想，才能迅速地对经验中的事物做出理论的判断；也恰恰是由于我们所遵循的思维形式和规则是普遍的、共同的，我们才能交流思想并达致相互沟通和相互理解。没有任何思想前提，就不会产生任何思想；缺乏思想前提，我们就会在事物面前犹疑不决，难以做出任何判断。

然而，思想前提毕竟也是由思想构成的，作为思想前提的那些“思想”本身是否具有正当性、合理性，直接关系到从这些思想前提出发而得到的思想理论是否具有正当性和合理性。如果我们把这些作为思想前提的思想看成是绝对的、凝固不变的，那么这些前提就有可能成为禁锢我们思想的僵死教条或观念桎梏，使我们的理论思维难以突破由这些前提所构成的思想樊篱，甚至不敢面对新的事物。哥白尼在提出了“日心说”之后，踌躇了 30 余年，直到临死前才把他的发现公布于世，就是因为当时解释天体运动的思想前提是托勒密的“地心说”，并且这种“地心说”已被宗教视为不可动摇的教条。1900 年德国物理学家普朗克通过对黑体辐射能量分布规律的研究，提出了“能量子”概念，认为能量是分立的，非连续性的，它发射与吸收光只能是一份一份的。这个假设实际上已经同经典物理学强调能量分布连续性的波动理论发生了矛盾，但普朗克本人依然试图把他的能量子假设同经典物理学协调起来，因为经典物理学有关“粒子”和“波”的物理图景长时期被人们当作解释物理实在的思想前提。由此可见，人类知识的进步，特别是人类知识的革命性突破，往往要经历打破由思想前提所造成的思想禁锢的过程。

作为对“思想”进行反思的哲学，其主要任务就是对思想进行“前提批判”。如我们在前面反复讲到的，哲学的范畴和理论实际上就是蕴含在任何一种思想或理论中的最基本的思维形式和原则，因而也就是人们思想或理论的最基本的前提。尽管人们并不总是谈论哲学，但哲学从来没有离开过人们的思想或理论。只不过当人们的思想的发展尚不足以突破既定的思维框架和思想前提的时候，哲学的观念和方法只是以隐匿的方式消融在思维的过程与思想理论的逻辑结构中；而当新的经验事实同这些最基本的思维形式、思维原则和思维前提发生矛盾或冲突的时候，出于建构新的理论的需要，人们就不能不对这些思维形式和原则进行反思，于是哲学便从思想的底层浮升出来，把科学的探讨引向哲学的探讨。这种探讨的目的就是依据新的经验事实来重新审查那些用于理论思维的基本范畴和原则，必要时还要重新界定或更新这些范畴和原则的内涵，以确立能够合理解释新的经验事实的思想前提。这就是所谓思想前提的批判。量子力学的产生所引发的哲学争论，正是这样一种前提批判过程，若不从哲学上确立思考物理客体的新的思想前提，量子力学就不可能在理论上得到完整的、系统的表述。量子力学的创始人之一、哥本哈根学派的物理学家海森堡深有感触地说：“在原子物理学中，我们可以从对整个认识论的最基本讨论中吸取营养。这就是关于把世界划分为主体和客体的困难讨论。作为现代物理学特征的许多抽象，我们发现哲学上在几百年前就讨论过了。在当时，只重视实际的自然科学家把这些抽象看作是观念上的游戏而不予理会，但是今天，现代物理学实验技术的提高迫使我们不得不严肃地来讨论它们。”[①]

① 海森堡：《量子论的物理原理》，王正行、李绍光、张虞译，科学出版社 1983 年版，第 52 页。

我们的任何思想都不可避免地要从一定的思想前提出发，而当人们把某种思想前提当作不言而喻的东西予以接收时，哲学就要对这些思想前提进行反思或批判。这个批判不是要消解思想前提，而是要使思想前提经受理性的审视，以确保思想理论的健康发展。

第二章　哲学的社会生活基础

哲学作为一种理论化的世界观起之于对世界的追问。当我们的祖先已经能够在观念上把“自我”和“世界”区分开来的时候，“世界是怎样的”“这个世界是怎样产生的”以及“人是怎样的”“人是从哪里来的”这样的问题就已经出现在人们的求知本性中，并蕴含在那些脍炙人口的古老神话传说中，如中国古代神话“盘古开天辟地”和“女娲抟土造人”等。事实上，在任何一个民族的古老文化中都有类似的有关世界起源和人类起源的传说。这些神话传说固然是“不经之谈”，但它们却体现了古代先民对世界和人本身的认知和理解。这种认知和理解不只是满足人们的好奇心，更是提供了一种对世界和人自身的解释。通过这种解释去消除人对世界的陌生感和人自身的孤独感。

近代以来，随着实验科学如力学、天文学、物理学、化学、地质学、生物学、考古学、人类学等的发展，人们逐渐学会了依据实验科学理论和方法探索宇宙的演化和人类的起源，提出了各种各样的科学假说，并先后创立了“生物进化论”和“现代宇宙学”，从而把有关宇宙演化和人类起源的探索和解答纳入科学研究的轨道。自然科学对于宇宙演化和人类起源的界说，用科学的方式回答了人类最古老的问题，即“世界是从哪里来的”和“人是从哪里来的”。这种界说作为科学假说，虽然不是终极的，是有待进一步确证、进一步发展的，但它是有科学依据的，它基本上排除了用超自然力量来解释世界起源和人类起源的种种无端猜测，是我们至今唯一可以信赖的答案。

人和人类社会的产生迄今已经历了数百万年的历史，而人类的哲学文化则是伴随着文明社会的形成而产生的。

第一节 文明社会的形成与哲学文化的诞生

自然科学所界说的宇宙或世界，只能说是“自然世界”（nature-world）或“自在世界”（world in itself），而不是人类生活于其中的文明世界。我们之所以必须探索或追问这个自然世界，首先是因为我们的文明世界归根到底来自这个自然世界。但必须指出的是，人和人类社会的产生使地球表面的自然进化过程逐渐被以人类活动为主要内容的文化进化所取代。也就是人类通过自己的活动在自然生成的世界中创造出属于自己的生活世界。因此，探讨文明世界的起源是我们理解和把握这个生活世界的基本方式。

一、哲学对文明起源的理论推测

自古以来，哲人们就对文明社会的起源问题做出了思考。如古希腊哲学家亚里士多德就曾认为文明社会的产生和发展是从“家庭”到“村落”再到“城邦”（国家）这样一个不断推进的自然过程，并认为城邦这种共同体的最高目标就是追求“至善”。中国古代哲学家也曾有类似的思考。例如，先秦哲学家荀子[①]就曾从“人性本恶”的观点出发，阐释国家政治制度的起源，他说：

> 人生而有欲，欲而不得，则不能无求，求而无度量分界，则不能不争。争则乱，乱则穷。先王恶其乱也，故制礼仪以分之，以养人之欲，给人以求。使欲必不穷乎物，物必不屈于欲，

① 荀子（约前 313—前 238），名况，字卿，战国末期赵国人，著名的思想家、文学家、政治家，儒家学说的代表人物之一，现存的主要作品为《荀子》，共 32 篇，涉及哲学、逻辑、政治、道德等多方面内容。

两者相持而长，是礼之所起也。(《礼论》)

当然，真正系统地从理论上推测和探讨道德、法律、政治、国家的起源问题，也就是文明社会的起源问题是从近代哲学开始的。在 17、18 世纪，深受文艺复兴运动与宗教改革运动影响的欧洲进步思想家和哲学家，大都对人类社会的原始状态和文明社会的起源做出过理论上的探索，以说明道德、法律、国家得以产生的根源和实质，由此构想“合理的政府”和“良好的社会”所应遵循的原则。其中，17 世纪英国哲学家霍布斯和 18 世纪法国哲学家卢梭的理论比较有代表性。

1. 霍布斯的假设

霍布斯[①]是欧洲近代比较典型的“人性本恶”论者。他认为，人天生就是利己主义者，趋利避害、自我保存是人的本性和人从事活动的基本动力和原则。人类社会的最初状态，就是人们依据自己的自然本性和自然权利进行生活的状态，即“自然状态”。在这种“自然状态”中，人类天生是平等的，因为每个人都有权按照自己的愿望用他自己的力量保存自己的自由，以求得美满的生活。但由于人在本性上是自私的，因此，任何两个人如果想取得同一东西而又不能同时享用时，彼此就会成为仇敌。在达到各自目的的过程中，彼此都力图摧毁或征服对方。[②]这样一来，在自然状态中，每个人都力图侵犯他人而又抵御他人的侵犯，结果陷入“一切人反对一切人”（bellum omnium contra omnes 或 all against all）的“战争状态”之中。这种战争状态最终使人们的生活只能是“孤独、贫困、卑污、残忍而短寿”，亦即使人们原有的“自然权利”实际上等于零，个人的生命和所有物必然处于极度的不安全之中。

---

① 托马斯·霍布斯（Thomas Hobbes，1588—1679），英国 17 世纪著名哲学家，机械唯物论的奠基者之一，社会契约论的代表人物之一，著有《论物体》《利维坦》《论人》《论社会》等。

② 霍布斯：《利维坦》，黎思复、黎廷弼译，商务印书馆 1985 年版，第 93 页。

霍布斯认为，战争状态当然不能使人们过上美好的生活。所幸的是，人类除了有欲望之外，还有感情和理智。由于战争状态使人人自危，因而人们也就产生了对死亡的恐惧和对和平以及舒适生活的愿望。这时理智就引导人们制定方便易行的和平条件，即“自然法”。自然法“是理性所发现的诫条或一般法则”①，这种法则确保人们能够保全自己的生命而又不相互侵犯。霍布斯进而认为，只有自然法是不够的，因为自然法对人的约束是内在的，它能否被人遵从，要看人们是否有诚意，而人的自私本性却往往会使人不去服从自然法的制约，这就有可能再次回到战争状态。解决这个问题的唯一方案，就是每个人都放弃自己管理自己的权利，通过相互订立契约的方式，把这个权利交给一个人或由一些人组成的集体，每个人的意志都服从于这个人或这个集体的意志，每个人的判断都服从于这个人或这个集体的判断。这样，经过订立契约，人们创造出一个“人”，这个“人”就是“国家”，国家就像强大无比的“利维坦”②，依靠它，才能护卫和平并保护每个人的生命和财产。由此，人们就彻底摆脱了“自然状态”，进入文明社会。霍布斯的观点有力地驳斥了当时盛行的“君权神授论”，强调国家权力来自人民的基本权利。

2. 卢梭的猜想

18 世纪法国启蒙运动时期最著名的思想家卢梭③在他的《论人类不平等的起源和基础》一书中，也对文明起源的原因和过程进行了探讨。在卢梭看来，人类最初也是生活在“自然状态”之中的，只不过这个自然状态并非像霍布斯所说的那样，是一个“一切人反对

---

① 霍布斯：《利维坦》，黎思复、黎廷弼译，商务印书馆 1985 年版，第 97 页。

② “利维坦”是《圣经》中描写的一个海底怪兽，它可以吞噬一切。霍布斯用“利维坦”来形容通过契约而建立起来的君主制政体，它拥有一切权力。

③ 让-雅克·卢梭（Jean-Jacques Rousseau，1712—1778），18 世纪法国伟大的启蒙思想家、哲学家、教育家、文学家，18 世纪法国大革命的思想先驱，著有《论人类不平等的起源和基础》《社会契约论》等。

一切人”的战争状态，而是一个天真、无知、质朴、平等、自由、善良的状态。它是“自然人”生活的环境。自然状态中的自然人，是孤独的、自由的、满足的、天真善良的，除了健康、年龄、体力上有所不同之外，其余一切都是平等的，即所谓“自然平等”。

由于人口增多，生活压力越来越大，人们必须发展新的技艺，如制造工具、建筑房屋等。房屋的建筑和使用促成了家庭的建立和划分，不同的家庭互相结合，形成不同的部落。众多部落由于生活在同一区域，其生活内容、食物来源、生活方式、外界影响等大致相同，这使他们在性格上和风俗上趋于一致，从而形成一个独特的国家，即民族。随着生产活动的发展，特别是铁器的使用和农业的发展，物质财富越来越多，引起了人们占有土地的欲望和行动，由此导致土地的私有化，同时也带来了贫富两极分化，使一部分人可以奴役另一部分人。有钱人尝到了奴役他人的好处，就用各种方法获取新的奴隶，并把奴隶看成是自己的资本。从这时起，原始的自由、善良、平等就消失了，人世间只有贪婪、野心、竞争、倾轧、冲突、奸诈、伪善和罪恶。人类社会也就从“自然平等”过渡到“社会不平等”的阶段。卢梭指出：“这一切灾祸，都是私有财产的第一个后果，同时也是新产生的不平等的必然产物。”[①]

卢梭认为，这种社会不平等的状态是违反人的自然平等本性的，因而是暂时的，当它发展到顶点时，也就是发展到君主专制制度时，就必然要终结并过渡到新的社会平等状态。为此，卢梭提出“社会契约”主张。他认为，社会契约的订立，就是“要寻找出一种结合的形式，使它能以全部共同的力量来保卫和保障每个结合者的人身和财富，并且由于这一结合使每一个与全体相联合的个人又只不过是在服从自己本人，并且仍然像以往一样地自由”[②]。所以，这种契

① 北京大学哲学系外国哲学史教研室编译：《西方古典哲学原著选辑·十八世纪法国哲学》，商务印书馆1979年版，第156页。

② 卢梭：《社会契约论》，何兆武译，商务印书馆1980年版，第23页。

约实际上是“人民是同自己在订立契约”。订约者把自己的权利全部交给社会全体，不是为了去接受压迫，而是以自然的自由换取社会的自由，以自然造成的人类力量上和才智上的不平等，换取道德的与法律的平等。既经订约，人们就不再是个别的个人，而是已经结合成为一个道德的、集体的共同体，即国家。成立国家的目的不是为了毁灭自然平等，而是以道德的和法律的平等取代自然的平等。国家主权应当体现人民的公意，国家的行政官不是人民的主人而是人民的官吏。如果国家官员变成了专制君主、独裁者和暴君，人们就有权推翻他们。卢梭的这一理论成为后来法国大革命的指导思想。

二、马克思：从自然形成的社会到历史地形成的社会

无论是霍布斯，还是卢梭，或是其他欧洲近代思想家，他们对史前社会和文明起源的研究尽管有着十分重要的历史进步意义，但他们有关人类“自然状态”的描述并没有实证的历史根据，只能说是一种理论上的假设，其目的是通过这种假设来论证国家、政府和法律是怎样产生的，以及怎样一种国家制度是合理的。19 世纪后半叶，随着人类学的发展，有关社会进化问题的研究逐渐被纳入科学探索的轨道，为哲学对生活世界的追问奠定了科学的基础。1877 年，美国学者摩尔根[①]发表了《古代社会》一书，该书在长期实地考察的基础上，十分深入地研究了原始部落社会的家庭关系和亲属制度的性质、特征和演变过程，为人们研究史前社会提供了丰富翔实的实证资料。这本书出版后立即得到了马克思和恩格斯的高度重视。在摩尔根以及其他人类学家所提供的丰富资料的基础上，马克思和恩格斯继续深化了对原始社会和文明起源的研究，探讨了人类社会从

① 摩尔根（Morgan，1818—1881），美国杰出的考古学家、民族志学家和原始社会史学家，著有《古代社会》一书。恩格斯曾对此书评价说：“摩尔根的伟大功绩，就在于他在主要特点上发现或恢复了我们成文史的这种史前的基础，……他研究自己所得的材料，到完全掌握为止，前后大约有 40 年。然而也正因为如此，他这本书才成为今日划时代的少数著作之一。”

"自然形成的社会"到"历史地形成的社会"的过渡，阐释了阶级、国家产生的根源和过程，这不仅极大地丰富了他们所创立的唯物史观的理论内容，而且为我们进一步研究文明社会的形成奠定了坚实的理论基础。

1. 自然形成的社会

所谓"自然形成的社会"是指处在自然状态中的原始社会。在这种社会中，最初的生产活动所能采取的唯一可能的经济形态是采集-狩猎经济，这种生产活动只能是以获取自然界所能提供的现成可用的自然产物为主要内容，如采集植物果实、捕猎动物等，它所依赖的生产条件也不可能是生产出来的，而是"表现为自然前提，即生产者生存的自然条件"。另外，这种"自然形成的社会"的组织结构是一种"自然形成的共同体"，即以血缘关系为基础的原始家族或氏族、部落。原始社会的社会结构之所以以血缘关系为基础，主要是因为原始人的最初的生产能力太低，社会财富太少，因而人们之间的经济联系或经济利益关系还不足以成为社会结构和社会组织的基础。在生产效率极为低下、个人劳动完全不足以维持个人生计的情况下，要使每个人都获得基本的生存条件，社会成员之间就必然要形成以共同占有生产条件、共同劳动和平均分配劳动产品为特征的原始公有制经济关系，而这种经济关系只有在以血缘关系为基础的社会组织形式中才能存在，因为只有血缘关系所带来的人们之间的自然结合和情感亲近才能自然地产生这种相互结合的方式。

社会生活作为有组织的共同生活，一开始就需要一种对社会生活进行统一组织、协调和控制的社会管理活动，并形成使社会管理活动得以实施的公共权力。但是，在氏族共同体中，极端落后的生产力和自然形成的公有制经济关系决定了氏族成员之间社会地位上的平等和物质利益上的一致，决定了个体对共同体的绝对依赖，而不存在经济利益相互对立的阶级和阶级矛盾，这就使氏族共同体的社会管理活动不会是一部分人对另一部分人的压迫和管制，而是真正代表氏族的共同利益和共同意志对社会生活实施统一协调、组织和控制。公共权力是共同利益和共同意志的体现，它通常是由经过氏族大会公选出来的酋长、军事首领掌管的。血缘关系所具有的自然情感有助于用习俗、道德、酋长的威信和公众舆论来维持氏族的日常生活秩序。

氏族共同体的社会管理活动以自然形成的原始宗教或自然宗教为观念基础。以图腾崇拜为特征的原始宗教观是氏族成员在共同生活中形成的集体意向。它通常包括对宇宙起源、宇宙本性、宇宙秩序（包括社会生活秩序）等虚幻的理解和共识。这种集体意向是氏族共同体成员理解或解释自己的行为、确定自己的活动信念和处理自己与周围世界的关系以及个人与群体的关系的根据。公共权力在这种集体意向中被神话化，共同活动或共同生活的目标以及体现在习俗、礼仪、习惯、道德中的生活规范在这种集体意向中得到最终的解释。因此，这种集体意向是氏族共同体实现社会整合的文化机制。

2. 历史地形成的社会

随着社会生活的发展，人们逐渐学会了种植农作物和饲养牲畜，原始的采集狩猎经济进入农业和牧业经济。农牧业的发展使生产工具的制造和使用有了越来越重要的意义，以至成为生产的前提和必要手段。这意味着，生产活动不再完全取决于生产的自然条件，同时也取决于由生产所创造的物质条件，如耕地、牲畜、生产工具等，这些生产生活资料都不是自然的产物，而是前人劳动或活动的结果，是前人创造出来的生产或生活条件，因而是历史的产物或结果。

生产工具的进步，农业和手工业的发展，提高了劳动生产率，从而使个体劳动成为可能。这样，集体劳动逐渐过渡为个体劳动。在劳动方式的转变中，生产资料（土地、畜群等）起初归个体家庭使用，后来便永久地归个体家庭所有，私有制代替了原始公有制。

当生产力的发展达到“人的劳动所能生产的东西超过了单纯维持劳动力所需的数量”的程度时，劳动力便获得了价值。部落间的战争所得来的战俘被当作奴隶保留下来；氏族内部个体家庭之间的贫富分化，使贫穷的氏族成员因债务关系逐渐丧失生产资料和生活资料而沦为奴隶。这样，社会成员便按其是否占有生产资料而划分为两大基本阶级，即奴隶主阶级和奴隶阶级。由于经济利益上的根本对立，这两个阶级之间的矛盾和抗争无法调和，氏族共同体及其处理公共事务的方式和机构已没有能力调解和处理日益加深的阶级对抗和冲突。奴隶主阶级为了能够有效地维护自身的经济利益和对奴隶的阶级统治，需要一个凌驾于社会之上的公共权力机构，国家便产生了。这意味着，社会结构、社会组织形式的发展也一般地表现为生产发展亦即历史发展的结果。

生产的发展带来了社会分工的发展，脑力劳动随着劳动生产率的提高和社会分工的发展从体力劳动中分离出来，成为社会生活的一个相对独立的领域。社会意识借助专门的精神劳动成为有着自身发展规律的相对独立的发展过程。通过对前人思想材料的继承和发展，观念活动得以积累和传递，从而形成了对后代人的观念活动产生指导、制约和限定作用的思想文化传统。

从“自然形成的社会”过渡到“历史地形成的社会”，实际上可以说是人类社会自身的进一步完成，它标志着文明社会在人的实践活动中的诞生。

三、哲学文化的诞生

哲学文化是随着文明社会的形成而诞生的。大约在公元前4000年开始，西亚的底格里斯河和幼发拉底河构成的两河流域、北非的尼罗河流域、南亚的恒河和印度河流域、东亚的长江黄河流域和南欧的爱琴海沿岸，相继形成了美索不达米亚文明、古埃及文明、古印度文明、中华（华夏）文明和古希腊文明。在这些古老的文明形态中，经济生活、政治生活、宗教生活、艺术生活、语言文字和文化教育不断发展，最终孕育出哲学文化这一人类文明的璀璨明珠。哲学文化的诞生标志着人类文明的自我觉醒，它意味着人类开始运用自己的理性能力来探索、追问人和世界的关系。

哲学文化的产生必有一不言而喻的前提条件，即在社会生活中产生出一批有时间、有能力、有热情的学者，他们乐于把自己的主要时间和精力用于理论思索，并按照自己的理解向人们提供有关人和世界的各种知识。随着农业和畜牧业的发展，劳动生产率大大提高，剩余产品日益增多，这就为一部分人脱离生产劳动提供了可能；此外，生产资料的私有化和生产活动的个体化，不可避免地导致社会成员之间的贫富分化，使社会财富日益集中在少数富有者手中。这些富有者也就日益脱离繁重的生产劳动，成为依靠剥削其他社会成员而生存的社会阶级或阶层，这就使一部分人脱离生产劳动成为现实。这就是人类历史上第一次社会大分工，即体力劳动与脑力劳动的分工。显然，在这样的社会分工中，从事脑力劳动的通常都是有相当数量的奴隶为他们劳作的贵族、奴隶主，他们是社会的统治者或所谓的“名门望族”，能够凭借国家力量来维护他们的财富和地位。他们家境富足，地位优越，子女都能受到良好的教育，因而有条件从事纯粹的精神生产活动。古代哲人一般都是来自这样的社会阶层。

哲人的哲学研究不仅仅是哲人自身的兴趣和爱好，也与社会生活的内容息息相关。哲人的兴趣就在于对那些困扰人们生存境遇的各种问题做出清晰的理论解答，排除那些含糊不清、充满歧义的常识或意见，达到对真理的理解和把握。

哲学文化的产生不仅有深刻的社会根源，而且有不断积累起来的文化资源。我们前面提到的那些人类文明的发源地，都在精神生活、语言文字和思想观念上为哲学文化的诞生提供了文化条件，并形成了各具特色的哲学文化传统。

1. 中国哲学的传统之源

根据可考的文字资料，中国哲学思想的出现可上溯到殷代（约公元前 16—前 11 世纪），它是同殷人的占卜巫术结合在一起的。在殷商时代，生产水平低下，社会矛盾复杂，人们对生产活动和政治生活所面对的各种自然力量和社会力量没有科学的认识，普遍相信这些力量来自上帝或神鬼，生产的丰歉、战争的胜败、做事的顺逆均取决于上帝或神鬼的意志，因而占卜之风盛行。占卜就是一种灼烧龟甲（或兽骨）以测凶吉的方法，用一正一反的观念来表示做事情的可行和不可行。到了殷周之际，这种占卜观念就逐渐演化为更为抽象、更为复杂的“八卦观念”①，即“易经”。它“近取诸身，远取诸物”，以“阴（--）、阳（—）”为基本概念和宇宙运动的基本法则，用阴阳的组合构成八个卦象（乾、坤、震、巽、坎、离、艮、兑），分别对应自然界中八种常见的自然现象（天、地、雷、风、水、火、山、泽），再将八卦两两相叠，形成六十四卦，每卦六爻，共三百八十四爻，用以解释宇宙间万事万物的运动变化及其征兆。显然，八卦观念包含着中国古代文化中的自然哲学思想，并对后世哲学思想的发展产生了极其深刻的影响。

春秋战国时期，周王朝威权旁落，诸侯国连年征战。各诸侯国为谋富国强兵之策，招贤纳士，无形中为知识分子施展自己的才华创造了广阔的空间，一时学术兴盛，产生了所谓的“诸子百家”之说，如儒家、道家、墨家、名家、法家、纵横家、阴阳家等等。在这些学派的理论中，有关世界本体的思想达到了系统化的程度，如儒家创始人孔子受占卜文化中天命观的影响，相信天命不可违，认为天命主宰了自然和人世中万事万物的变化；道家的创始人老子则不把天看成是最高的主宰，而是认为天地都是由更高的本体“道”产生的，道的本性是自然，万物的产生就是道自然运动的结果，即“道生一，一生二，二生三，三生万物。万物负阴而抱阳，冲气以为和”；春秋时期的政治家管子，还提出了水是万物的本原的思想和“精气说”，认为万物和人都产生于精气，并由精气所构成。各家学

① 《易传·系辞下》说：“古者庖牺氏之王天下也，仰则观象于天，俯则观法于地，观鸟兽之文与地之宜，近取诸身，远取诸物，于是始作八卦，以通神明之德，以类万物之情。”庖牺氏（伏羲）作八卦是一传说，未必可信，但周文王演八卦则是大致可确定的事实。

说相互碰撞又相互吸收，在思想交锋的过程中衍生出中国哲学文化的各种主题，如探讨天道或自然与人的关系的“天人关系”说、探讨心灵和肉体或精神和物质的关系的“形神关系”说、探讨人的思想与行为或认识与实践的关系的“知行关系”说，以及探讨名称、概念与实在事物之间关系的“名实关系”说等等。

面对春秋战国时期混乱不堪的政治局面，各家学说也都竭力寻求治国安邦之道，以期结束战乱，建立和维护长治久安的社会秩序。儒家注重人的心性的修养，以“仁”为最高的道德境界，培养人的良好德性，以便恢复或重建已经衰败的礼教秩序；道家以“道法自然”为据，主张清静无为、绝圣弃智，回归原始的、自然的淳朴生活；墨家把“兼相爱，交相利”作为治理国家的基本原则，反对战争，反对统治者暴敛民财；法家则强调“以法治国”，用“法治”代替“人治”。所有这些就构成了中国古代哲学文化中的道德哲学和政治哲学。

秦统一六国后，百家争鸣的局面也随之结束。而在汉代，儒家学说则占据了统治地位，成为中国哲学文化的主流。印度佛教的传入，给中国哲学文化的发展提供了新的资源，促成了中国佛教哲学的产生。与此同时，道教哲学也有了一定的发展。各种哲学思潮相互对抗又相互吸收，起伏张弛，构成了中国哲学发展的历史长河。

2. 印度哲学的传统之源

南亚恒河和印度河流域孕育出的古印度文明也是哲学文化的发源地之一。印度的哲学也是同古老的印度宗教结合在一起的。产生于公元前20世纪左右的“吠陀教”可能是印度最古老的宗教意识形态，最初的哲学思想就包含在吠陀教的历史文献《吠陀》中。“吠陀”的意思是“知识”和“启示”，它是由大量的神话故事、赞美诗、祈祷文和咒语构成的，其中也包含了一些哲学观念，如认为世界是由水、火、土、风构成的，或认为世界的本原是“水”等，有的诗章还讲到了非存在（无）、原人、太一、气息等更为抽象的哲学观念。

公元前 8 世纪至公元前 7 世纪，在人们对吠陀教的信奉中产生了印度历史上第一个宗教哲学门派——婆罗门教哲学。婆罗门教哲学以《吠陀》为基本经典，信奉多神，将梵天、毗瑟拿和湿婆视为主神，其分别代表宇宙的创造、护持和毁灭，并相信轮回业报说。婆罗门教哲学在后来的发展中又形成了许多哲学学派，主要有数论、瑜伽、胜论、正理论等。数论派认为世界是由神我和原初物质（自性）结合产生的。神我是一种精神实体，既不创造，也不被创造，永恒不灭。原初物质处于混沌状态时有喜、忧、暗三种德性，与神我结合后，三德的平衡遭到破坏，原初物质发生变异，故产生了世界上的各种事物。数论是瑜伽的世界观，瑜伽则是数论的修行方法。瑜伽派认为原初物质和神我的结合是一切痛苦产生的根源，所以它把断绝痛苦的根源，使神我重新获得独存作为自己的根本目的。

值得一提的是，印度宗教哲学倡导用极端的苦行来解脱烦恼和痛苦。梵天是一个绝对不可感知的最高本质，即理智。苦行所要达到的是一种禅定，即返回到自己的思想中，沉浸在自身中，以达到一种精神凝聚的状态。这种精神凝聚状态所达到的境界就是“梵”。因此，印度哲学的一个特点就是讲究返回自身的沉思，通过这种沉思获得精神上的解脱。

公元前 6 世纪左右，释迦牟尼创立了佛教。最初的佛教把世界上一切现象的产生原因都归结为各种相互依存的关系和条件（因缘）。它不同意婆罗门教所谓的世界的终极原因和主宰人生的神我或理智（灵魂），认为万物是由“五蕴”（色、受、想、行、识）构成的。佛教也声称“一切皆苦”，有生苦、老苦、病苦、死苦、怨憎会苦、爱别离苦、求不得苦和五取蕴苦。这些痛苦是由“十二因缘”引起的。十二因缘之首是“无明”，即无知，所以消除痛苦的途径在于消除无明，求得觉悟。佛教在后来的发展中也产生了许多分支和流派。

3. 西方哲学的传统之源

地中海沿岸的古希腊文明历来被认为是欧洲文明的源头，也是整个西方哲学的故乡。黑格尔曾说：“一提到希腊这个名字，在有教养的欧洲人心中，尤其在我们德国人心中，自然会引起一种家园之感。”[①]古希腊哲学的产生要晚于中国和印度，其文化来源有两个方面。一是古代东方各国文化对希腊的影响。古希腊早期就有许多学者到过埃及、印度、波斯等东方国家进行学习、考察，使东方各国的文化观念，特别是其中的宗教观念，传入古希腊。二是古希腊神话。古希腊神话是古希腊部落社会晚期的精神产物，大约产生于公元前 8 世纪以前，原本是口耳相传的口头文学，直到公元前 7 世纪，才由著名的盲诗人荷马以弹唱脚本的形式记录下来，即《荷马史诗》，除此之外还有赫西俄德的《神谱》以及古希腊的诗歌、戏剧等等。古希腊神话内容丰富生动，主要包括神的故事和英雄的传说两大部分。

古希腊神话把世界的本原归结为超自然的神灵，在有关神的故事中包含了天地的开辟、众神的诞生、人类的起源以及社会和国家的形成等诸多的猜测和理解。有趣的是，在古希腊神话中，神灵并不像在中国和印度的古代文化中那样神圣、纯洁，而是与人同形同性，既有人的体态美，也有人的七情六欲，并参与人的活动。神与人的区别仅仅在于前者永生，无死亡期；后者生命有限，有生老病死。古希腊神话的美丽就在于神依然服从命运，依然会为情所困，为自己的利益做出坏事，这就大大降低了希腊人崇拜神灵的强度，因而在古希腊神话的英雄故事中处处表现出人与神的对立。在这个对立中，包含着善与恶、光明与黑暗、正义与邪恶的激烈抗争。这也正是后来古希腊哲学的理论主题，而且希腊哲人也乐于利用神话中的典故和隐喻来阐述自己的哲学观点。

古希腊哲学最早产生于公元前 7 世纪至公元前 6 世纪。从总体上看，古希腊哲学的产生和发展有两条基本线索。一个是自然哲学。希腊最早的哲学派别米利都学派就是由一批自然哲学家组成的。他们力图用自然界本身的因素或原因来解释自然，以破除对宇宙本体

① 黑格尔：《哲学史讲演录》第 1 卷，贺麟、王太庆译，商务印书馆 1959 年版，第 157 页。

的神秘理解。如米利都学派的创始人泰勒斯把世界的本原归结为“水”，爱菲斯学派的代表人物赫拉克利特把世界的本原归结为“火”，后又产生了留基波和德谟克利特的“原子论”等。自然哲学家们探讨自然物质的“始基”、结构和生灭的原因，这实际上为后来欧洲自然科学的发展奠定了思想前提。古希腊哲学产生和发展的另一条线索，则是从思维本身出发来探讨和界说世界本原的形而上学。如爱利亚学派的创始人巴门尼德认为世界的本原是“存在”，而存在和思维是同一个东西，因此要把握存在的真理，就不能相信感官给我们的见识，只能靠思维本身。在他之后，柏拉图则把“理念”视为世界的真实本质，而对理念的把握也只能靠思维本身。古希腊哲学的这两条线索对整个西方哲学的发展所产生的影响是极为深刻的。

第二节　“感性世界”与社会生活的实践本质

哲学文化的产生和发展有着深厚的社会生活基础。无论哲学理论看上去多么抽象，在它的深处始终跳动着人类社会生活实践的脉搏。因此，要了解哲学文化发展的动力和机制，把握哲学理论与社会生活的真实关系，就必须对社会生活的本质有一个准确的理解。

从宽泛的意义上说，人类的社会生活实践既包含着人与自然的交往活动和关系，也包含着人们之间的社会交往活动和关系，因而可以说，人类社会生活实践的过程和成果构成了人们生活于其中的“感性世界”。马克思在《关于费尔巴哈的提纲》一文中指出：“社会生活在本质上是实践的。”[①]这一重要论断是我们对生活世界进行哲学追问的基本出发点。

① 《马克思恩格斯选集》第1卷，人民出版社1995年版，第60页。

一、人的感性活动是现存感性世界的深刻基础

马克思所说的“感性世界”不是指外在于我们的、与我们的生活或活动无关的、自在的自然界，而是以人的感性活动或实践活动为基础的属于人的生活世界，同时也是完整意义上的社会生活本身。

感性世界实践基础首先体现在人与自然的关系上。当人们通过自己的物质生产活动来创造自己的社会生活所需要的一切时，他们也就把自己的意志和目的嵌入自然物的因果联系中，改变自然物的既定形态，赋予它新的存在形式，使它的变化具有人的目的性。因此，人们所进行的物质生产活动必然会在自然界身上引起单凭自然界本身的运动所不能发生的变化，亦即通过实践创造出“人化的自然”。生产活动越是持续不断地向前发展，自然界就越是在广度和深度上脱离自在状态，成为“人化自然”。这样，在人类历史的发展中，作为人们生活于其中的感性的世界“决不是某种开天辟地以来就直接存在的、始终如一的东西，而是工业和社会状况的产物，是历史的产物，是世世代代活动的结果”[①]。

人类通过自身的物质生产活动实现自然和社会历史的统一，这个统一必然会随着生产的发展而不断达到新的历史水平。例如，在以自然经济为基础的传统社会中，人们在自己的“感性世界”中所能看到的可能只是农田、草地或荒野，而在以市场经济为基础的现代社会中，人们到处可以看到发达的工业、商业和大都市。感性世界的这种变化表明，人的自觉活动在自然界身上引起的变化体现着人类改造自然的程度的不断深化和扩大，体现着人类智力和能力的历史性积累与扩展，体现着不同历史时代的人们的生活情趣、价值追求和信仰。因此，这种变化不是自然界自在的变化，而是体现人类社会历史进步程度的变化，是内在于人类社会历史的“历史的自然”。为此，马克思和恩格斯精辟地指出：

---

① 《马克思恩格斯选集》第1卷，人民出版社1995年版，第76页

> 这种活动、这种连续不断的感性劳动和创造、这种生产，正是整个现存的感性世界的基础。它哪怕只中断一年，费尔巴哈就会看到，不仅在自然界将发生巨大的变化，而且整个人类世界以及他自己的直观能力，甚至他本身的存在也会很快就没有了。①

二、社会生活的实践本质

以人的实践活动为基础的“感性世界”同时也是人们的社会生活世界。社会生活的实践本质首先深刻地体现了社会生活的物质性和客观性。最基本的实践活动是表现人与自然相互作用的物质生产活动。这种活动作为人的自由自觉的活动虽然服从人主观设定的目的，具有超越性和创造性，但这种活动并没有创造物质本身，而是依照物质运动变化的可能性改变物质的存在形式。正如马克思指出的那样：人并没有创造物质本身，甚至人创造物质的这种或那种生产能力，也只是在物质预先存在的条件下才能进行。这意味着，尽管人们凭借自身的语言意识可以自由地想象可能的世界或理想的目标，但如果人们不掌握实际的物质条件和物质手段，人在自然界面前便无能为力，他的想象或理想就不能转变成现实，因为对于物质对象，只能用物质力量才能对其加以改变。人们的物质生产活动就是运用一定的物质生产手段作用于物质对象的过程。而社会生产力就是人们运用物质手段改造自然的能力，本质上亦是一种具有不以人的意志为转移的客观属性和规律的物质力量。

物质生产活动是全部社会生活及其历史发展的现实基础。生产活动虽然直接地表现为人或社会与自然的关系，但这种关系又是以人们之间的社会交往活动为前提的；生产力则是通过人们之间的交往活动（通过活动的交换）而形成的社会力量。因此，生产活动一开始就包含着人们在交往活动中形成的关系，即生产关系，它存在

① 《马克思恩格斯选集》第1卷，人民出版社1995年版，第49页。

于社会生产的各个环节之中，是人们之间的一种物质联系。这种生产关系在历史上能够采取什么形式，不是取决于人们的主观意愿，而是首先取决于物质生产力的发展水平或状况。历史上，资本主义生产关系之所以取代了封建主义的生产关系，从根本上说，就是机器大工业发展的结果。

人类社会是人们之间所发生的各种社会关系的总和，而最基本的社会关系就是这种在生产活动中所发生的物质性的生产关系。随着物质生产活动的发展，社会生活日益多样化和复杂化。起先，物质生产活动仅仅只是满足生存需要的活动，但生产的发展在满足人们最基本的需要的同时，还不断引起人们新的需要，从而引发了满足新的需要的历史活动。因此，需要的增长必然引起社会分工的产生和发展，并由此在社会生活中划分出越来越多的特殊的社会生活领域，促使社会结构分化，产生出不同层次的、各有其独特性质并自成体系的社会结构，如经济结构、政治结构、思想文化结构等。在物质生产活动发展的推动下，社会生活的内容和形式不断更新，社会生活现象也日趋复杂，如此造就了现代社会这样高度复杂的社会生活体系。

从上述分析可以看出，人类社会生活的本质，既不是纯粹的精神，也不是单纯的自然，而是人们每日每时都在进行着的有意识、有目的地改造自然并在这个基础上改造社会本身的客观物质活动，是在这种物质活动中结成的物质关系并通过这种物质关系而形成的社会性的物质力量。这种物质力量包含着自然的力量，但人的实践活动扬弃了自然力量的自在性，使之成为体现人类历史进展的社会力量。因此，“社会生活在本质上是实践的”。

三、社会生活的精神特质和文化属性

社会生活在本质上是实践的，这不仅意味着人类社会生活的总体即社会系统具有物质性和客观性，同时还意味着不能把社会系统归结为类似自然系统那样的单纯的物质系统。任何意义的实践活动，

包括物质生产活动、社会交往活动、社会管理或治理活动等本身都是包含着人们主观设定的意义和目的的自觉活动。这表明，社会生活或社会系统在一开始就具有源于人类实践活动本性的精神特质，这种精神特质充分地体现在人类的文化创造活动中。

1. 社会文化的内涵

从广义上说，“文化”概念是与“自然”相对应的。自然之物、自然属性、自然规律是天然造就，非人类所为，而广义的文化是指人类的活动及其成果，它应当包括人类社会实践活动所创造出来的各种物质产品和精神产品，包括人们的行为方式、思维方式、习俗、道德、法律、制度和社会组织等。从这个意义上说，社会文化可以有物质的存在形态，也可以有精神的存在形态，它不是社会生活的某一个部分，而是体现在社会生活的各个层次、各个方面。

社会文化的形态虽然多种多样，但其实质则体现着社会生活的实践本质。社会文化的各种存在形态一般具有双重意义。一方面，任何文化形态都有其直接的实际效用。一把石斧、一台机床、一条法律、一种制度、一件艺术品、一种理论都是一定时代的人们根据自身物质生活和精神生活的直接需要而创造出来的。这种直接的实际效用通常是个别的、具体的，甚至是暂时的，它构成了每一种文化形态的个性特征和具体内容，但它不能体现文化的普遍价值。另一方面，文化形态作为人类实践活动的产物具有为实践活动的一般品质所决定的普遍性、共同性特征，这就是，无论文化形态的实际效用是什么，它们作为人们有意识、有目的活动的产物，都必然包含着人们对自然界和社会生活的观念上的把握，包含着内化到人类实践活动的过程和结果中的人类精神。也就是说，文化形态体现着人的存在的自为性、人的活动的自由性以及人与自身活动结果的自我相关性。例如，人们在物质生产活动中创造出来的各种物质产品，作为文化，就在于它们是人类精神的对象化、客观化。一把石斧被称为文化，不仅是因为它有实际效用，更重要的是因为它表明了人们在何种程度上把握和利用了自然物的属性和规律，表明人是怎样通过使自然物质发生形式变化，从而在自然物中实现了自己的目的，发展和发挥出自己的能力。那些出于对神灵的崇拜和迷信所建造的神殿庙宇，为战争制造出来的武器，为美化社会生活生产出来的服饰、化妆品，为艺术生活和娱乐事业提供的各种设施和装备，为科学研究制造出来的各种仪器和设备，无不是在实践活动中被物化或客观化的人类知识、智力、价值、信仰。人类实践活动所创造出来的物质成果，正是凝聚着人类精神，打上了人类意志的烙印而被称为有别于自然的文化。总之，无论社会文化是以物质的形态存在，还是以非物质的形态存在，在实质上必然是内含于人们的实践活动中，并在实践结果中变成现实的人类意识、意志和目的，是凝聚在人类产物中的人类精神。

人类社会这个有机系统应当被确切地表述为物质-文化体系。从这个意义上说，人类历史就是一个文化创造活动的历史。这种文化创造活动，体现在改造自然和社会的历史变革活动中，体现在人们的日常生活中，体现在人们的生活方式、行为方式和思维方式中，体现在宅居、服饰、饮食、娱乐等的享用和欣赏中。各种各样的文化创造活动使我们生活的世界日益丰富多彩、情趣盎然。

2. 社会文化的核心——价值观念

然而，当我们仔细考察人们的文化创造活动时，又不难发现，人们的文化活动是如此的不同。如对于家居装饰，有的人喜欢古朴厚重，有的人欣赏豪华亮丽；对于梳妆打扮，有的人喜欢简约质朴、顺其自然，有的人则乐于浓妆艳抹、穿金挂银；面对他人的困境，有的人乐善好施、慷慨相助，有的人则斤斤计较，不愿“拔一毛而利天下”；在生活追求上，有的人视金钱为生命和目的本身，倾其全部身心去赚钱守财，有的人则把金钱仅仅看作手段或条件，毕其一生去追求科学、艺术、发明创造等有利于人类进步的事业。这些在文化情趣、文化追求上的差异，包含着人们对生活意义或生活价值的不同理解。

所谓价值关系，就是指在实践过程中，主体的需求与客体对主体需求的满足这样一种关系。任何一个实践的主体都是一个价值主体。这个价值主体有自己的主观需求和目的，他认识客体，其最终目的也是力图通过改变客体来满足自己的需求和目的。如果客体以及改造客体的行动能够满足主体的需求和目的，这样的客体和改造客体的活动就是有价值的、有意义的，而且满足主体需求和目的的程度越高，其价值或意义就越大，反之就是没有太大的价值或意义，甚至是完全没有价值或完全没有意义的。这种价值关系反映在人们的头脑中，就形成了价值观念。价值观念引导实践主体确定自己的行为取向，并赋予实践的客体和实践的结果以一定的意义。因此，人们在一生中总是要去做自己认为有意义的事情，过有意义的生活，差别就在于对生活意义的理解不尽相同。受价值观念的引导，人们在实践活动中按照自己的目的来改变客观世界，这是人的活动的自主性。这种自主性并非摆脱客观世界的属性和客观规律的制约而独立存在的，人的价值追求和理想目标只有在符合客观世界的本性时才能实现。

人类的物质生产活动作为生活世界的现实基础，对生活世界发展的决定作用本身就内在地包含着人类文化价值的选择作用，也就是说，人们的文化价值观念决定着或引导着人们对物质条件和手段的使用。人们在物质生产活动中赋予物质的质料以何种新的存在形式，取决于人们主观设定的目的。正是由于人们的文化价值观念，也就是人们对生活的意义的理解有诸多的不同，文化创造活动才是多种多样的。

然而，尽管人们的文化价值观念是多层次、多方面、多样化的，但由于社会的文化精神及其核心——文化价值观念根源于社会生活的实践本质，因而在多层面的文化价值体系中，必然存在着与人类实践活动的一般性或普遍性品格相吻合的最基本的同时也是永恒的价值追求，这就是追求人的活动的自主性和自由性的价值观念。人类的一切实践活动本质上都是自主、自由、自觉的活动，这种活动就是人的本质，或者说人在本性上就是自主的、自由的。作为实践活动结果的各种文化形态，是人的本质的实现和确证，就是人的这种自主性和自由性的彰显。一旦人们意识到这一点，在实践活动中就不仅会创造出具有实际效用的文化产品以满足自己的直接需要，而且还会超出这种有限的实际需要，去追求自己的自主性和自由性的全面发展，并为自己的本质、能力、智慧能够在自己创造的文化产品中得到显示和确证而获得极大的满足和喜悦。在这个意义上，人本身就成了最高的价值，成为社会文化创造活动的终极目的。任何一个实践的领域都可以说是人们追求自我完善、自我实现和全面发展的场所，任何一种文化产品都具有实现这种终极目的的意义。这就不难理解千百年来，那些仁人志士为科学真理、为艺术、为社会公德、为政治民主、为物质财富的创造不惜劳其筋骨、饿其体肤、抛头颅洒热血的壮举了。

第三节　现代哲学中“生活世界”观念

依据马克思的“感性世界”理论，我们可以建立一个含义宽泛的“生活世界”概念：第一，这个生活世界是由人们的生活实践的对象、手段、过程和结果所构成的世界；第二，它是由人们的广泛的社会交往活动和社会交往关系构成的世界；第三，这个生活世界既以人的实践活动为基础，因而必然是一个具有精神特质和文化属性的世界，一个体现着人的生存价值或意义的世界。

当然，“生活世界”这个概念是西方哲学在现当代的发展中逐渐形成的，不同的哲学家从不同的角度，针对不同的问题阐释了他们对“生活世界”的不同理解。这些不同的理解可以说是对“生活世界”不同方面的内容、意义的深度把握。马克思的“感性世界”和他们的“生活世界”观点虽然有所不同，但从根本内容上看又存在着广泛而深刻的一致性。

一、胡塞尔:“返回生活世界”

在现代西方哲学中,“生活世界”作为一个哲学概念最初是由德国著名哲学家、现象学的创始人胡塞尔[①]提出来的。他提出这个概念,主要是针对他所认为的“欧洲科学的危机”。他所说的“科学危机”不是指科学本身的危机,而是指科学在人类生活中的负面作用所导致的文化危机。在他看来,近代以来,科学特别是自然科学的凯歌行进,造就了唯科学主义的观念和信念,即以为任何问题只有被纳入科学的轨道中才能真正得到解决,而当科学观念被实证主义者进一步简化为纯粹事实的科学后,现代人的整个世界观就已经被这种有关事实的科学观所支配,结果,人生的意义不仅在这种科学主义的强大声势中黯然无声,就连人的问题也被排除在科学世界之外,导致了片面的科学理性和事实的客观性对人的统治。因此,这种科学危机,实质上是哲学的危机、人自身的危机。

胡塞尔认为,科学危机的根本性质就是科学与人的存在的分离,科学失去了其应有的意义,甚至危害人类,从而使迷信实证科学的人们失去了意义和价值世界。为此,他大声疾呼地提出“返回生活世界”的口号,认为这是哲学家对人类所承担的真正的责任。胡塞尔提出的这一思想,既是出于对当时欧洲社会危机的深刻反思[②],也是对更大的灾难即将降临的预感。

然而,尽管胡塞尔提出了“生活世界”的概念,但他并没有对

---

① 埃德蒙德·胡塞尔(Edmund Husserl,1859—1938),德国著名哲学家,20世纪现象学创始人,著有《作为严格的科学》《关于纯粹现象学和现象学哲学观念》《形式的与先验的逻辑》《欧洲科学的危机与先验现象学》等。

② 胡塞尔目睹了第一次世界大战,并在这次战争中痛失一爱子。战后德国作为战败国承担大量的战争赔款,经济陷入严重困境。而当德国经济稍有恢复时,美国爆发的大规模经济危机波及德国,使德国经济重新崩溃。德国的经济危机又引发了政治危机,纳粹势力逐渐嚣张起来,1933年希特勒上台,此时作为犹太人的胡塞尔处境十分困难,他被禁止在德国参加学术活动和发表任何作品。

这个概念做出明确的界定，而是轮换地使用“周围世界”“日常生活世界”“实践的周围世界”“经验的直观世界”“自然态度中的世界”等概念来说明“生活世界”思想中所包含的各种问题。在胡塞尔看来，近代以来的科学主义观念一直在强化人们的一种信念，即只有科学的世界或被科学所理解的世界才是真实的、客观的世界，而人们的日常生活世界则是充满错误的、主观的、不真实的世界。他认为事情正好相反。生活世界才是科学世界的前提和经验基础。因此，“返回生活世界”就是要说明科学理论和科学的世界是如何从“生活世界”中产生的，就是要去发现和理解生活世界中被科学所遗弃或忽视的世俗现象，并由此说明“生活世界”的经验是如何可能的。

二、哈贝马斯：系统与生活世界

当代著名的德国哲学家尤尔根·哈贝马斯[①]是著名的法兰克福学派的第二代领袖人物。法兰克福学派是以“社会批判理论”而著称于世。所谓社会批判理论，主要是指对现代资本主义社会或现代社会的批判，或称对现代性（modernity）的批判。哈贝马斯就是从对当代资本主义的批判性研究中，阐发他的生活世界理论的。

哈贝马斯的生活世界理论是以他所创立的“交往行动理论”为基础的。受马克思社会交往理论的影响，哈贝马斯提出了“交往行动”（Communicative Action）概念。不过他与马克思不同，马克思是从物质生产活动出发，把交往活动首先理解为人们在物质生产活动中所发生的社会交往关系，即生产关系，并以此为基础阐释社会政治、思想文化的交往关系。哈贝马斯则把交往活动从物质生产活动或劳动中独立出来，认为生产活动是以工具为媒介的目的性活动，而交往行动则是以符号为媒介的活动。所谓符号是指各种社会规范，

① 尤尔根·哈贝马斯（Jürgen Habermas，1929—），当代德国著名哲学家、社会理论家，德国法兰克福学派的第二代代表人物，著有《公共领域的结构变化》《历史唯物主义的重建》《交往行动理论》《认识和智趣》《事实与价值》《后现代哲学话语》《合法性危机》等。

如习俗、礼仪、习惯、道德、法律、语义象征物等等。也就是说，交往行动是按照必须遵守的规范进行的。而交往的目的是使参与交往的人们彼此间相互理解并达成共识，因此交往行动的媒介就是语言。在这方面，哈贝马斯吸收和借鉴了后期维特根斯坦[①]关于语言意义的理论。维特根斯坦认为语言的意义在于使用，哈贝马斯则直接地把语用学作为他的批判理论的基础。

在交往行动理论的基础上，哈贝马斯提出了生活世界的理论。在这方面他又深受胡塞尔现象学的影响。他说："在交往行动中作为关系表现出来的生活世界的概念，应当按照现象学生活世界分析的线索。"[②]他赞同胡塞尔的观点，同时，他又把生活世界理论建立在他的交往行动理论的基础上，从而认为生活世界又具有总体性和主体间性。所谓总体性是指生活世界是一种总体化的力量，个人既受制于这种总体化，又参与着这种总体化；所谓主体间性是指生活世界中的主体是在参与语言互动过程中形成的、具有语言能力和行为能力的主体，因而这种主体不是孤立的、自足的。也就是说，主体之间互动的语言结构所建立起来的主体性是主体之间的，或具有主体间性，"一切称得上是主体性的东西，哪怕是还十分原始的自在存在，都是教化过程中语言媒介不断强迫个体化所造成的结果"[③]。

在创造性地吸收前人生活世界理论的基础上，哈贝马斯提出了自己的生活世界概念，他说：

> 生活世界仅仅是由文化传统和制度秩序以及社会化过程中出现的认同所构成的。……生活世界是日常交往实践的核心，它是由扎根在日常交往实践中的文化再生产、社会整合以及社

① 路德维希·维特根斯坦（Ludwig Wittgenstein，1889—1951），当代著名哲学家、数理逻辑学家和语言哲学家，分析哲学的主要代表人物之一，著有《逻辑哲学论》《哲学研究》等。

② 于尔根·哈贝马斯：《交往行动理论》，洪佩郁、蔺清译，重庆出版社1994年版，第165页。

③ 于尔根·哈贝马斯：《后形而上学思想》，曹卫东、付德根译，译林出版社2001年版，第26页。

会化相互作用的产物。[①]

这个生活世界有以下几个主要特点：（1）生活世界的主要因素是文化、社会和人格；（2）生活世界是我们日常交往实践活动的核心；（3）在生活世界中人们使用语言相互交流，人们这种行为目标是为了达成理解，并形成共识。生活世界是“达成理解的过程的集合”，因此人们的行为必然要遵循一定的价值和意义，这当中也包含了以前时代的人们对于价值和意义的解释。

哈贝马斯把自己的生活世界概念用于对现代社会的批判，提出了“系统”与生活世界关系的理论。所谓的系统原来属于生活世界。在现代社会的形成过程中，经济和社会管理活动的复杂性大大增加，这些活动逐渐从人们的生活世界中独立出来，形成具有自己特定制度和运行规则的系统。系统是多种多样的，其中主要有经济系统和国家管理系统。这些系统和生活世界通过一些媒介进行联系，把生活世界作为自己的环境。经济系统和国家管理系统运作的媒介是货币和权力，主要机制是市场和科层制度，在这些系统中人们的行为是指向成功，而不是指向理解。系统自身能够形成一定的使系统有序运行的整合力量，这种整合是针对系统的，但也影响生活世界。

哈贝马斯认为，在早期资本主义社会发展中，生活世界转向合理化，这是社会现代化的起始条件。在现代化过程中，货币和权力作为系统的媒介没有脱离生活世界，而是挂靠在生活世界中，通过各种途径对生活世界施加影响，用制定法律的手段将其制度化。当生活世界合理化达到了一定程度的时候，经济和国家管理系统就会逐渐分化出来，成为相对独立的系统，系统彼此之间形成互补关系，而后通过媒介和作为其环境的生活世界形成交换。在这个分化的水平上，现代社会产生了。随着资本主义现代化的发展，经济系统逐渐获得自己的增长动力，并且在整个社会中占据优先地位。经济系

① 于尔根·哈贝马斯：《后形而上学思想》，曹卫东、付德根译，译林出版社 2001 年版，第 86 页。

统占据优先地位对生活世界产生重大影响，并形成压迫，要求生活世界适应自己。但是生活世界和系统所遵循的逻辑是不同的，其各自具有在一定范围内保持秩序的整合力量。这样生活世界和系统之间就产生了脱离，相互之间产生了矛盾，系统开始侵犯生活世界。经济系统对生活世界的侵犯，是因为经济系统是以货币为交往媒介的，从而把货币的规则和市场交换的规则渗透到人们的社会交往活动中，把人们的社会关系物化为商品交换关系，并导致“商品拜物教”和“金钱拜物教”的产生。政治系统对生活世界的侵犯，是因为政治系统的交往媒介是权力，它倾向于把人们的一切活动都纳入权力系统中，从而导致权力至上和官僚主义现象的发生。总之，货币、权力一类的媒介，应该具有自己的活动范围，如果人的生活世界因为其侵犯，而不得不顺应但是又难以适应的时候，人的异化和社会危机就发生了，即所谓的“或者直接形成危机，或者形成生活世界的病态”。因此，社会如果要形成良好的秩序，避免危机的发生和异化的蔓延，就必须限制系统对于生活世界的入侵，使系统及其媒介在一定的范围内活动。要明确认识到，社会规范和秩序的基础是生活世界中的交往行为，这种行为以语言为媒介，把追求理解、达成共识作为目的，最终形成合理的人际关系。这样才有助于危机和异化问题的解决。

第三章 认识论：追寻求知之路

求知是人的本性，人为了自己的生存与发展不能不同周围世界中各种各样的事物和各种各样的人打交道。若要能够成功地生活在世界中并成功地创造自己的人生，就必须成功地获得有关生活世界的各种知识。求知，当然是要求得“真知”，但受到各种主观因素和客观因素的制约和影响，求得真知的过程不仅艰难曲折，而且漫长久远。面对求知的复杂性，人类的求知欲不仅指向生活世界中所发生的种种事物，而且也指向了“求知”本身，即对“知”本身进行反思，探究人类能否以及如何获得“真知”，进而追问人类获得知识的方法或途径。这种对求知本身的探索，在哲学上就是认识论或知识论的工作。

哲学认识论所要探讨的问题是繁复多样的。在这里，我们沿着哲学认识论的历史发展线索，将认识论的基本问题概括为如下三个方面：第一，认识的本质和来源问题；第二，认识如何可能的问题；第三，检验认识的标准问题或真理的标准问题。

第一节 认识的本质及其来源

人何以能够获得关于外部世界的种种知识，这的确是一个值得人们深思的问题。我们人类的祖先事实上很早就接触到了这个问题。只不过在原始的宗教文化中，认识的来源问题连同对梦境和情感的解释一并被归为“灵魂”问题而予以超自然的神秘理解，如灵魂不死、神灵感应、上天启示等等。当哲学文化逐渐地从原始宗教文化中脱胎出来以后，哲人们便开始用一种理性的眼光看待世界，追究世界的“本原”，以破除原始文化留给人们的对世界的神秘理解。随着这种理性探讨的不断深入，认识的来源问题也逐渐地进入哲学家的视野中，而有关认识来源的最初的哲学探讨也同样明显地包含着打破神秘主义的努力。

一、古希腊哲学中的朴素认识论

对认识来源的探讨最早出现在公元前 5 世纪古希腊的自然哲学中。哲学家恩培多克勒[①]主张用“水”“火”“土”“气”四种元素的结合与分离来解释万物的生成变化，并提出了著名的“流射说”。他认为，人之所以能够认识事物，就在于人和万物一样都是由四种元素构成的，因而“同类相知”。例如，人的眼睛里有水，眼睛的水同外部的水相接触就形成了水的感觉。其他感觉也是一样，凭土而知土，凭气而知气。外界物体不断地流射出微小的粒子（元素），这些微粒通过人的感官中的孔道，同人自身流射出的微粒相接触，从而产生各种感觉。恩培多克勒之后，原子论学说最著名的代表人物德谟克利特[②]从他的原子论出发进一步把恩培多克勒的“流射说”发展为“影像论”。他把物体表面发出的流射物称之为“影像”。影像从物体飞出，透过空气，传到人的感官，人的感官有大小不同的孔道，外物的影像如果与感官的孔道相合，就能产生关于外物的感觉。所以，在德谟克利特看来，人的灵魂是人认识世界的工具，与其他外界物一样都是由原子构成的，分为感觉和理智两个部分，前者产生

① 恩培多克勒（Empedocles，前 490—前 430），生于西西里阿克拉噶斯（今阿格里琴托），古希腊早期著名的自然哲学家。他认为世界的本原是水、火、土、气四种元素，这四种元素因“爱”而相互结合，又因“恨”（斗争）而相互分离，由此解释万物的生成与变化。

② 德谟克利特（Democritus，前 460—前 370），古希腊属地阿布德拉人，著名的自然哲学家，古代原子论的创始人之一。他认为，万物的本原是原子和虚空，原子在虚空中的运动构成了万物生成变化的原因。

感性认识，后者产生理性认识。

“流射说”和“影像论”都是对认识来源的最朴素的猜测和界说，在现在看来，没有多少科学依据。但不能否认，这两种说法都力图将认识的来源归因为自然，而排除人们久已习惯了的对人的精神活动或灵魂的超自然解释。这可以说是哲学向常识挑战的最典型的例证，当然，其缺陷也是十分明显的。当“流射说”和“影像论”把人的感觉看成是外物的流射物进入人的感官时，也就在实际上把精神的东西归结为物质的东西，这就不能真正说明人的认识、知识或精神活动的真实性质。

柏拉图[①]是古希腊著名的理念论哲学家。他注意到，人们的观念是由各种各样的理念（Idea）所构成的。理念是事物的“共相”“本质”，或者说，就是事物的概念。他认为，理念是先于事物而存在的东西，具体事物则是对理念的“模仿”或“分有”。例如，木匠就是模仿桌子的理念才制造出桌子来。理念与具体事物不同，具体事物有生有灭，而具体事物的理念是不会随着具体事物的生灭而生灭的，如一张桌子早晚会变成一堆朽木，但桌子的理念或桌子的概念是不会随着这张桌子的毁灭而毁灭的。

然而，在现实世界中，人们能够看到的或感受到的事物都是具体的、有限的、暂时的，但人们的头脑中为什么会有绝对的、永恒的、无限的理念呢？为了说明这个问题，柏拉图在他的理念论中设定出两个世界，一个是可知的世界，一个是可见的世界。前者是由理念所构成的世界，是不生不灭、永恒、绝对的世界；后者则是由具体事物构成的世界，是相对的、生灭无常的、有限的世界。可见世界中的具体事物是由理念派生出来的，是对理念的“模仿”或“分有”。接下来，柏拉图就借助“灵魂不死”的观念来说明人的认识的

---

① 柏拉图（Plato，前 427—前 347），古希腊著名哲学家，客观唯心主义的创立者，认为理念是真正的实体，而感性的事物不过是对理念的模仿或分有。著有《巴曼尼得斯篇》《理想国》《智者篇》《法律篇》《政治家篇》等。

来源。他认为，人在出生之前，灵魂是存在于理念世界中的，获得了关于各种理念的知识。但人在出生后，灵魂便与肉体相结合，并受到肉体的制约。人们为了满足肉体的欲望四处奔忙，结果把关于理念的知识忘掉了。这一忘，有的人就一辈子也想不起来了，只能在声色犬马中了却一生。但如果一个人受到了良好的教育和指引，克制自己的欲望，还是能够重新获得理念的知识的。因为，他所接触到的具体事物都是对理念的模仿，只要他一心向上追求智慧，就可以通过对具体事物的考察将理念回忆起来。因此，在柏拉图看来，理念的知识即关于事物的“共相”的普遍性、必然性的知识原本是人的心灵所固有的，只不过人的感性欲望使这些知识被遮蔽起来，因而学习或获得这些知识的过程就是一个回忆的过程。这就是柏拉图著名的“回忆说”。柏拉图的“回忆说”显然是很不成功的，这不仅是因为它必须借助灵魂不死这个神秘观念，而且它也不能很好地解释人的认识能力的差异与差距。例如同样都是在回忆，为什么有的人——如哲人——就能达到对理念的完整理解，获得真理性的知识，而有的人则始终沉溺在“意见”或不确切的知识中不能自拔。柏拉图晚年似乎也意识到了这个问题的存在，他提出“蜡块说”，对“回忆说”进行补正。他把人所感知到东西比作印在蜡块上的印迹，有的印得很好，有的则印得不好，所以人的知识就有了很大差别。

柏拉图之后，他的学生亚里士多德对认识的来源问题又做出了新的解释。亚里士多德从柏拉图手中接过“蜡块说”，把感觉比较巧妙地理解为对事物的可感知形式的接纳，这就在很大程度上克服了“流射说”和“影像论”把认识完全等同于认识对象的缺陷。此外，他进一步提出问题：如果我们的感官只能接纳事物的可感知的形式，那么我们又如何获得关于事物的内容的知识呢？关于这个问题，亚里士多德回答说，感觉印象就像蜡块上留下的印记，所能印制的不过是对象的“图形”。当我们看到一幢大楼，首先感觉到的，或首先被印到蜡块上的，只能是这座大楼的形状，至于对这座大楼的内容的认知，还需要人的理智进行推理和判断，也就是说，它是否具有普遍必然性，还需要一个更高层次的认知能力。他把这种最高级的认识能力称之为“努斯”（nous），即心智[①]，或者说就是人的理性。这种理性认知功能，能够对那些普遍的经验再进行一种审视，从中获得关于对象的本质的认知，并将这个认知最后用概念和判断的形式表述出来。

二、近代哲学中的经验论与唯理论

古希腊哲学中关于认识来源的探讨已经显示出认识论中的一个矛盾，即我们的任何认识都具有感性的、经验的内容，同时又具有普遍的、必然的形式。感性的、经验的内容，我们可以通过观察获得，但我们的认识何以具有普遍的、必然的形式？这个问题成为欧洲近代哲学的主题。而把这个主题清晰地阐释出来并加以系统的论证则首先归功于法国哲学家笛卡尔和英国哲学家培根。他们二人分别成为欧洲近代唯理论和经验论的奠基者。

笛卡尔[②]非常厌恶欧洲中世纪经院哲学，斥责它们是“毁坏了人们的良知”的“伪科学”。他认为，要想获得普遍性、必然性的真理，首先必须把头脑中经院哲学带给人们的种种混乱观念清除掉。清除的办法就是普遍怀疑，也就是将头脑中的那些观念放到理性思维中去加以质疑。用这种普遍怀疑的方法，把一切可疑的东西从思想中清除出去，看看最后是否能剩下某种不可怀疑的东西。经过这番怀疑，一切可疑的东西都被清理出去，只剩下唯一的不可怀疑的东西，即“我在怀疑”。“我在怀疑”说明“我在思考”，而“我在思考”说明有一个思考着的“我”的存在，这就是“我思故我在”（拉丁语：Cogito,ergo sum；英语：I think, therefore I am）。这个“我”不是指

---

① “努斯”这个概念最早是由古希腊原子论学派的哲学家阿那克萨戈拉提出来的，其含义较模糊，大致是指一种有别于感性认识的认识，即理智或心智，但后代哲学家多有不同的解释。

② 勒内·笛卡尔（Rene Descartes，1596—1650），法国17世纪著名哲学家、数学家和科学家，被认为是欧洲近代理性主义哲学的奠基人，其著名的哲学著作有《形而上学的沉思》《谈谈方法》《哲学原理》等。

“我”的形体，而是一个纯粹的精神实体，它不依赖任何物质性的东西，是绝对自明的主体，是一切观念的基础和前提。这样，笛卡尔就把“我思故我在”确立为他的哲学的“第一原理”。

从这个第一原理出发，笛卡尔又推出了第二原理，即上帝的存在。他认为，“我”在怀疑，说明“我”知识不足，“我”知识不足说明“我”不完满，而“我”之所以知道自己知识不完满，表明在“我”的心中有一个无限完满的理念，这就是上帝。他从第二原理中又推出了第三原理，即物质世界的存在。上帝是无限完满的，因而上帝不会欺骗我们。我们的认识能力是上帝赋予的，凭着这个认识能力“我”清楚明白地感受到、认识到有一个物质世界，这个物质世界就必定存在。可以看出，笛卡尔完全是从“我思”，也就是从人的内在的理性思维中探究普遍性、必然性真理的依据的。

尽管笛卡尔的上述论证依然带有信仰主义的影子，但他的确为理性主义原则和方法奠定了基础，其意义十分重大。首先，他在欧洲哲学中确立了理性主义精神和普遍怀疑的方法，追求认识的明晰化。其次，他提出了获得普遍必然知识的方法，即理性直觉和逻辑演绎的方法。这个方法来自他对几何学的理解。几何学中包含着不言自明的几何公理，这些公理不能被论证，因而是来自理性直觉，或者是人的与生俱来的“天赋观念”。从这些公理或观念出发经过逻辑演绎，形成了几何学各种普遍必然的定理。笛卡尔认为，这种理性直觉和逻辑演绎是获得确实性知识的唯一途径。最后，他确立了认识论的主体性原则。笛卡尔认为“我思”中的“我”是独立的，不仅独立于物质世界，甚至独立于自己的身体。这个“我”同时是自由的，是一种自由意志，“可以任意来同意或不同意”。这些思想对欧洲后代哲学产生了极为深刻的影响。

英国近代哲学家弗兰西斯·培根[①]也是从批判经院哲学开始阐述

---

① 弗兰西斯·培根（Francis Bacon，1561—1626），英国16—17世纪著名哲学家，欧洲近代经验论哲学的奠基者，主要著作有《新工具论》《论事物的本性》《各家哲学的批判》等。

他的认识论思想的。他曾提出著名的“四假相”[①]说揭露经院哲学给人的思想带来的禁锢。但他同时也反对笛卡尔的仅仅从思维中演绎出普遍性知识的观点。他认为，人的一切知识都是从感官的原始感觉开始的，所以感觉经验是一切科学知识的基础。他不否认理性认识的重要性，但他反对理性主义，强调用经验对理性加以限制，他认为，只有把感性和理性结合起来，才能形成科学的知识。

培根也反对唯理论哲学仅仅依靠逻辑演绎来形成知识的方法。他认为以亚里士多德为代表的“三段论”的演绎法是一种以不同命题间内在的逻辑关系来推演结论的方法，与经验事实无关，其结论不会超出大前提所设定的范围，因而不能真正地扩展知识。要扩展知识就必须依靠感性经验，从感性经验中获得普遍的、一般的知识。为此，他在逻辑上第一次创立了“归纳法”，即从个别上升到一般的方法。培根认为，普遍性的、一般性的知识无非是来自对感觉经验的归纳和概括。

笛卡尔和培根奠定了欧洲近代哲学中唯理论和经验论两大传统思潮的基础。这两大思潮之间展开了旷日持久的争论。其中，洛克与莱布尼茨之间的论证是最具代表性的，他们分别把经验论和唯理论进一步明确化、系统化。

英国哲学家约翰·洛克[②]在他的著作《人类理解论》中以非常鲜明的态度阐明了经验论的基本命题：“我们的全部知识是建立在经验上面的；知识归根到底都是导源于经验的。”[③]为此，在认识的来源上，他坚决反对笛卡尔的“天赋观念论”，并提出“白板说”，把心

① 培根的“四假相”就是指人们思想中妨碍人们认识真理的各种幻想和偏见，包括：“种族假相”，即人依照自己的天性，以自己的主观感觉为尺度而形成的认识；“洞穴假相”，即人从自身狭小的生活经验中形成的认识；“市场假相”，即在交往中由于用词错误和混乱所带来的假相；“剧场假相”，即由于盲目崇拜各种传统的哲学体系和权威而造成的种种偏见。

② 约翰·洛克（John Locke，1632—1704），英国17世纪著名的经验论哲学家，他通过观念论的研究，将经验哲学系统化，主要著作有《人类理解论》《政府论》《关于教育的思想》等。

③ 洛克：《人类理解论》，关文运译，商务印书馆1959年版，第54页。

灵比作一张任经验来画画的白纸或白板，原本空无一物，这的确是对经验论最形象的说明。

唯理论也有一位将理论形象化的哲学家，那就是莱布尼茨[①]。他的单子理论本身就是一个形象的比喻。他将世界想象为由不同的单子构成，每个单子都是孤立的、封闭的，自身没有通向外部世界的“窗口”。从这个“单子论”出发，莱布尼茨直截了当地反对洛克的“白板说”，否认人的认识起源于经验。他旗帜鲜明地主张笛卡尔的“天赋观念论”，认为人的肉体与精神同样也是由单子构成的。人类之所以有知识就在于外界的知识都已经预先存在于单子中了，说单子本身没有“窗户”就是说人并不是依靠感觉经验而获得真理性的知识。

不过，莱布尼茨并没有完全否认感觉经验的作用。在他看来，人的心灵并不像洛克所说的那样是一块“白板”，而是“原来就包含着一些概念和学说的原则”；也不像笛卡尔说的那样，这些概念和原则在人的心灵中原本就是清楚明白的，它们只是作为一种自然禀赋潜在于人的心灵之中，只有经过感觉的唤醒，才逐渐清楚明白起来。基于这种理解，莱布尼茨把人的心灵比作一块有纹路的大理石，未来的雕像的形象已经潜存于固有的纹路之中，但只有经过雕琢才能成为雕像。由此可见，莱布尼茨的天赋观念论更像柏拉图的理念论。在这个意义上，莱布尼茨多少还是注意到了经验论哲学的某些合理之处。但他认为，感觉不能给我们提供全部的知识，而只能提供一些事例，也就是提供一些特殊的、个别的真理。

从欧洲近代经验论和唯理论之争，我们可以看出，这两大学派或两大思潮的争论实际上已经把人类的认识能否以及怎样把握客观对象的问题凸显出来了。很明显，经验论无法说明我们的知识何以具有普遍性和必然性，依靠归纳推理得不出具有普遍性和必然性的

---

① 戈特弗里德·威廉·莱布尼茨（Gottfried Wilhelm Leibniz，1646—1716），德国17—18世纪著名的理性主义哲学家、数学家和科学家，主要哲学著作有《单子论》《人类理智新论》等。

命题。唯理论强调真正具有真理性的知识是那些具有普遍性和必然性的知识，但演绎推理所获得的结论的确早就包含在推理的大前提中，因而完全依靠逻辑推论的确不能使人们获得新的知识。

第二节 认识的可能性追问

人的认识何以可能的问题是人对自身认知能力的反思。这个问题的提出，体现了哲学认识论的独到之处。在日常生活中，人们似乎毫不怀疑认识的可能性，但哲学作为一种“反思”却从一开始就要求对这些“毋庸置疑”的东西提出质疑。在人的意识之外是否存在着一个客观的感性世界？人们的认识能否把握这些客观存在？我们已经获得的知识是否就是对客观世界、客观对象自身的把握？等等。对这类问题的回应可大体归纳为两种类型：其一为独断论（Dogmatism），它肯定人的认识能力，相信人的智慧终究能够达到对“事物自身”的真理性认识；其二为怀疑论（Scepticism），它始终对于人的认识能力抱有质疑态度，强调人的认识能力是有限的，无法达到对所谓“事物本身”的认识。

一、古代哲学中的独断论与怀疑论

独断论和怀疑论的含义比较宽泛，几乎贯穿了整个哲学发展过程，囊括了从古至今的各种哲学思潮和学派。其中，独断论最初表现为古代哲人对人类理性的自信，只是到了古希腊晚期，随着哲人对人类认识活动的不断反思，更因为受古希腊晚期社会变动的影响，怀疑论哲学才初见端倪，并开启出一条相对于独断论的、立场鲜明的理论路线。

1.古希腊哲学中的独断论

自然哲学是古希腊哲学的开端。说古希腊的自然哲学具有独断论的特征，不是说早期的自然哲学家有着十分清醒的独断论意识，而是说他们从来就不怀疑人的理性有能力把握那些作为世界的“本原”“始基”或“本质”的真理。在这方面，古希腊哲学家赫拉克利特堪称典型的代表。他用“火”来解释世界的本原或始基，认为世界万物作为“活火”是处在不断运转、不断变化的过程中的，这种运转和变化不是杂乱无章的，而是有“分寸”的或有“规律”的，他把这个“分寸”或“规律”称之为“逻各斯”。赫拉克利特相信，“逻各斯”存在于宇宙万物的运动变化之中，因而无所不在；“逻各斯”也存在于人的一切活动之中，因而“人所共有”。他把“逻各斯”也称为“驾驭一切的思想”，而人的最高的智慧就在于认识和把握这个“逻各斯”。不过，对于这个“逻各斯”，只凭感性经验是不能把握的，只有思想、智慧才能“说出真理，并且按照自然行事，听自然的命令”。在赫拉克利特之后，自然哲学中原子论学派的著名代表人物德谟克利特同样相信人的理性是可以把握世界的本原和万物运动变化的规律的。他认为世界的本原就是“原子”和“虚空”，万事万物均是由“原子在虚空中的运动”所构成的，而万物运动的普遍规律，就是存在于这种运动中的因果必然性。所以他说：“只要找到一个原因的解释，也比成为波斯人的王还要好。”[①]

与自然哲学不同，古希腊的形而上学是从思维和存在的关系中探讨和论证世界的本质以及人的理性把握世界本质的能力的。这种探讨开始于古希腊爱利亚学派的代表人物巴门尼德[②]。巴门尼德是古希腊哲学历史上第一个真正意义上的哲学家，因此正是从他开始，哲学真正脱离了对一些具体事物的纠缠，进入了一个完全抽象的层面，即探讨万物作为“存在者”，它们的“存在”是怎么一回事，这

① 北京大学哲学系外国哲学史教研室编译：《西方古典哲学原著选辑·古希腊罗马哲学》，商务印书馆1961年版，第103页。

② 巴门尼德（Parmenides，生卒年不详，约公元前6世纪至公元前5世纪），古希腊爱利亚人，爱利亚学派的创始人，最早以“存在”为核心概念的哲学家，认为“存在”是万物的本原，存在是唯一的、不动的、永恒的，并认为存在和思维是同一个东西。

种“存在”又是如何被把握的。巴门尼德认为，世间万物都是千差万别的，但它们有一个共同点，即它们都“存在”，所以“存在”本身是世间万物最基本的“共相”，是世界的本原。把握了“存在”就把握了世界的真理。但单靠感官是把握不了“存在”的，通过感官获得的知识都是“意见”，只有通过理性思维才能把握存在，因而他说，“思维和存在是同一个东西”，确认思维能够通达真理，这开启了独断论的道路。

柏拉图的理念论可以说是对巴门尼德的存在论的一个推进。柏拉图哲学的核心概念是“理念”（Idea）。在柏拉图看来，“理念”具有高于万物、先于万物、派生万物的神圣地位，它是世间万物的“逻各斯”，是最为真实的“存在”，同时也是这个世界的真理。柏拉图丝毫不怀疑人们有把握这种真理的能力。他的“回忆说”就是想说明这样一个道理：尽管灵魂与肉体的结合使人难免沉沦于感性世界中的种种诱惑，但这并不是无可挽回的败落，只要人们能够节制自己的欲望，让心灵中“求智”的部分占据心灵的主导位置，就可以把对现实事物的感知变为上升到真理的阶梯，只要心灵是求智的，它们就可以启发我们达到对理念的把握，就可以使我们走出由虚幻的影像构成的“洞穴”，从而享受真理的阳光。

从以上可以看出，古代哲学中的独断论，表现出人类对于自身理性能力的自信，确信流变不已的感性世界背后有某种不变的东西等待人类去发现，而人们完全有能力去发现这些东西，也就是确信人们有能力去把握存在于世界中的真理。不过，这种早期的独断论是相当朴素的，既缺乏对周围世界的准确把握，又缺乏对人的认识能力、认识结构和认识方法的深入探讨，因而这种言之凿凿的确信显得并不那么可靠。

2. 古希腊哲学中的怀疑论

在希腊哲学中，“Skepsis”（怀疑）一词并不是单纯的“质疑”或“不相信”，而是一种“思辨与探究”，因而更准确地说是一种“审视”，带有一些“批判”的味道。在古希腊哲学中，最早从认识论和逻辑学的意义上对人的认识可能性问题提出质疑的哲学家是“智者”学派中杰出的代表人物高尔吉亚[①]。高尔吉亚凭借他出色的思辨能力将这种怀疑论的态度用三个命题表达了出来，即“第一，无物存在；第二，如果有某物存在，人也无法认识它；第三，即便可以认识它，也无法把它告诉别人”[②]。高尔吉亚的这三个命题及其论证对人的思维和语言是否能够确切地把握物的存在提出了质疑。

高尔吉亚的怀疑论对以皮浪[③]为代表的晚期希腊怀疑论哲学产生了深刻的影响。皮浪的怀疑论起于对人的感性认识的质疑。他认

---

① 高尔吉亚（Gorgias，约前 483—前 375），古希腊西西里岛雷昂狄恩城人，著名哲学家、修辞学家，智者学派的著名代表人物。

② 北京大学哲学系外国哲学史教研室：《西方哲学原著选读》上卷，商务印书馆 1981 年版，第 56－57 页。高尔吉亚的论证是：第一，无物存在。如果假定有物存在，那么会出现三种情况：（1）该物是“不存在”，那么“不存在”和“存在”就是同一个东西，这是荒谬的；同时，说“不存在”存在，也是自相矛盾的。（2）该物是“存在”。如果说它是存在，那么它要么是永恒的，要么是派生的，要么既是永恒的又是派生的。就永恒性来说，永恒是指无限，无限是没有处所的，而说存在是无处所的，这就等于说存在物是不存在的。如果说它是派生的，那么它不是从非存在中派生，就是从存在中派生，这都是不可能的。因为从“非存在”即“无”中不能派生出存在，无不能生有，而说从存在中派生存在，这等于说没有派生，可见该物也不是派生出来的。既然该物既不是永恒的也不是派生的，那就不能肯定该物的存在。（3）该物既是“存在”又是“不存在”。前面第一个推论证明“该物不存在”是不成立的，第二个推论证明“该物存在”是不成立的，那么把两个证明结合起来，也可知说该物既存在又不存在也是不能成立的。可见，“有物存在”这个命题是不真的。

第二，如果有某物存在，人也无法认识它。高尔吉亚这样认为：“如果我们所想的东西并不因此就存在，我们就思想不到存在。”例如，我们可以思想“一个飞人，或者在海上行驶的四轮马车”，但它们在现实中并不存在。这表明思想并不等于存在，也就是说从思想达不到存在，或者反过来说，存在是不能被思想的。

第三，即便可以认识它，也无法把它告诉别人。我们认识到、感觉到的东西，并不是能够向别人表达的东西。因为认识和感觉靠视、听等感官，而表达靠语言。视觉和听觉都不能互相换算，语言就更不能向别人表达感觉了。感觉也不等于存在物，所以语言不能把存在的东西表达给别人。

③ 皮浪（Purron，前 365—前 270），古希腊爱利斯人，怀疑派哲学家，怀疑主义的创始人。

为感觉的知识只是事物在我们的感官显示出来的形象，它只是与感觉相符合，并不是与作为外物的对象相符合，如果说我们的知识都是从感觉开始的，那么关于外物的知识就是不可能的。我们没有理由判断事物是什么或不是什么，对任何事物的判断，既能够加以肯定，也能够加以否定，并没有确定的标准。唯一正确的态度，就是对事物不发表任何意见，不做判断。

从高尔吉亚和皮浪的观点中可以看出，古代怀疑论者已经在思维与存在之间划了一道不可逾越的鸿沟。质疑我们的思想能否把握事物的本性，或者说，我们的思维能否把握“存在”几乎成为怀疑论的一个原则。这个原则在古希腊晚期怀疑论哲学家塞克斯都·恩披里克①的论断中得到了更为充分的阐释。恩披里克的很多著作都论证了怀疑论的原则。他试图向我们证明，对于任何哲学命题我们都可以找到相应的反命题，由此陷入矛盾进而瓦解。

需要指出的是，古希腊的怀疑论者并不都是虚无主义者，他们并不怀疑感性世界存在的真实性，而是怀疑人们是否能超出感觉直观达到对事物本性的认识。换句话说，那些被“思维”所思考的“存在”从进入思维的那一刻开始就是值得怀疑的，因此怀疑论者的态度就是将诸如“本性”之类的问题悬置起来，不予讨论。

二、近代哲学中的独断论与怀疑论

在西方近代哲学中，随着经验论哲学和唯理论哲学对有关认识论问题的探讨的不断深入和发展，独断论与怀疑论的分歧在理论上逐渐明朗化。

1. 欧洲近代哲学中的独断论

如前所述，在欧洲近代哲学中，法国哲学家笛卡尔是第一个把

① 塞克斯都·恩披里克（Sextus Empiricus，约公元前 2 世纪人），晚期希腊哲学中最著名的怀疑论者，著有《皮浪学说要旨》《反数学家》等。

普遍怀疑当作基本哲学方法的哲学家，但是他的普遍怀疑并没有导致不可知论，而是开启了近代独断论的传统。这主要是因为，他的普遍怀疑不是消极地怀疑一切，而是为了在普遍怀疑中找到不可怀疑的东西；不是为了放弃对事物的一切判断，而是为了把对一切事物的判断建立在毫无疑义的、清楚明白的根据之上。因此，他的普遍怀疑不是为了削弱理性，而恰恰是为了强化人们对理性的信念，以便把人们的所有的观念都放到理性的法庭中加以审判。

笛卡尔运用普遍怀疑的方法确立“我思故我在”这一原理，就是要把“自我”确立为思维的主体。这个主体只因“我思”而存在，不依附任何外在的权威，是绝对独立的、自由的主体，是一切思维活动或认识活动的绝对承担者，也是一切观念的最可靠的根据。正是在这个意义上，笛卡尔确立了近代独断论的基本原则。按照这个原则，一切认识论问题都可以在“我思”的范围内加以解决。

荷兰理性主义哲学家斯宾诺莎[①]从他的实体、属性和样式的学说出发，以几何学的公理化和证明方法为范本，沿着笛卡尔的道路，提出了自己独特的唯理主义的认识论和方法论。在认识论方面，斯宾诺莎毫不怀疑人完全可以达到对事物本身的正确认识。为此，他提出了一个著名的命题：“观念的次序和联系与事物的次序和联系是相同的。”[②]这就是说，人的心灵可以把握“自然的本质、秩序和联系”，达到和自然的同一，因此，“我们的心灵可以尽量完全地反映自然”。

与斯宾诺莎不同，在人能否以及如何达到对事物本身的认识，或者说，人能否获得具有普遍性、必然性的真理这个问题上，莱布尼茨多少吸收了经验论哲学的观念。他认为，人的知识是由两个因

① 巴鲁赫·德·斯宾诺莎（Baruch de Spinoza，1632—1677），17世纪荷兰著名的理性主义哲学家，主要著作有《伦理学》《神学政治论》《政治论》等。

② 北京大学哲学系外国哲学史教研室编译：《西方古典哲学原著选辑·十六—十八世纪西欧各国哲学》，商务印书馆1975年版，第299页。

素构成的，一个是先天的理性因素，另一个是后天的感性因素。不过，尽管他肯定感性因素在认识中的必要性和作用，但依然认为感性的认识不能给我们提供普遍必然的真理。因此，他认为“只有理性能建立可靠的规律”。在莱布尼茨看来，具有普遍性、必然性的知识是确实存在的，数学、逻辑学、伦理学、法学以及神学的基本原则都是普遍的、必然的。既然后天的感觉经验不能提供普遍性、必然性的知识，那么，它们就只能是人心先天地具有的了。这样，莱布尼茨从认识的两个源泉的观点出发，提出了两种真理的学说。莱布尼茨所谓的推理的真理，是指从一些先天的概念、原则演绎出来的知识。比如，在他看来，几何学的公理是人脑先天地固有的，从公理中演绎出来的定理就是推理的真理，具有普遍性和必然性。所谓事实的真理，就是通过归纳一类事物的性质得到的结论，如经验科学中的一些命题，但是这些命题又不具有普遍必然性。

2. 欧洲近代哲学中的怀疑论

在西方古代哲学中，怀疑论的思想，即对认识的可能性问题的质疑，虽然已经产生，但并不占据主导地位。然而，在近代哲学中，随着经验论和唯理论之争的日益激烈，在有关认识来源和人的认识能力的探讨中，怀疑论逐渐成为这一时期认识论问题的主题。近代哲学中的怀疑论发自经验论哲学，这主要是因为在经验论的认识论原则中自始就潜藏着怀疑论的基本倾向。如果说人们的一切认识来源于感觉经验，那么显然感觉就是认识的起点，但人们的感觉能够真实地反映事物自身的性质吗？经验科学显然无法对这个问题做出明确的回答。这种情况在哲学上就导致了经验论者对认识的可能性的怀疑。

英国经验论哲学家洛克认为，我们理智中的一切知识或观念都来自感觉经验。我们关于一个具体事物的观念，也就是所谓的“实体”的观念，就是由许多简单观念集合起来的。那么这些简单观念为什么能够集合起来构成关于这一个事物的观念呢？洛克回答说，这是由于人们假定有一个公共的东西支撑这些简单观念。这个公共的东西就是“实体”。所以，“实体”就是由若干简单观念构成的复杂观念。此外，作为“实体”的复杂观念是否能够真正反映一个事物的真正本质呢？对于这个问题，洛克首先区分了事物的“名义本质”和“实在本质”。他认为，“实体”观念只能用来把握事物的“名义本质”，而不能反映事物的“实在本质”。在他看来，“实在本质”是“名义本质”的基础，但人们只能把握“名义本质”，至于“实在本质”，人们只能假定它的存在，却不知它为何物。洛克进一步把他的这种看法延伸到对因果联系的认识。他认为，因果关系的观念就是人心将一个观念及其他观念并列在一起加以思考和相互比较而形成的观念。当我们考察一个事物的存在是由别的事物的作用而引起时，便形成了因果性观念，起作用的东西叫作原因，所产生的东西叫作结果，但人们并不能真正把握因果之间的必然联系。

经验论的这种怀疑论倾向最终在英国哲学家休谟[①]那里得到了彻底的、明确的和系统的阐发。休谟从彻底的经验论立场出发，认为人类的一切知识和观念归根到底只能限制在感觉经验或“知觉”以内，心中除了知觉以外再没有其他东西存在。以此推论，唯物主义哲学所讲的独立于人的经验之外的“物质”、神学所讲的“神灵”以及脱离于人的肉体的“灵魂实体”等都是无法证明的、不可理解的。像以往许多怀疑论者一样，休谟也把他的怀疑论集中在对因果联系的客观性、普遍性和必然性问题的分析上。关于因果观念的来源问题，他认为，这种观念是从对象间的某种关系得来的。对象间的接近关系和接续关系是我们形成因果关系观念的必要前提。但仅此而言，还是不够的。因为，要确立因果关系还必须确认两个对象之间存在着必然的联系。然而经验上，我们只能看到两个对象间的接近关系和接续关系，却看不到作为原因的事件中有什么必然产生

① 大卫·休谟（David Hume，1711—1776），18 世纪苏格兰著名经验论哲学家，欧洲近代怀疑论哲学的代表人物，主要著作有《人性论》《人类理解研究》《道德原则研究》等。

结果的能力。因此，经验无法告诉我们原因和结果两个观念之间有什么必然联系。

当然，休谟并不由此否认因果观念在日常中的使用，不过他认为，人们之所以会从对象间的接近关系和接续关系中形成因果观念，不是因为人们发现了对象间有什么必然的因果联系，而是因为对象的恒常会合在人们心中形成的一种习惯，是一种来自人们心灵的“习惯性联想”。休谟的上述推论的确对人们久已习惯了的因果必然性信念构成了沉重的打击，因为如果把因果必然理解为现象之间的一种自在的联系，我们确实无法证明这种必然性的客观存在。因此，休谟对因果必然性的怀疑表明彻底的经验论立场与彻底的机械论观念不可能协调相处。在休谟看来，把因果联系的客观性和必然性理解为事物之间或现象之间关系的普遍法则，不过是一种没有经验根据的独断论。

三、认识可能性问题的解决方案

就认识的可能性问题而言，近代欧洲唯理论和经验论之争的核心问题就是，人能否达到对外在于我们的客观对象的正确认识，能否获得关于对象的具有客观有效性和普遍必然性的知识？唯理论和经验论之间旷日持久的争论迫使哲学家们寻求对这一困难问题的解决方案。

1. 康德先验哲学的解决方案

康德[①]深受休谟哲学的影响，自称休谟对因果联系的质疑打破了他“教条主义的迷梦”。但是，他不同意休谟把因果联系归之于人的习惯性联想的观点，认为自然界中的因果关系法则固然不是来自经验观察，但也不是来自人的心理习惯，而是来自人的纯粹理智，来自人们用以把握经验素材的理智思维形式。为了论证这一观点，康

① 伊曼努尔·康德（Immanel kant，1724—1804），18世纪德国著名哲学家，著有《纯粹理性批判》《实践理性批判》《判断力批判》和一系列关于形而上学、道德哲学、宗教哲学的著作。

德比较深入地分析了人的知识的来源问题。

关于知识的来源，康德有一句名言："虽然我们的一切知识都从经验开始，但是并不能就说一切知识都来自经验。"[①]也就是说，在康德看来，我们的任何客观的、普遍有效的知识必然要来源于两个方面：一个是通过感官获得的各种知觉经验，它们构成了知识的内容；另一个是我们头脑中先天固有的纯粹思维形式或纯粹理智形式。只有把各种知觉经验纳入普遍必然的思维形式中，才能形成客观有效的、普遍必然的知识。例如，你通过感官感知到天上下雨，又通过感官感知到地上湿了，把这两个知觉经验放到头脑中先天固有的思维形式即因果联系中加以整理，于是你形成了一个因果判断，即因为天上下雨，所以地上湿了。这就是所谓"先天综合判断"。康德认为，纯粹数学知识、纯粹自然科学知识和真正的形而上学知识都属于这种判断。

当然，康德的上述理论也是充满疑问的。其中关键的问题是，如果说我们的知识的普遍性和必然性来自人的先天的理智形式，那么这些具有普遍性、必然性的知识能否被看成是对客观世界或客观事物本身的认识呢？例如，自然科学中的那些普遍规律是否可以被认为是自然界本身的规律呢？康德从他的哲学立场出发，对这个问题做出了否定的回答。他承认，在人们的知觉和思想之外有一个物的世界，他将之称为"物自体"或"自在之物"（thing in itself）。这种自在之物刺激我们的感官，在我们的心灵中引起了知觉和表象。康德认为，这个知觉和表象就是"现象"。但是，由于"现象"不过是物自体在我们心灵中引起的知觉和表象，因而并不属于物自体本身，至少我们无以证明"现象"是属于"物自体"的。然而，我们的感性直观与理智思维都是以"现象"或知觉和表象为内容，因此，我们事实上不可能超越现象去认识现象背后的"物自体"。至于自然

① 北京大学哲学系外国哲学史教研室编译：《西方古典哲学原著选辑・十八世纪末一十九世纪初德国哲学》，商务印书馆1975年版，第30页。

科学的那些普遍的定律或知识，不过是把知觉经验放到先天的理智形式中加以思考的结果，而并不是关于物自体本身的知识。由此，康德提出了“人为自然界立法”这样一个著名的命题。

从上述观点可以看出，康德虽然肯定了知识的客观有效性和普遍必然性，但他认为这种客观有效性和普遍必然性不是来自客观对象本身，而是来自人的头脑中的先验图式；他虽然肯定在我们身外有一种刺激我们的感官并在我们心灵中引起感觉和表象的“物自体”，但他否认了我们认识这种物自体的可能性。由此可以看出，康德的解决方案更倾向于经验论和怀疑论。

2. 黑格尔思辨哲学的解决方案

康德的解决方案，尽管综合性地吸收了唯理论和经验论的积极成果，形成了对知识来源的全新认识，并大大启发了后代哲学家对认识论问题的重新考察，但与此同时他又留下了一个人类理性不可认知的“物自体”，这就使其后的思想家多少有些不满。因此在康德之后，不少哲学家如费希特、谢林、黑格尔等都力图从理论上消灭这个“物自体”，由此走向更为彻底的独断论。

黑格尔是客观唯心主义哲学的集大成者，他毫不怀疑人的思维能够把握存在，因为在他看来，存在的本质就是思维，思维把握存在，其实就是思维最终把握自己。从这个意义上说，人的理性一定能够把握“物自体”的本质，因为构成世界的普遍本质或本性的就是理性本身。当然，黑格尔在这里所说的“思维”或“理性”，不是我们通常所理解的单单作为人的思维活动的理性，而是由他所设定的作为世界之本质的客观的、自在的“思维”或“理性”。用他的话说，思想不但构成外界事物的实体，而且构成精神性东西的普遍实体。这就是说，尽管世界充满了物质性的存在物，但作为世界的本质或本性的则是这种客观的理性、客观的思维或思想，即一种客观精神。这就是黑格尔哲学为什么被称为客观唯心主义的根本原因。

黑格尔进而认为，理性固然是世界的本质，这种理性只有通过人的生命活动才能达到自我完善、自我认识和自我实现。自然物、动物虽然具有潜在的普遍的东西，即以普遍的理性为其本质，但它们不能意识到它们自身的普遍性。人同样是以普遍理性为其本质，但人有思想，而人有“双重性能”，即“他是一个能意识到普遍性的普遍者”[①]。而人对自身和客观对象的普遍本质及普遍理性的认识，也就是作为世界的普遍本质的客观精神在其逻辑运动中达到的对自身的自我认识和自我实现。黑格尔把这个过程理解为“理念”的发展过程。

总之，黑格尔确信人的理性是完全可以把握世界的普遍本质的，因为理性所要把握的归根到底就是原本属于理性的东西。在这方面，黑格尔的突出贡献在于将“实践”理解为认识活动的中介性环节，并强调了实践理念的普遍性和现实性特征，但他最终还是把实践看成是绝对理念自我发展的一个环节。这就使他对认识可能性问题的论证不可能走出“意识的内在性”范围，亦即不能真正理解主观性和客观性的统一以及这种统一的现实性。

3. 马克思与实践哲学的解决方案

在认识论问题上，马克思深受康德“感性世界”论和黑格尔“实践理念”论的深刻影响。但马克思从“感性活动”的意义上对感性世界和实践做出了新的诠释，这就使他对认识可能性问题的解决具有超越独断论和怀疑论的特征。

马克思首先对“直观的唯物主义”进行了批判。这个“直观的唯物主义”是马克思对一切旧唯物主义的总称。他指出这种“直观的唯物主义”的共同缺陷是：

> 对对象、现实、感性，只是从客体的或者直观的形式去理解，而不是把它们当作感性的人的活动，当作实践去理解，不

① 黑格尔：《小逻辑》，贺麟译，商务印书馆1980年版，第81页。

是从主体方面去理解。[①]

旧唯物主义的这种直观性，特别体现在对感性世界的理解上，即把人生活于其中的感性世界直观地理解为某种开天辟地以来就已经存在的、始终如一的东西。它没有看到，这个感性世界其实是工业和社会状况的产物，是历史的产物，是世世代代活动的结果。也就是说，旧唯物主义没有看到，这个感性世界本质上是以人的感性活动为基础、为人的感性活动历史地改变着的世界。

不难看出，马克思在其感性世界的理论中，明确地区分了感性世界和那种离开人而独立的自然界或自在世界。当然，马克思没有否认自在世界的存在，但他认为这个外部的自在世界对人来说是没有意义的。他曾在《1844 年经济学哲学手稿》中指出，外在于人的或脱离人而独立的自然界不过是一种“非对象性的存在物，是一种非现实性的、非感性的、只是思想上的即只是虚构出来的存在物，是抽象的东西”[②]。如果设想脱离人而独立存在的自然界，那么这种自然界就不是与人的感性活动相关的现实的、感性的存在物，而只能是思想上抽象出来的东西。这种“被抽象地孤立地理解的、被固定为与人分离的自然界，对人来说也是无”，或者说，“它是无意义的，或者只具有应被扬弃的外在性的意义”。[③]所以在马克思看来，作为人的认识活动的前提和基础的是感性世界而不是自在世界。

马克思强调感性世界是一个由人的感性活动创造出来的世界，即由人们的感性活动及其创造物构成的属人的世界。这个世界既与人的主观活动、内在意识密切相关，同时又是一个超越了人的主观精神、内在意识而对象化了的、客观化了的或外在化了的世界。因此，对于“人的认识何以可能”这个问题，如果我们把认识活动仅仅看成是发生在意识范围内的东西，或者像黑格尔那样把认识活动

---

① 《马克思恩格斯选集》第 1 卷，人民出版社 1995 年版，第 58 页。

② 《马克思恩格斯全集》第 42 卷，人民出版社 1979 年版，第 169 页。

③ 《马克思恩格斯全集》第 42 卷，人民出版社 1979 年版，第 178 页。

仅仅看成是绝对精神的自我运动，而把认识的对象或客体仅仅看成是外在于我们的“自在的”客体，那就不可能找到确切的答案。从这个意义上说，马克思的感性活动理论无疑为我们重新思考这个问题提供了一个强有力的理论支撑点。马克思不像怀疑论者那样怀疑人的思维的真理性，也不像独断论者那样，认为人的思维的真理性单纯地来自人的理性能力、直觉，或客观精神的自我实现，而是认为，思维的客观真理性，就是思维的现实性，也就是通过人的实践活动创造出一个感性世界，从而使思维在现实的此岸中实现自身。因此，马克思指出：

> 人的思维是否具有客观的真理性，这不是一个理论的问题，而是一个实践的问题。人应该在实践中证明自己思维的真理性，即自己思维的现实性和力量，自己思维的此岸性。①

不过，需要指出的是，尽管马克思的感性活动理论为解决认识的可能性问题提供了新的思路，但马克思本人并没有对这个问题做出更为深入、更为系统的研究。可换个角度说，马克思的感性活动理论为我们研究可能性问题开启了一个更为广阔的理论空间。

4. 认识可能性问题在现代哲学中的延伸

认识的可能性问题，即人的认识能否以及如何超越自身去把握客观对象自身的本质，在现代西方哲学中具有十分重要的地位，它开启了现象学和分析哲学两大哲学潮流的发展历程。

1907 年胡塞尔在哥廷根大学执教时曾对现象学的进程和思路进行了梳理，他说，“认识批判的方法是现象学的方法，现象学是一般的本质学说，关于认识本质的科学也包含在其中”②。他明确地区分了关于认识的两种思维，即自然的思维和哲学的思维，两种思维的

① 《马克思恩格斯文集》第 1 卷，人民出版社 2009 年版，第 500 页。

② 埃德蒙德·胡塞尔：《现象学的观念》，倪梁康译，上海译文出版社 1986 年版，第 7 页。

区别是“生活和科学中的自然的思维对认识的可能性的问题是漠不关心的——而哲学的思维则取决于对认识可能性问题的态度”。有关认识的可能性问题，就是这样一个问题：

> 人是如何能够确信自己与自在的事物一致，如何能够“切中”这些事物？自在事物同我们的思维活动和那些给它们以规则的逻辑规律是一种什么关系？[①]

在胡塞尔之后，海德格尔[②]以同样明确的方式提出了这个问题。他认为，在人这种物体身上，认识不是现成的，不能像肉体属性那样从外部加以规定，因而认识一定是“内在的”，问题在于“这个正在进行认识的主体怎么从他的内在‘范围’出来并进入‘一个不同的外在的’范围，认识究竟怎么能有一个对象，必须怎样来设想这个对象才能使主体最终认识这个对象而且不必冒跃入另一个范围之险？”换句话说，“认识究竟如何能够从这个‘内在范围’‘出去’，如何获得‘超越’”？[③]

这个问题不仅是现象学认识批判的起点问题，而且也隐含在分析哲学的语言批判中。如在科学陈述的检验问题上，人们一直围绕着“陈述是否必须与事实比较”这一问题争论不休。逻辑实证论的著名代表人物卡尔纳普在他的一篇非常重要的论文《真理与验证》中对此做出评析。他反对用“比较”这个词，主张用“对照”这个词来描述事实与陈述的关系，认为使用“比较”的表述谈论“事实”或“实在”，容易使人们滑向一种关于实在的绝对主义的观点，这种观点假定实在的性质是固定不变的，不依赖于为描写它所选择的语句。

---

① 埃德蒙德·胡塞尔：《现象学的观念》，倪梁康译，上海译文出版社 1986 年版，第 7 页。

② 马丁·海德格尔（Martin Heidegger，1889—1976），20 世纪德国著名哲学家，存在主义哲学的创始人和主要代表人物之一，著有《存在与时间》《形而上学导论》《林中路》等。

③ 马丁·海德格尔：《存在与时间》，陈嘉映、王庆节译，生活·读书·新知三联书店 1987 年版，第 75 页。

> 然而，关于实在问题的答案不仅取决于这个“实在”或取决于事实，而且也取决于描写所使用的语言的结构（以及概念的集合）。①

从卡尔纳普的这一观点可以看出，尽管逻辑经验论者总是力图通过经验的证实或否证来解决陈述与事实之间的矛盾，但是既然科学陈述所涉及的事实或实在“依赖于为描写它所选择的语句”，“取决于描写所使用的语言的结构”，这就等于说，关于事实或实在的知识（科学陈述）并没有超出意识的内在范围，“我们的认识如何能够超越自身，如何能够切中在意识框架内无法找到的存在”这一问题就不会因对实证经验的强调而彻底地消失。

维特根斯坦在《逻辑哲学论》中描述了两个对称的系统，即由事实构成的本体论系统和由命题构成的逻辑系统，并把两个系统的关系理解为“图像”与“实在”（或事实）的关系，或语言与世界的关系，提出“命题是实在的图像”这一著名观点。在维特根斯坦看来，一个命题就是一个图像，进一步说，命题只有具备一定的逻辑结构才能成为事态的图像，而图像的逻辑结构必须与实在的结构有共同之处，才能描绘实在。这样一来，问题就产生了，作为命题的图像如何能够与作为事实的实在相吻合？用现象学的话说，命题如何能够“切中”实在？维特根斯坦径直宣称命题与实在或语言与世界之间具有同构关系，因而语言能够描述世界并且也确实成功地描述了世界（如科学）。但同时，他又认为语言与世界的逻辑同构性本身又是不可被陈述的，或者说不能被直接论证，而只能自身显示。因此，他不得不说：

> 凡是能够说的事情，都能够说清楚，而凡是不能说的事情，

① 涂纪亮：《现代西方学术文库·语言哲学名著选辑》英美部分，生活·读书·新知三联书店1988年版，第295页。

就应该沉默。[①]

维特根斯坦在后期之所以对自己早期的“图像论”进行严肃的批判，主要是因为他意识到，如果把语言视为世界的图像，那么一系列本体论问题（什么才是真实存在的）和认识论问题（图像如何以及能否正确地反映世界）就会随之产生。

可以看出，对认识之可能性问题的思考，构成了西方近代哲学和现代哲学的交接点，因而是非常值得重视的。可以说，绕开这个问题，绝无可能对现代哲学有深入准确的把握。

第三节 认识的真理性及其标准

认识的标准问题既同认识的来源问题相关，又同认识的可能性问题相关。而且从最一般的意义上说，人的认识总是要获取真理，所谓认识的标准就在于它最终是否为一种真理。然而，“什么是真理”，这本身也是一个充满争议的“问题”。对“真理”持有不同的看法，必然会对认识的整个过程，包括认识来源、主体的认知能力都有不同的看法。

一、“符合论”真理观的不同见解

在认识论的发展历程中，“符合论”真理观可以说是最为传统的真理观和真理标准观。这种真理观认为，认识活动由主体和客体两个因素构成，客体有着自身的本质或本性，主体的认识，即思想观念，只要符合客体自身的本质或本性，就是真理性的认识，或者说是“真观念”。这种真理由于符合客体的本质或本性，因而具有客观性、普遍性和必然性。这个观点看上去简单明了，但实际上包含着一系列复杂难解的问题。

① 维特根斯坦：《逻辑哲学论》，郭英译，商务印书馆 1962 年版，第 20 页。

从朴素的反映论立场上看，“符合论”包含着一种“镜式”隐喻，即把人的头脑看成是一面能够映照外物的镜子，而真理性的认识就是外物或外部对象在人脑这面镜子中的摹写或影像。但是，无论是在自然界中，还是在社会生活中，任何单个事实都是一次性的，不可重复的，因此对于单个事实的单纯描述，即便十分精确，对于我们理解和认识其他单个事实也没有普遍的意义。真理性的知识之所以为人们所崇尚和追求，就在于它对于我们理解和把握的具体事实具有普遍有效性。当然，我们也可以说，这种真理性的知识也是一种反映，是人凭借自己的理智能力对事物普遍本质或本性的反映。但问题在于，我们的理智是如何获得这种普遍性、必然性的知识？如何论证这种知识具有普遍性和必然性？如何证明这种知识的确反映了客观对象的本质或本性？

对于这样的问题，经验论哲学所采取的亦是一种反映论的立场。不过，在经验论哲学家看来，人的一切知识都来自人的感觉经验，并且不能超出感觉经验的范围。普遍性的知识或真理归根到底是人通过自己的理性能力对感觉经验进行归纳、概括的结果，是从个别中抽象出来的一般。因此，人的知识是否具有真理性取决于这种知识能否在经验中得到证实。如前文所述，经验论哲学家的这一基本立场导致了他们的怀疑论倾向。这种怀疑论倾向又进一步导致了他们对真理性知识的普遍性、必然性的怀疑和否定。

与经验论哲学家不同，唯理论哲学家坚持认为真理是具有普遍性、必然性的知识。他们承认，由于从单纯的经验事实出发不可能得到也不可能论证真理性知识的普遍性和必然性，因此具有普遍性和必然性的真理不是来自感觉经验，而只能是来自人的理性能力。笛卡尔的理性原则就是用普遍怀疑的方法使“我思”的主体确立起无可怀疑的、清楚明白的或不证自明的“公理”，然后从这种“公理”出发推演出具有普遍性和必然性的各种命题。然而，问题却发生在被称为“不证自明”的“公理”上。在这个问题上，笛卡尔似乎陷入了困境，他只好求助于“直觉”和“天赋观念”之类的说法。荷兰的唯理论哲学家斯宾诺莎也否认从感觉经验达到真理性知识的可能性，强调理性知识和直觉知识，并把由直观获得的知识叫作“真观念”，相信“真观念”可以达到最高的确定性，并认为真观念与错误观念的区别仅在于真观念与它的对象相符合。但在如何确证“真观念”是与对象相符合的这一问题上，斯宾诺莎并没有提出更有说服力的论证。在他看来，“真观念和它的对象相符合”不过是真理的“外在标志”，真理还有它的“内在标志”，即一个观念并不是因为和它的对象相符合才是真观念，而是因为它本身就是真观念，所以它才与对象相符合。这显然是没有论证的论证，它只能表明唯理论在这个问题上不能把逻辑主义贯彻到底，它距离非理性似乎只有一步之遥。

黑格尔明确反对这种直观主义观念，称这种直观论是片面的、空洞的观念。他认为，如果把真理看成是“我”在“我”的意识内发现的东西，把真理的标准看成是来自心灵的直观，那就有可能把一切迷信和偶像崇拜宣称为真理。在真理问题上，黑格尔也主张一种“符合论”，但他所理解的“符合”，不是通常意义上的“我们的表象与一个对象的符合”，而是“思想的内容与其自身的符合”①。在这里，他所说的“思想的内容”大致是指我们的思想观念；而所谓“思想自身”，在他的哲学理论中，则是指作为事物本质或本性的“概念”，即一种客观精神。“思想的内容与其自身的符合”就是说，我们的思想观念所表达的东西必须与这个东西的概念相符合。也就是说，不仅是我们的观念应当与事物的概念相符合，而且事物本身的存在也必须同它的概念相符合才真正是这个事物。例如：一个真的艺术品是符合艺术概念的艺术品，一个好的政府就是符合政府概念的真政府，等等。事物存在的真理性就在于符合它的概念。

然而，我们怎样才能判定“思想的内容”是否与“思想自身”相符合呢？在这个问题上，黑格尔显然已经部分地阐述了实践是检验真理的标准这一观点：

---

① 黑格尔：《小逻辑》，贺麟译，商务印书馆1980年版，第86页。

> 关于思维规定真与不真的问题，一定是很少出现在一般意识中的。因为思想规定只有应用在一些给予的对象的过程中才获得它们的真理，因此，离开这种应用过程，去问思想规定本身真与不真，似乎没有意义。但须知，这一问题的提出，正是解答其他一切问题的关键。[①]

马克思的实践哲学吸收了黑格尔这一思想。但是，与黑格尔不同的是，马克思并不把事物的概念直接理解为事物的本性，也就是说，尽管事物的本性是必须通过概念来表述的，但这并不意味着事物的本性就是概念本身。概念只能属于思维的理性，属于人，而不存在什么客观精神。所以他说："观念的东西不外是移入人的头脑并在人的头脑中改造过的物质的东西而已。"[②]这就是说，关于事物的概念，作为我们的观念，依然存在着与事物的本质或本性是否相符合的问题。在这个意义上，马克思同样认为，认识的真理性是不能通过理论自身来解决的，人应该在实践中证明自己思维的真理性。当然，人应当如何在实践中证明自己思维的真理性、现实性或此岸性，这是一个高度复杂的问题。对于这个问题，还需要通过持续不懈地深入研究，逐步予以解决。

二、在真理问题上的"实在论"与"建构论"之争

真理问题的困难不仅仅是我们的认识或知识怎样才能符合认识对象的本质或本性，更为困难的是，作为认识对象的东西或在思想观念中所言称的"事实"，是否就是外在于我们的客观实在？我们的认识或知识的真理性是否就是以对象或事实的客观性为基础？在这个问题上，"实在论"与"建构论"的争议是最具代表性的。

"实在论"的基本观念就是确认认识的客体是一种外在于认识主体的客观实在，真理之为真理就在于它是一种符合这种外部实在

---

① 黑格尔：《小逻辑》，贺麟译，商务印书馆1980年版，第85页。

② 《马克思恩格斯选集》第2卷，人民出版社1995年版，第112页。

的客观知识。在这方面，当代英国著名科学哲学家波普[①]的观点最具代表性。他说：

> 客观意义上的知识同任何人自称自己知道完全无关；它同任何人的信仰也完全无关，同他的赞成、坚持或行动的意向无关。客观意义上的知识是没有认识者的知识：它是没有认识主体的知识。[②]

这种知识的真理性在于它的客观性，即一种“无主体”的知识，所以“客观性概念是通过真理之路的一块路标。……现代科学的首要特点是它对公开的可确定知识的依赖；最重要的是，它的真理形式是公开的”[③]。

显然，在真理问题上，“实在论”所坚持的是一种比较传统的科学观念和哲学观念，因而它对于近代以来的“怀疑论”所提出的问题，即如何证明在人的经验之外的外部实在问题，没有做出令人信服的应答。在这里，更为关键的问题是，我们是否可以把作为认识对象的东西看成是一种“无主体”或不依赖于主体的外部实在？例如，当我们看到一个东西，说“这是一朵玫瑰花”，或者说“这朵花是红色的”时候，我们似乎确认了一个外部事实。但稍加追究，我们就会发现，这个事实的确定并不仅仅依靠我们感官所接受到的刺激，“这朵花”作为认识的对象，作为认识活动可以确定的“事实”，实际上已经被纳入认识主体关于“植物”或“颜色”等的概念框架和知识系统中，纳入由这些概念框架和知识系统所构成的思维形式

① 卡尔·波普（Popper，1902—1994），20世纪英国著名的哲学家，研究领域涉及科学哲学、政治哲学和历史哲学等，主要著作有《科学发现的逻辑》《猜想与反驳》《历史决定论的贫困》《开放社会及其敌人》等。

② 卡尔·波普：《客观知识——一个进化论的研究》，舒炜光等译，上海译文出版社1987年版，第78页。

③ 卡尔·波普：《客观知识——一个进化论的研究》，舒炜光等译，上海译文出版社1987年版，第117页。

和思维规定中。没有主体的这种概念框架和知识系统，单纯的感官刺激就什么都不是，也不可能作为认识的对象或客观“事实”出现在认识活动中。

根据上述分析可以提出，所谓认识对象，作为认识活动所确认的事实，与其说是一种纯粹的外部实在，不如说是在主体的概念框架和知识系统中建构起来的。这一点，恰恰是“建构论”的基本观点。

对于波普所说的“知识的公开性”，建构论者并不表示反对。但他们认为，这种公开性并不是来自对象的客观实在性，而是取决于科学共同体的“公共规则”，这种公共规则是科学共同体协商的结果。因此，科学知识不能被看作是对自然的反映，自然在确定科学真理的问题上没有什么发言权。在科学知识的本性问题上，科学知识不是对外部实在的反映，而是社会建构的产物。建构论用上述方式否认了“无主体知识”的可能性，揭示了科学知识的主体性因素和科学知识得以形成的社会机制。但与此同时，他们也倾向于否认科学知识或真理性知识的客观性，因而不可避免地走向了知识论的相对主义。有关实在论和建构论之争目前还在继续。

三、以“效用论”为特征的实用主义真理观

实用主义真理观似乎试图避开“实在论”和“建构论”之争。在实用主义者看来，判定知识是否具有真理性，既不看其是否符合对象的客观本性，也不看其是否出自主体的建构，关键在于这种知识是否能够在我们的经验性活动中引导我们获得成功。也就是用知识在行动中的效果来检验知识的真理性。在这个意义上，实用主义被定义为一种“关于真理是什么的发生论”①。

实用主义者有时也将实用主义称之为“实践哲学”。因此，实用主义真理观也必然是一个注重实践与行动的真理观。这一真理观所

① 威廉·詹姆士：《汉译世界学术名著丛书·实用主义》，陈羽纶、孙瑞禾译，商务印书馆1979年版，第37页。

主张的正是传统符合论所忽视的东西。

首先，实用主义真理观注重的是结果，是效用。它不关注如何获取真理，或者说真理究竟是怎样形成的，而是关注形成的真理在现实中是否有用，或者究竟能产生什么样的结果。实用主义者通过对人类是怎样获得真理的历史考察发现，最初被人类视为真理的东西往往是那些被放入经验世界中产生了某种“兑现价值”的观念。经过一次次的试错，真理被累积起来。某些观念的“真”不“真”往往是在现实实践中“行”不“行”的另一种说法。

詹姆士有一句名言，即“有用的即是真理”。这句话虽然简单明了，但显然也给实用主义带来很多的误解甚至诟病。有用的，就是真理，这往往让实用主义带有了功利主义的色彩，它所倡导的真理观也因此被很多人视为是一种主观的真理，好像只要某种观念对某个人是有用的，那么它就是真理。这显然是对实用主义的最大误解。举例来说，在实用主义者看来，用一枚圆的硬币来界定圆形和用数学的定义来界定圆形，对于圆形的真理来说，后者更为有效。但这个有效显然不是对某个人是有效的，它恰恰是对整个人类认识都是有效的，因此它具有一种客观的普遍有效性。

其次，实用主义真理观凸现真理的“效果”，从而也就在理论中淡化了传统认识论中有关主客体对立的观点，淡化了认识论中的那个“镜式”隐喻。在传统的认识论中，无论是经验论还是唯理论都试图把握认识的来源，即认识究竟产生于外在世界（经验论）还是产生于人自身的理性（唯理论），用保证认识来源的真来保证认识结果的真。也就是说，它们都在某种意义上或者突出认识对象，或者突出认识主体的方式来强化了“镜式”隐喻。而实用主义则不同，它直接通过“行动”，通过“实践”，也就是通过“主客体间的”相互作用，来直接考察真理的“真”。这种从后向前看的真理观从某种意义上消解了主客体的二元对立。因为就行为本身来说，需要的是主体与客体的共同作用。

当然，实用主义并没有也无可能一劳永逸地解决认识的真理性及其标准问题。尽管对于传统认识论，实用主义提出了许多颠覆性的观念，但它归根结底仍是在传统认识论的框架内去讨论问题。

四、海德格尔的“解蔽论”

真正对传统认识论产生颠覆性理解的是德国著名哲学家海德格尔。海德格尔从一开始就没有把真理问题的探讨局限在认识论范围内。他明确反对传统的“符合论”，并旗帜鲜明地表示与其“决裂”。

海德格尔认为真理不是一种符合，因为当物被认识的时候，总是要被说出来的，但用以说出物的语言本身与物具有完全不同的特质。物为现实的存在，语言只是人的陈述中介，语言如何能说出物的存在，两者如何相符合呢？海德格尔举例说，如果我口袋里有两个硬币，这两个硬币在现实中是完全相互符合的，这是可以理解的，但如果说“一个硬币是圆的”，同时又说另一个硬币符合这一命题，这是一件不可思议的事。因为一个是命题，另一个则是具有广延性的物。一个陈述命题不是一个物，两者是如何符合的？海德格尔如此认为，整个西方认识论在认识之前存在着某种“预设”，即在未考察能够“符合”以及怎样“符合”之前，就已经认定是可以符合的。这一预设是无根据的，因此传统符合论的真理也必将是无根据的。

海德格尔在考察古希腊语关于真理的表述时，有一个新发现，即在希腊语中“无蔽者”一词与“真理”一词有相同的词根。海德格尔认为，如果当时不把其译为真理，而是译为“无蔽”，则真理就不会产生几千年来的歧义。这一词源学的考证使海德格尔为理解真理问题提供了一条新的思路。他以重新挖掘古希腊哲学遗产的方式为切入点，超越主客体说，提出一个新的说法，即真理就是“去蔽”。

所谓“去蔽”，顾名思义，就是去除遮蔽的意思。在海德格尔看来，从传统认识论主客体对立的角度出发，是无法说明真理何以成为真理这一问题的。因为，如果说真理是主体和客体相符合，这就必须假定对主体和客体预先有所了解，但实际上无论是纯粹的主体，还是纯粹的客体，自身都是无法证明的。要说明真理之为真理，就必须超出传统符合论真理观的界限去追问真理的基础和本质。他认为，只有那种能够超越主客体分立同时又构成主客体统一的基础的东西才能使真理成为可能。他所说的这个东西就是“人”。人同世间万物一样，也是一种存在者。存在者之为存在者，就在于它们都是以“存在”（Sein）本身为终极根据的。这就是说，“存在本身”是使一切存在者成其为存在者的东西，但这个“存在本身”是不能被定义的，因为能够被定义的都是“存在者”而不是“存在本身”。对于存在本身，我们只能追问其意义，即存在的意义问题。而在所有存在者中，只有“人”这种存在者才能对存在的意义问题进行发问，也就是只有“人”才是能够领悟“存在本身”或存在的意义的存在者。为了区别“人”这种存在者与其他存在者，海德格尔将“人”称为“此在”（Dasein）。他进一步指出，尽管人向来都是生活在一种存在之领悟中，但“存在的意义却隐藏在晦暗中”，即隐藏在“此在”的生存结构中，被“此在”的生存状态所遮蔽，因此真理就是通过对人的生存结构和生存状态的分析，把存在的意义从被遮蔽的状态中解放出来，或者说使之“呈显”或“展开”出来，即所谓“解蔽”。

依据上述分析，海德格尔显然明确否认了所谓“无主体的客观知识”，认为“真理的存在源始地同此在相联系”[①]。所谓科学知识，只有同人即“此在”相联系，才是真理。从这个意义上说，只有当人（此在）存在着时，牛顿定律、矛盾定律以及任何其他真理才是真的。在有人以前没有真理；在不再有人之后也不会有真理。

海德格尔的“解蔽论”的确为解决符合论真理观的困难问题提供了全新的思路，但他的这个观点却多少包含着一些对科学真理的轻视态度。他认为，对存在意义的追问在于追究存在者是怎样成为存在者的，而它们的存在又是何以呈现于思想中的。在他看来，这种追究只能通过语言，因为“存在在思维中形成语言。语言是存在

① 马丁·海德格尔：《现代西方学术文库·存在与时间》，陈嘉映、王庆节译，生活·读书·新知三联书店1987年版，第276页。

的家”。那么什么样的语言才能担此重任呢？海德格尔认为是“诗”的语言。因此，能够真正澄明和揭示存在本身的与其说是哲学家，不如说是诗人。诗并不只是一种艺术形式，也不只具有审美意义，更重要的是其具有本体论的意义。只有思和诗的语言，才能超越主客二分，超越对知识和确定性的追求，去直接聆听存在的声音，显现存在本身的意义。这样一来，科学真理乃至科学技术本身都不在真理的范畴之中。这不能不使哲学家和科学家们对这一理论表示怀疑。

第四章　道德论：善与正义

人是一种社会性的存在物，那么人在生存活动中，就不仅要面临如何认识和把握各种客观对象的知识论问题，而且要面临个人如何才能与他人和谐相处，如何才能在实现自己的自由的同时又不侵害或妨碍他人自由的实现这样一个道德论问题。这就是说，人不仅要求真，还要求善。求真和求善是两个不同的问题。求真是对事实的确认，即要求正确地认识和把握来自经验的客观对象，如果我们的认知与客观事实相违，就必须考虑修改我们的知识。如很长时间以来，人们认为太阳围着地球转，但后来哥白尼证明，实际上是地球围着太阳转。在这种情况下，显然你要改变的是自己的观念，而不是改变地球或太阳的运行轨道，这是求真。然而，在价值问题上，情况就根本不同了，如我们说“文明乘车”是一种“善”的要求，但在现实生活中，霸座、抢座，甚至为座位大打出手的行为随处可见，在这种情况下，你显然不能试图去改变我们的道义原则，而应当改变道德不良的事实。所以，求真是关于事实的问题，即关于事实实际是怎样的问题；求善则是关于价值的问题，即关于事情“应当”是怎样的问题。

道德问题的这种特殊性要求，构成了哲学对道德问题的全部兴趣。什么是“善”？我们为什么要追求“善”？我们怎样做才是“善”？“善”在人的生存活动中居于何种地位？诸如此类的问题构成了哲学对道德问题的反思和追究。

第一节 对“善”的追求与道德理论

道德问题的核心概念就是“善”。在英语中，善就是“good”或“goodness”，也就是“好”的意思，并兼有“仁慈”（kind）、“德性”（virtue）、“福利”（welfare）等含义。它与“恶”（badness 或 evil）相对立。这表明，“善”这个概念是人们对于所有“好”的即有利于人的生存和发展的因素与行为的总称。这也是人们追求“善”的基本原因。然而，什么样的因素和行为才是“善”的？对于这个问题，不同的哲学家或哲学派别有着不同的理解。在这里，我们有必要首先对“善”的概念进行一般意义上的分析，以确立我们讨论道德问题的出发点。

一、“善”与“人性”

道德问题是属人的问题。自然物的运动变化就其自身而言，无论其对人有利还是不利，都不涉及道德问题。只有人的行为或活动，特别是涉及与他人的交往活动，才有好坏善恶之分。因此，对道德问题或善恶问题的探讨总是与对人性的理解密切相关。人为什么会追求善？为什么能够被要求求善？是因为人性中原本就有与生俱来的“善缘”，求善不过是人的天性？还是说，人的本性原本是恶，而求善不过是为了避免人性的恶所带来的灾难性后果？或者是人的本性并无善恶之分或善恶兼具，人的道德品性的善恶均是后天生活环境作用的结果？对这些问题的不同回答形成了不同的道德学说。

1.“性善论”

在哲学史上，最早从“人性本善”的角度对道德问题做出系统探讨的当属中国先秦儒学中的孟子学说。孟子强调人性在根本上是“善”的，这种善表现为每个人都有“不忍人之心”，即那种不忍看到他人陷入困境、危难的心性。他举例说，当一个人看到一个小孩快要落入井中时，他就会担心害怕并惊呼救命，这样做不是因为他想和这个孩子的父母交朋友，也不是想在乡邻朋友中落个好名声，而是天性如此，这就是人的“恻隐之心”，没有此心就不是人。正是这种“不忍人之心”构成了人的道德行为的开端。他把这种“不忍人之心”具体划分为“恻隐之心”“羞恶之心”“辞让之心”和“是非之心”，认为这“四心”是人的一切道德行为的开端。他说：

> 恻隐之心，仁之端也。羞恶之心，义之端也。辞让之心，礼之端也。是非之心，智之端也。人之有四端，犹其有四体也。有是四端，而自谓不能者，自贼者也。谓其君不能者，贼其君者也。凡有四端于我者，知皆扩而充之矣。若火之始然，泉之始达。苟能充之，足以保四海；苟不充之，不足以事父母。（《孟子·公孙丑上》）

既然每个人都有此“善端”，那么，在现实生活中为什么总是有那么多的人为了一己私利而无视“仁义礼智”，甚至为非作歹，肆意侵犯他人的财产、尊严和生命？孟子解释说，这是由于现实生活中的人们总是面临各种各样的诱惑，不能自持者经不起这些诱惑，在竭力满足欲望的行为中，逐渐远离自己的“善端”，成为道德败坏的人。这就是儒家所说的“性相近也，习相远也”（《论语·阳货》）的道理。要想使人能够保持自己的善端，并最终成为“善人”，就必须为其创造良好的道德环境，使其接受良好的道德教育。

在古希腊哲学中也有类似“性善论”的哲学观念。古希腊著名哲学家苏格拉底就认为人不会有意为恶。在《美诺篇》中，苏格拉底在与美诺讨论“什么是美德”的时候说：

> 美德就是一种对好事物的向往和获得它们的能力。在这个定义中，这种向往对每个人来说都是共同的，在这方面没有人

比他的邻居更好。[①]

他认为，人作恶首先是由于无知。人在本性上都向往着善，但无知或愚昧的人不知道什么是善，也不知道什么是恶，甚至有可能把恶当作善，这就难以避免做恶的事情。这种做了恶事还以为自己是有道德的人，是最不可救药的。那么，生活中有没有人有意作恶呢？当然有，有意作恶的人并不是不“想望”善，而是被私利制约或被胁迫而为之。但在苏格拉底看来，这种有意作恶的人可能比无意作恶的人还高尚些，因为前者知道什么是善，因而有从善的条件，后者什么都不懂，就没什么希望了。为此，苏格拉底主张道德教育，使人获得有关是非善恶的知识，从而保持自己的善良本性，做一个有良好的道德操守的人。

2.“性恶论”

“性善论”的观点有助于说明对人实施道德教育的可能性，鼓励人们在道德完善方面建立信心并做出努力。但问题是，人既有此善端，为什么又很难经得起声色犬马的诱惑？或者说，为什么在声色犬马的诱惑面前，人的善良天性的力量似乎远比不得这些诱惑所产生的力量？能够克服这些诱惑成为纯粹的“善人”之人更是少之又少。对于这样的问题，有的哲学家就干脆否认了“性善论”，而主张“性恶论”。在这方面，中国先秦哲学家荀子的观点最具代表性。他首先区分了“性”和“伪”两种情况，认为在人身上不用学、不用练而天然具有的东西就是“性”，必须通过学习、训练才能获得的东西就是“伪”，即人为的意思。在荀子看来，好利、好色、争权夺势就是人身上天然就有的“性”；而礼义之道、辞让之心则必须通过后天的学习、培养才能获得，故而是“伪”。据此，他直截了当地反对孟子的“性善论”，说：

① 柏拉图：《柏拉图全集》第1卷，王晓朝译，人民出版社2002年版，第502页。

人之性恶，其善伪也。(《荀子·性恶》)

荀子主张“性恶论”，并不是因为他对道德教育没有信心，而是强调道德教育的必要性。他认为，正因为人性本恶，所以国家和社会的治理就不能顺着人性来，而必须对人进行礼义文理的教育和培养，否则就会天下大乱。他说：

今人之性，生而有好利焉，顺是故争夺生，而辞让忘焉。生而有疾恶焉，顺是故残贼生，而忠信忘焉。生而有耳目之欲，有好声色焉，顺是故淫乱生而礼义文理忘焉。然则从人之性，顺人之情，必出于争夺，合于犯分乱理，而归于暴。故必有师法之化，礼义之道，然后出于辞让，合于文理，而归于治。用此观之，然则人之性恶明矣，其善者伪也。(《荀子·性恶》)

在西方哲学中，“性恶论”似乎更为普遍。特别是在基督教神学中，“人性恶”几乎可以说是其全部说教的前提。“原罪论”就是用寓言的方式亦即用“伊甸园”的隐喻来确立“人性本恶”这个观念。所谓“原罪”，无非是说现实生活中的人与生俱来就有恶的本性，很难抵御满足各种感性欲望的强烈要求。古罗马帝国末期，教父哲学家奥古斯丁[①]的观点更为彻底。他认为，亚当偷吃智慧果，不是上帝的安排，而是他自愿犯罪，并把这个罪传给了他的后代，“因而他使众人都犯了罪”。凡是来到这个世界上的人，一出生就已蒙受原罪；同时他们又生活在情欲中，继承了破坏的本性，使贪欲强于理性。每个人达到一定年龄时就会犯本罪，即犯他必然要犯的罪。可见，人犯罪是出于自愿，出于他的天性——原罪。这种原罪使他只能作恶，只能向往恶，只能有犯罪的自由。这就是说，人是有罪恶的本性的，这种罪恶本性的特点在于：

① 奥勒留·奥古斯丁（Aurelius Augustins，354—430），古罗马帝国末期基督教思想家、教父哲学家，主要著作有《论三位一体》《忏悔录》《上帝之城》等。

> 罪恶是丑陋的，我却爱它，我爱堕落，我爱我的缺点，不是爱缺点的根源，而是爱缺点本身。[①]

人犯有原罪，之所以是“原罪”，就是说人的罪恶本性不仅导致人的堕落，而且是人自身无法克服的，只能通过信仰上帝才能得到解脱，只有靠上帝的拯救才能从恶事中结出善果来。不难看出，奥古斯丁试图向人们论证，现实的苦难源于人的罪恶的本性，因而人自身无法摆脱堕落的趋势，只有通过信仰才能使道德的力量发挥作用。

3. “性无善恶说”与“亦善亦恶说”

“性恶论”显然更有利于说明道德教育的必要性，但却多少淡化了道德教育的可能性这一问题。在现实生活中，尽管道德状况总是不尽如人意，但从总体上说，人们在遵守道德规范方面至少足以维持社会的共同生活，而且在社会生活中也不乏为他人、为国家、为社会牺牲自己的利益乃至生命的道德楷模或贤良之士。这表明，人不是必定从恶的，即便是行为不端的人，经过教育也可以在善性方面有所改进。这种情况使“性恶论”不能不面临这样的难题：如果说人性本恶，那么人弃恶从善的可能性是否也出自人性？如果说人性中有这种可能性，那么这种可能性岂不就是人性中的“善端”？如果说人性中不包含这种可能性，那么这种与人性无关的可能性又来自何方？

由此可见，无论是“性善论”，还是“性恶论”，都会在理论上面临自身无法解释的矛盾。这就促使一些哲学家在人性善恶的问题上提出与这两种学说不同的思路。其中，具有代表性的就是“性无善恶说”。

在中国哲学史中，最早提出“性无善恶说”的哲学家是先秦时期与孟子同时代的哲学家告子。他的这个观点，也是在同孟子的辩

---

① 奥古斯丁：《忏悔录》，周士良译，商务印书馆 1981 年版，第 30 页。

论中提出的。他认为，人不是生来就有善性或恶性的，所谓善与恶都是后来在社会环境中形成的。他把人性比作流动的水，称“决诸东方则东流，决诸西方则西流”（《孟子·告子上》），也就是说，人的道德品质取决于社会环境的影响，向哪方面引导，就向哪方面流去。古希腊哲学家亚里士多德也有类似的看法。在他看来，人没有天生的美德。自然只赋予人获得美德的可能，但这种美德只有在社会实际生活中才能成为现实。所以他说：

> 但是德性却不同：我们先运用它们而后才获得它们。这就像技艺的情形一样。对于要学习才能会做的事情，我们是通过做那些学会后所应当做的事来学的。比如，我们通过造房子而成为建筑师，通过弹奏竖琴而成为竖琴手。同样，我们通过做公正的事成为公正的人，通过节制成为节制的人，通过做事勇敢成为勇敢的人。这一点也为城邦的经验所见证。①

与这种“性无善恶说”相映成趣的是“亦善亦恶说”，即认为人性既有其善的一面或因素，又有其恶的一面或因素。如古希腊哲学家柏拉图就认为，每个人的心灵都可分为三个部分：“爱智部分”“爱胜部分”和“爱利部分”，人的品性取决于哪个部分占据主导地位或统治地位。有些人的心灵是爱智部分统治着，有些人的心灵是爱胜部分统治着，还有一些人的心灵是爱利部分统治着。由此，人可分为三种类型：哲学家或爱智者、爱胜者、爱利者。对应这三种人有三种快乐：爱利者会断言，和利益比起来，受到尊敬的快乐和学习的快乐是无价值的，除非它们也能变出金钱来；爱胜者会把金钱带来的快乐视为卑鄙，把学问带来的快乐视为无聊的瞎扯，认为真正的快乐在于战胜他人或优越于他人；爱智者（哲学家）则把永远献身于研究真理作为最高的快乐，坚信与这种快乐相比，其他的快乐都微不足道。柏拉图本人当然崇尚爱智者的快乐，因为爱智者既可

① 亚里士多德：《尼各马可伦理学》，廖申白译，商务印书馆2003年版，第36页。

以享受追求真理的最高快乐，又能同时享受其他的快乐，是获得快乐经验最多的人。因此，他认为道德教育最关键的是建立起爱智在人们心灵中的统治地位，使得人们心灵和谐。

在中国古代哲学中，汉代哲学家扬雄也主张“人之性也，善恶混。修其善则为善人，修其恶则为恶人”。东汉时期，著名哲学家王充明确地提出关于人性的“中人”之说，认为“人性有善有恶。举人之善性，养而致之则善长；性恶，养而致之则恶长”(《本性论》)，因此，“夫中人之性，在所习焉。习善而为善，习恶而为恶”。

“性无善恶说”和“亦善亦恶说”都十分强调人性的可塑性，注重道德环境和道德教育对人性培养的引导作用，因而较之“性善论”和“性恶论”更能说明创造良好的道德环境和对人实施道德教育的必要性和重要性。

二、“求善”的动机与目的

对人来说，“求善”的过程并不是一个没有矛盾的过程。人是有自然生命的存在物，有着与生俱来的、能够满足自身肉体需要的各种生物本能，这些生物本能表现为各种感性欲望，满足这些感性欲望不仅是人生命存在的条件，而且也会给人带来各种快乐和享受。无论我们把满足感性欲望的要求称之为“性恶”“原罪”，还是善恶的本性，都不能否认一个基本事实，即任何道德要求总是表现为对这些感性欲望进行一定程度、一定意义上的压抑、限制或克制。这就使满足感性欲望的要求与道德要求之间发生矛盾。这也是道德教育所面临的基本困难之一。这个困难所面对的问题首先就是，人为什么要限制或克制自己的感性欲望而追求“善”？或者说，人们追求“善”的动机和目的是什么？对这个问题的不同回答，形成了伦理学的不同学说和派别。

1. 幸福论

所谓“幸福论”，是认为人们求善、履行道德责任的目的就是为了追求最高的幸福。这种观点在古希腊哲学中，最早是由著名原子论哲学家德谟克利特明确提出的。德谟克利特声称“生活的目的是灵魂的安宁”，但他并没有把道德原则完全建立在对神的敬重或对超自然的“善”的乞求上，而是认为它有其现实生活的基础，并同物质利益相关联，因而必要的物质享受是合理的。他说：“一生没有宴饮，就像一条长路没有旅店一样。”不过，在他看来，幸福和快乐并不仅仅是满足纯粹的感性享乐和物质刺激，因为“对一切沉溺于口腹之乐，并在吃、喝、情爱方面过度的人，快乐的时间是很短的，就只是当他们吃着、喝着的时候是快乐的，而随之而来的坏处却很大”。真正的幸福和快乐应当是持久的，没有任何负累的，这就是心灵的安适和宁静。他说：

> 生活的目的是灵魂的安宁，这和某些人由于误解而与它混同起来的快乐并不是一回事。由于这种安宁，灵魂平静地、安泰地生活着，不为任何恐惧、迷信或其他情感所扰。[①]

由此可见，德谟克利特在道德问题上既反对禁欲主义，也反对纵欲主义，他不拒绝感性欲望和物质利益的满足所带来的快乐，但反对把幸福和快乐仅仅建立在满足欲望的基础上。为此，他提出“节制”的原则，认为：

> 节制使快乐增加并使享受更加强。[②]
>
> 应当拒绝一切无益的享乐。[③]

从德谟克利特的道德观念中我们可以看出，“节制”这一观念在西方人的道德观念中很早就已经形成了。柏拉图甚至把节制看成是所有道德原则的核心，而亚里士多德则把节制理解为一种“中道”，

---

① 《古希腊罗马哲学》，商务印书馆 1961 年版，第 97 页。

② 《古希腊罗马哲学》，商务印书馆 1961 年版，第 116 页。

③ 《古希腊罗马哲学》，商务印书馆 1961 年版，第 109 页。

即一种普遍的道德原则。因此，“节制观”对西方人的道德观念影响极深，它决定了西方人对待物质欲望和物质利益的基本态度。

2. 禁欲论

“禁欲论”从某种意义上说是同“幸福论”相关但又同“节制论”相反的学说。在“禁欲论”看来，既然我们所要追求的最高快乐和幸福就是心灵的安宁，那么它和任何物质欲望的满足都应水火不容。只要肯定肉体上的快乐是必要的，对这种快乐的追求就一定会扰乱人的心灵，因为在现实生活中，人们很难在必要的快乐和不必要的快乐之间划出泾渭分明的界限。唯一的办法，就是干脆宣布一切物质的享受和快乐都是罪恶的、不值得追求的。最早主张这种观点的典型代表人物是古罗马帝国初期新斯多葛学派的塞内卡（Seneca）。塞内卡是罗马皇帝尼禄的朝臣，他竭力鼓吹禁欲主义，追求心灵安宁的道德教条。他说：

> 要知道，肉体上的快乐是不足道的，短暂的，而且是非常有害的，不要这些东西，就得到一种有力的、愉快的提高，不可动摇，始终如一，安宁和睦，伟大与宽容相结合。[①]

显然，禁欲主义是一种非常极端的理论。它完全否定人满足感性欲望的合理性，这无异于否认人的生命存在的基本条件。因此这种理论在现实中根本无法贯彻下去。有趣的是，往往鼓吹禁欲的人在现实中却是纵欲的化身。塞内卡就是这样的人物。当他教训别人要遵从道德、鄙视物质利益和快乐生活的时候，他本人却享受着宫廷的高官厚禄和奢侈腐化的生活，为此他受到了人们的指责。面对指责，他公开承认自己的生活和自己的道德原则的矛盾。他说：“有人向我说，我的生活不符合我的学说……要知道，如果我的生活符

① 北京大学哲学系外国哲学史教研室编译：《西方哲学原著选读》上卷，商务印书馆1981年版，第190页。

合我的学说，谁还会比我更幸福呢？现在就没有理由责备我只是说好话、存好心了。”[①]显然，塞内卡无法掩饰自己的现实生活与他所主张的道德原则的冲突。这表明，如果一种道德原则是以一种极端的禁欲主义为核心，那么这种道德原则就很难贯彻下去。因为极端的禁欲主义是违反人性的基本要求的。如果将人的感性欲望无条件地宣布为罪恶或罪恶的根源，就势必会导致两种结果：或者将人变成不食人间烟火的苦行僧，或者把人变成人格分裂的伪善家。而后者是最有可能出现的。塞内卡就是这种人，只不过他比较诚实地承认了这一点。

禁欲主义的道德观念在中世纪的宗教神学中得到了进一步的强化，它直截了当地宣布人世间的一切物质快乐都是不足道的，甚至就是罪恶的根源，只有上帝的天国才是最高的幸福。因此，人在现世中应当最大限度地限制自己的欲望，以谋求死后达及天国的幸福。当然，即便是中世纪的宗教教会和神职人员也无法做到这一点。在这方面，意大利文艺复兴时期的文学家薄伽丘在他的著名作品《十日谈》中做出了十分生动的描述。

3. 情感论

“情感论”把人们的道德动机和目的归之于人的情感和良知。这种理论是古已有之，但在理论上对之进行系统的阐发，则是在近代哲学中完成的。其主要代表人物，当属法国启蒙运动时期的著名哲学家和政治学家卢梭及英国著名哲学家休谟。

卢梭认为，人天性是自由的，作为自由者，其存在两条先于理性的原理，即自爱心和怜悯心。他说：

> 为了保持我们的生存，我们必须爱自己，我们爱自己胜过爱其他一切东西；从这种情感中将直接产生这样一个结果，我

① 北京大学哲学系外国哲学史教研室编译：《西方哲学原著选读》上卷，商务印书馆 1981 年版，第 190 页。

们也同样爱保存我们生存的人。[①]

自爱心和怜悯心靠良心来调节，良心是判断人的行为是否合乎道德的标准，凡是符合良心的行为即是善，反之就是恶，“我们的良心是万无一失的善恶评判者”。“良心之所以能激励人正是因为存在这样一种根据对自己和同类的双重关系而形成的一系列道德。”[②]

英国哲学家休谟认为道德的根据是人的感性，善与恶的道德价值不是快乐和痛苦推断出来的，而是在人们感觉到愉快和不快的同时就感觉到了善与恶。善或恶直接蕴含在快乐或痛苦之中，快乐就是善，痛苦就是恶；德与不德归根到底是由快与不快的感觉印象决定的。因此，休谟指出：

> 道德概念总是包含着某种人类共有的情感，这种情感使相同的对象得到普遍的赞美，并且使得每个人或大部分人对这个对象有一致的看法或决断。[③]

的确，道德行为总是伴随着人们的道德情感。自爱心、同情心、怜悯心等也都是在人的道德行为中体现出来的。这是“情感论”得以形成的事实根据。但是，“情感论”本身又是一种比较薄弱的道德价值学说。这里的问题是，即便我们肯定人类有普遍的道德情感，这种情感对于每一个人或对于不同的人来说也是非常复杂的心理状态。如果说，我们的道德行为仅仅出于自爱、同情、怜悯等道德情感，那么这种情感的淡漠或丧失就会使道德行为无法贯彻下去。例如，如果在公交车上为老弱妇孺让座仅仅是出于对受益者的同情，那么一旦认为受益者不值得同情或缺乏对受益者的同情心，“让座”这种道德行为就不可能进行下去。通常我们要求道德行为的普遍性，也就是要求道德行为无论在何种条件下或何种境况中都能贯彻下

① 卢梭：《爱弥尔》上卷，李平沤译，商务印书馆1978年版，第95页。

② 卢梭：《爱弥尔》下卷，李平沤译，商务印书馆1978年版，第417页。

③ 大卫·休谟：《道德原理探究》，王淑芹译，中国社会科学出版社1999年版，第91页。

去。对于这个要求，“情感论”是不能做出很好的论证的。

4. 功利论

“功利论”可以说是欧洲近代“情感论”和“幸福论”的一种融合，其基本观点是把道德理解为最大限度地谋求功利的行为。由于“功利论”更注重从行为的后果上评价行为的道德价值，因此也被称为“结果论”或“效果论”。“功利论”的主要代表人物是18世纪至19世纪的英国哲学家边沁和密尔。

边沁①在其1789年出版的《道德和立法原理导论》一书中，阐述了由他创立的功利主义的基本理论。这个理论包含两个原理：其一是功利原理或最大幸福原理；其二是自利选择原理，即认为要确认某种行为是否具有道德价值，就看这种行为是增加了还是减少了人的幸福。边沁认为，人都是生活在能够引起人的快乐和痛苦的环境中，人的本性是趋利避苦的，因而追求幸福是人的天性。社会是由个人构成的，它只是一个假想的团体，社会幸福或社会利益只能是个人幸福和个人利益的总和。但是苦乐是人的一种感觉，何以能成为一种客观的适用于一切人的标准呢？边沁认为人性是共同的，都是相同的感官、相同的苦乐感受。人的苦乐感受只有量上的区别，而没有质上的区别，所以什么是快乐和痛苦，人自己知道得最清楚，也就是说，个人是幸福的最好判断者。为自己去谋求最大的幸福，这是每个有理性的人的目的，所以“自利选择”是人性的自然倾向。人类在进行一切行动时，如果认为对于自己的幸福能有最大的贡献，那么，不管对于其他人的全体幸福有什么样的结果，他都会朝着这个行动方向去努力。

在边沁之后，密尔②直接继承发展了这种功利主义伦理思想，建

---

① 杰里米·边沁（Jeremy Bentham，1748—1832），英国法理学家、功利主义哲学家、经济学家和社会改革者，主要著作有《道德和立法原理导论》《赏罚原理》等。

② 约翰·斯图尔特·密尔（John Stuart Mill，1806—1873），又译为约翰·斯图亚特·穆勒，英国著名哲学家和经济学家，19世纪影响力很大的古典自由主义思想家。他支持边沁的功利主义，主要著作有《论自由》《代议制政府》《功利主义》等。

立了以最大幸福主义为内容的完整系统的功利主义理论体系，并努力避免边沁的功利主义走向极端的个人主义。密尔认为人的本性都是追求幸福的，幸福就是获得快乐和免除痛苦。人的幸福有高级（精神快乐）和低级（感官快乐）之分，人们都愿意而且应该选择高级快乐，放弃低级快乐。他认为，幸福就是一种利益，个人的幸福就是个人的利益，追求幸福的要求使人成为利己的。但在人性中又有一种强大的欲望即社会感情，这种感情使个人想同人类成为一体，不做损害他人和社会的事情，而要求人们以公共利益为行动的目的。由此，密尔提出应以增进或减少社会幸福作为善恶标准，以"最大多数人的最大幸福"为最高的道德标准。密尔不同意康德只讲动机、不讲效果的道德义务论观点，他认为评价一个人的行为是否符合道德，只应看行为的效果。一个不好的动机做出一个好的行为，只表明这个人的品格不高，但行为本身仍是高尚的。因而"功利论"又是一种典型的"效果论"或"结果论"。从这种效果论出发，密尔提出了道德制裁原则。他认为，道德制裁分为"外在制裁"和"内在制裁"，外在制裁是指社会或上帝的赏罚对人的道德行为的约束，内在制裁是唤醒人的良心。后者是道德制裁的基础。

"功利论"至少提醒我们必须重视道德要求和功利追求之间的矛盾，重视从人们的功利追求中寻找道德行为的根据。但这种理论同样会遇到一个问题，即如果道德的依据是功利，不管是个人的功利，还是所有人的功利，都会使履行道德义务变成"有待"的，而不是无条件的。那么，什么力量才能使道德行为贯彻到底呢？

5. 义务论

"义务论"的基本观念就是认为人的道德行为不是出于同情心、怜悯心，也不是出于获得更大利益的功利目的，而是出于一种纯粹的义务，即我之所以这样做，就是因为我应当这样做，除此之外没有任何其他目的。在西方哲学史上，最早提出这种"义务论"的就是同时主张“幸福论”的德谟克利特。他认为，道德生活归根到底是一种理性的生活，这种生活是出于对必然性的服从，而不是出于利己的目的，为此他说：

> 不是由于惧怕，而是由于义务，应该不做有罪的事。
>
> 行善望报的人是不配称为行善者的；这称号只配给那只为行善而行善的人。①

在理论上把“义务论”系统化的是德国哲学家康德。康德把人的道德意志或道德观念称之为“实践理性”，并称这种实践理性的道德原则是一种“道德律令”，或所谓“绝对命令”，他认为，“道德律令”作为绝对命令不能以幸福主义为原则。因为，幸福主义的道德理论没有客观的标准，不论何种幸福、快乐和愿望，都可随意比较和任意选择。因此，人们对幸福的欲求、理解和享受因人而异、因时而异，根本没有普遍必然的客观内容和相同标准。同样，道德律令也与人们是否具有同情心、是否具有爱好无关，出于同情心而对他人实行仁慈，这种行为值得赞美，但不值得敬重，因为它仅仅出于爱好或同情心，而不具有道德原则的普遍性。真正的道德原则是一种无条件的“绝对命令”：

> 要这样行动，使得你的意志的准则任何时候都能同时被看作一个普遍立法的原则。②

这就是说，履行道德责任是我们的无条件（无待）的义务，其标准就是你能够立志使自己的行为准则成为普遍规律。也就是说，你做事情所遵循的原则应当能够成为所有人做事情的原则。简单地说，就是不仅你可以这样做，而且所有人都能这样做，这个原则才有道德价值。比如，当一个人借了别人的钱不想还时，那就应问一

---

① 《古希腊罗马哲学》，商务印书馆 1961 年版，第 108-111 页。

② 康德：《实践理性批判》，邓晓芒译，人民出版社 2003 年版，第 39 页。

问自己，“借钱不还”这条行为准则能不能成为一条普遍规律？在康德看来，只要这么一问，就会发现“借钱不还”不应成为普遍的规律，因而“借钱不还”的这种意志就不是善良的。所谓“绝对命令”，就是说这种命令是无条件的，不受任何经验、感性欲望、利害关系等条件的制约。所谓“命令”，是指“应当如此”。在康德看来，一个人如果不是从不计利害的先天道德规律出发，而是从“好借好还，再借不难”这点出发去还人家的钱，那么这种意志也算不得善良。因为，“好借好还，再借不难”这个出发点，是建立在个人利害的基础上的，因而是有条件的。因此，“行为要有道德价值一定要为义务而实行”。按义务心而行动就是“决定我的意志”的规律，根据这个规律办事就是“善良意志”。

需要指出的是，康德虽然拒绝把“幸福”作为道德根据，但他又力图把道德和幸福协调起来，这就是他提出的“至善”概念。他说：

> 把德性和幸福结合起来以后，才算达到至善。

在他看来，讲道德虽然不是为了幸福，可是，有道德的人总不该老是受苦，而应当能够享受幸福。这不是说，道德以幸福为根据和目的，而是说只有讲道德的人才“配得上幸福”或“配享受幸福”。如果一个人巧取豪夺，为一己私利而不惜伤害和侵犯他人的利益，也许他可以尽可能多地获得物质享受，但他并不“幸福”。因为，他的不道德行为会使他自始至终受到自己良心的谴责，或受到他人的敌视和轻视。也就是说，他配不上幸福。

但是，对于这个“至善”，康德本人却没有多少信心。他认为，把道德和幸福在现实生活中结合起来可能有两种情形：一种是把谋求幸福的欲望作为道德行为的动机，但这样一来，就等于把谋求幸福的欲望作为意志的动机，是不道德的；另一种是认为道德行为可以带来幸福，这也是很难实现的。于是，康德便把“至善”的实现推到彼岸世界。他认为，要达到“至善”，首先就必须使人的意志同道德规律完全契合。可是，这对于具有感性欲望的人来说，只是一个“应当”。只有通过无止境的努力才能达到，光靠短短的一生的努力是不行的。怎么办？必须假定灵魂不死，今生不行，来世再努力。也就是说，“至善只有在灵魂不朽的这个假设之下，才在实践上是可能的”。同理，把道德和幸福这两种根本对立的东西协调起来，光靠人力是办不到的，只有假设一个超自然的最高存在者——上帝的存在，才有可能实现。即“这个至善是只有在神的存在的条件下才能实现……假设神的存在，在道德上乃是必要的”。

由此可见，康德的“义务论”虽然很好地论证了道德原则的普遍性，却无法论证其现实性，这就使他不得不借助于“上帝的存在”和“灵魂不死”的观念来确立道德原则的绝对性，并使之对人的行为产生约束力。

第二节　道德实践与道德信念

关于道德与人性、道德的动机与目的等各种学说均表明，道德行为是一种属人的社会性行为，它规范着人们的社会交往活动，体现着交往活动的价值内涵。从这个意义上说，道德生活更为深刻地体现着社会生活的实践本质。道德不会停留于观念和理论层面，它所具有的现实性就是道德的实践性，这种实践性正是使社会生活成其为社会生活的文化机制，同时它们又必然要内化到个人的人格结构中，是使人成其为“人”的文化过程。在这种意义上，道德成为人的存在方式。因此，道德实践的精神实质和价值内涵就是“人道主义”。

道德之所以是形成社会秩序的最基本的文化机制，不仅在于它是一整套约束人的行为、调节人们之间关系的规范体系，而且在于它主要依靠人的“自律性”得以维持，只有当人们在内心世界确认和相信道德理想、道德价值和道德原则时，才能把道德准则和道德规范视为自觉自愿的行为。正如马克思所说：“道德的基础是人类精神的自律。”[①]然而，在19世纪末20世纪初，道德作为人的存在方式不再不言而喻，甚至在尼采宣称“上帝死了”之后，道德似乎陷入了“困境”。

一、道德实践与实践理性

道德本身是实践的，它要求任何道德动机、理想或价值准则不能仅仅存在于人的主观观念中，而必须贯彻到道德主体的行为中，使人的社会行为表现为道德理念的外化；同时，它要求人们的任何社会交往行为都必须具有道德内涵，体现道德价值，从而使人们的交往活动不会因个人的任意性而遭致中断。

在哲学史上，最早对道德实践做出理论分析的是古希腊哲学家亚里士多德。亚里士多德将人的活动分为“实践的”“创制的”与“理论的”三种。其中，“理论的”活动是人们试图把握“真”的活动，它是一种深思的活动，其目的是探究世界的根本原因所在，也就是对智慧本身的追求与探究；“创制的”活动是一种生产性的、技术性的制造活动，其目的在于制造出满足人们生活需要的各种物品；“实践的”活动则是人的以“善”为目的的道德行为和道德生活。

在亚里士多德看来，人的道德行为既以“善”为目的，就不能仅仅停留在对“善是什么”等理论问题的追问中，“善”就是善的活动，只有在善的活动中才能显现出“善”的存在。求善的实践活动与理论活动的不同在于它的具体选择性。例如，当人们客观地探求“勇敢”的本质是什么的时候，人们从事的是一种求真的理论活动，但只有在实际的行动中选择了勇敢，而不是退缩与鲁莽的时候，才是真正地从事善的活动。实践活动也不同于创制活动。在创制活动中，创制活动本身只是一种手段。例如，对盖房子来说，房子本身是目的，盖房子的活动只是实现目的的手段。因此，求善的实践活动本身就是目的，是目的的实现。

①《马克思恩格斯全集》第1卷，人民出版社1956年版，第15页。

亚里士多德的上述理论似乎已经包含了理论理性、技术理性和实践理性的区分。他十分明确地把实践活动中对“善”的理解和追求称之为“实践智慧”，并把这种智慧理解为德性和明智的统一，认为“智慧是德性总体的一部分，具有它或运用它就使得一个人幸福”。他说：

> 明智与道德德性完善着活动。德性使得我们的目的正确，明智则使我们采取实现那个目的的正确的手段。……使得我们的目的正确的是德性。而使得我们去做为实现一特定目的而适合于去做的那些事情的却不是德性，而是另外一种能力。……如果目的是高尚[高贵]的，它就值得称赞；如果目的是卑贱的，它就是狡猾。……能力不等于明智，虽然明智也不能没有能力。但是灵魂的这只眼睛离开了德性就不可能获得明智的品质。①

亚里士多德的这一思想为后来康德对“实践理性”的探讨和阐释提供了重要的思想资源。康德认为，实践理性是理性的一部分，它与理论理性在原则上是一致的，“因为，归根到底只有一个理性，只是在运用方面有所不同罢了”。但实践理性又不完全等同于理论理性，它包含着一种现实性，即在现实实践中的运用，并通过事实证明了它的实在性。在有关道德问题的理论思辨中，我们往往会面临许多难以辨析的困难问题，但在现实的道德实践中，理论思辨的矛盾最终都要转换为对人的行为的思考，即我们究竟“应当”怎样做才符合“善”的要求。离开了道德实践的现实性，任何理论思辨都是没有意义的。这样，康德就把道德问题作为实践理性来加以阐发。他强调道德与日常生活之间的内在关联，并将“自身就是目的”作为道德实践的基本特征，认为道德行为是以人的自由意志为前提的，没有自由也就无所谓道德责任，因此任何道德行为都是人的自由本性的彰显，它本身就是以自由为目的的。

---

① 亚里士多德：《尼各马可伦理学》，廖申白译，商务印书馆2003年版，第187-188页。

二、道德实践的人道主义内涵

道德的社会性和实践性表明，道德生活就是人的存在方式或生存方式。正是在这个意义上，道德要求具有那种“人之为人”的根本性意义，它所包含的是人对自身所具有的人格、尊严、幸福、快乐的理解和追求，对自身生活目标和自我实现方式的价值选择。我们在日常生活中，也总是从“人之为人”的意义上，对人的行为做出道德评价。对于那些为非作歹的暴徒，我们会痛斥：“他们还是人吗？简直就是禽兽！”因此，道德实践是一种真正属于人的生存状态，是对人的基本权利、尊严和生命价值的尊重，是人的一种自我实现。一切非道德行为归根到底都是对人性的践踏，是对人的生命价值的摧残。“人”与“非人”，由此成为一切道德评价的基本准则和道德良心的核心内容。正如康德在他的“目的国”理论中所提出的那样：

> 每个人应该将他自己和别人总不只当作工具，始终认为也是目的——这是一切有理性者都服从的规律。这样由共同的客观规律的关系就产生由一切有理性者组成的系统。这个系统可以叫做目的国。[①]
>
> 在目的国度中，人就是目的本身，那就是说，没有人（甚至于神）可以把他单单用作手段，他自己总永远是一个目的。[②]

“人就是目的本身”，这就是道德实践的人道主义内涵。1982年7月，西安解放军第四军医大学二大队学生张华因跳入化粪池营救一位不慎落入池中的老农而献出自己宝贵的生命。当时，这件事在大学生中引起了广泛的争论。争论主要围绕“张华该不该去救这个老汉”或“张华救这个老汉值不值得”等问题。的确，如果仅仅从功利的意义上来思考这个问题，不管这个“功利”是哪种意义上

① 康德：《道德形而上学探本》，唐钺译，商务印书馆1957年版，第48页。

② 康德：《实践理性批判》，关文运译，商务印书馆1960年版，第134页。

的功利，张华似乎都不该去救这个老汉，或者说他牺牲自己年轻的生命去救一个行将就木的人是不值得的。但是，如同所有舍己救人的英雄一样，张华不认识这个老汉，也不知道这个老汉是个什么样的人，他只知道这个老汉是一个“人”。从这个意义上说，他救的不是“老汉”，而是“人本身”。他的行为体现出最为崇高的人道主义精神。

正因为道德实践具有这种鲜明的人道主义内涵，对人来说，道德修养和道德教育就不仅仅是行为操守的训导，更为重要的是将道德规范、道德理想和道德价值内化到人自身的人格结构中，使之成为人的基本的社会品质。而道德之所以具有很强的自律性，也是因为人能够从“人之为人”的意义上把道德修养理解为人格的自我完善。

三、道德信念的三种论证

道德之所以是形成社会秩序的最基本的文化机制，不仅在于它是一整套约束人的行为、调节人们之间关系的规范体系，更在于它主要是依靠人们的一种“自律性”。所谓道德自律就是指个人从自我人格的意义上，把道德视为完善人格的有机构成，从而把道德准则作为自身行为的基本价值取向，把遵从道德规范作为自觉自愿的行为。

在一定意义上，与外在强制性的法律相比，道德的自律性要求更为重要，这不仅是因为法律条文大多源自道德规范，更是因为遵守法律本身就是以道德自律为内在动力的。无论是法律规范还是道德规范，都只有在成为人的人格自律的内在要求时才能真正成为生成和维系社会秩序的文化机制。因此，就建立和维护正常的社会生活秩序而言，不仅要建构合理的道德和法律规范体系，更重要的是要在人的内心世界中确立“一定要使行为合乎规范”的“道德信念”。道德信念在客观上根源于人的生存的社会本性，但这种客观依据同时又依托于人的信仰在精神生活领域中获得主观的表达。在不同的民族文化体系中，在社会发展的不同历史阶段上，对于道德信念的根据有着不同的文化诠释和历史解答。

1. 道德信念的宇宙论界说

从宇宙论角度界说道德信念的根据是古代哲学和伦理学说的一个基本特征，这种界说的特点是将道德准则同宇宙本性视为一体，从宇宙法则的永恒性、绝对性中论证道德根据的绝对性、确定性。最初，古希腊早期的自然哲学家们对“善”的探讨就是与对宇宙本原的探求混杂在一起的，这一倾向到了苏格拉底那里尤为清晰。

苏格拉底不满意自然哲学家对世界的物质本原的理解，他认为，这种理解充其量只能说明世界“是什么样的”，而没有说明世界“为什么会是这个样子”。苏格拉底意识到，有关世界的“事实判断”不等于有关世界的“价值判断”，世界之所以如此，不是因为世界是由什么构成的，而是因为存在着一种使世界万物都追求完满性的力量，这个力量就是“善”（或“好”），因此，只有“善”才是支配宇宙万物的“本原”。这可以说是道德本体论和道德目的论的最初表达。有鉴于此，苏格拉底反对道德上的相对主义，他认为现实的、具体的道德行为是相对的，甚至是矛盾的，但“善”本身则是绝对的，不带有任何“恶”的成分，只有达到了对“善”本身的认识，才能真正做出符合道德的行为。苏格拉底的这一思想在柏拉图的哲学中得到了延伸。柏拉图从他的“理念论”出发，把世界分为“理念世界”和“感性世界”两个部分，认为理念的世界是真实的、永恒的、完满的世界，而现实的感性世界则是对理念世界的“模仿”和“分有”。同样的道理，现实中具体的道德行为之所以是善的，就是因为它分有了理念世界中善的理念，或者说它是以作为宇宙本体的“绝对善”为根据的。

可见，在古希腊哲学中，无论对于自然主义哲学家来说，还是对于形而上学的哲学家来说，道德要么是宇宙本体或宇宙法则的体现，要么它本身就是宇宙的本体或本性，因而它是绝对的、无限的、客观的。人之所以必须遵守道德，就在于人必须使自己的活动与世界的本性或法则保持一致，而不能违反和抗拒无所不在的宇宙法则。这种道德信念依托宇宙法则树立起道德的权威性，它始终是西方古代哲学和伦理学的主调。

中国古代“天人合一”的观念为中国传统社会占主导的伦理道德观念的权威性提供了类似于西方宇宙论的终极根据的解释。“天人合一”是指天道与人道或自然与人事的合一，这一思想最早出现在夏商周时期，人们把“天”当作主宰自然和社会的最高的神，而人事则是天命所为。孔子创立的儒家学说虽不强调天是一种有意志的人格神，但却承认天命的作用，并认为人的德性是天赋的。战国时期，孟子在继承孔子“仁学”思想的基础上，以人的“仁”“义”“礼”“智”的道德性为中介，把“天”与“人”统一起来，提出“尽其心者，知其性也，知其性，则知天矣”（《孟子·尽心上》）。西汉哲学家董仲舒把儒家“天人合一”的伦理学说发展为系统的伦理纲常体系。他说：“人之为人，本于天。天亦人之曾祖父也，此人之所以乃上类天也。”（《春秋繁露·为人者天》）。自此以后，儒家的道德学说和伦理规范都是以天为本，用“天道”界说“人道”，由此确立人们的道德信念。

2. 道德信念的神学论证

在古希腊哲学传统中，理智主义居于主导地位。先哲们对人的理智能力寄予厚望，都希望通过理智的力量发现那支配一切并为我们奠定道德基准的宇宙法则或宇宙本体，从而确立道德的至上性和权威性。然而，到了古希腊晚期，动荡不安的社会现实却使人的理智能力日益失去往日的辉煌，并受到普遍的怀疑。古希腊晚期，怀疑论哲学家皮浪干脆把世人无法解脱的社会动荡和世间烦恼归咎于寻找真假、对错的努力，宣布“最高的善就是不作任何判断”。与这种怀疑主义并行的则是以斯多葛学派为代表的宿命主义和神秘主义，该学派主张放弃对财产、权力、地位、荣誉的追求，过一种顺从人的本性和宇宙的普遍本性的生活。它认为，对人的理智能力的怀疑、轻视和不信任，以及对宇宙神秘本性的崇拜，致使人们转而力图从人自身之外寻找拯救的力量，并推动理智哲学向宗教哲学转变。古罗马新斯多葛学派的哲学实际上已经是一种准宗教哲学，它十分明显地将古希腊哲学对世界本体的探讨导向对神灵的崇拜。如新斯多葛学派哲学家爱比克泰德[①]说："要相信敬神的本质在于对神形成正确的意见，认为神灵是存在着，并且是公正地、很好地管理着宇宙。"他进一步指出，神既是宇宙的根据，也是至善的根据：

> 神是有益的，善也是有益的。那么，似乎神的本质在哪里，善的本质也就在哪里了。那么神的本质是什么呢？——肉体？决不是。土地？名誉？决不是。智慧？知识？健全的理性？当然是的。那么，在这里找到善的本质就没有什么困难了。[②]

古罗马帝国后期，基督教神学终于在精神生活领域占据了统治地位。来自希伯来文化的信仰主义和来自古希腊的理性主义相互融合，衍生出中世纪的神学传统。一切道德说教也就完全被纳入人对上帝的关系中加以解释，从而使适于当时社会秩序需要的道德规则能够借助于这些超人间的力量得到贯彻执行。

基督教神学对于道德信念的神学论证，不只是颂扬上帝的至善本质（这对神学来说是不言而喻的），而且还从人的"原罪"本性出发，论证信仰上帝和皈依宗教的必要性。这就是以"原罪论"为核心的一整套道德观念。教父哲学家奥古斯丁认为，人是自由的，但人的自由可以使人向善，也可以使人向恶。人类之初本来可以选择永恒的、神圣的自由，但他们没有选择，而是自由地选择了犯罪。自由被罪恶所胜，人成了自由的奴隶，这不是真正的自由。真正的

---

① 爱比克泰德（Epictetus，约55—约135），古罗马新斯多葛学派著名哲学家，出生于罗马弗里吉亚的一个奴隶家庭。童年时被卖到罗马为奴，后师从新斯多葛派哲学家鲁佛斯，并获自由。此后，他一直在罗马教学，建立了自己的斯多葛学园，后因罗马皇帝图密善害怕哲学家日益强大的影响力对其王位构成威胁，便将爱比克泰德逐出罗马，于是他移居希腊尼科波里斯，以教书终其一生。

② 北京大学哲学系外国哲学史教研室编译：《西方哲学原著选读》上卷，商务印书馆1981年版，第192页。

自由是神的自由。这种自由是舍感性而向善，趋向至善和神，这是快乐的。不难看出，奥古斯丁试图向人们论证，现实的苦难源于人的罪恶本性，因而人自身无法摆脱堕落的趋势，只有通过信仰才能使道德的力量发挥作用。

到了中世纪，基督教的伦理学说在经院哲学的发展中得到了完整的阐释。道德权威性的神学论证通过对上帝存在的论证得到了确认。其中，最具代表性的是托马斯·阿奎那①的神学理论体系。托马斯·阿奎那认为，在任何一类现实的事物中，都存在着一个等级系列，即真、善、美的不同等级。既然有一个相比较的等级，那么必然存在着最高的等级，例如最美、最善和最真的东西。这个等级中最高的等级是所有等级的规定者，是世界上一切事物得以存在和具有善良以及其他完善性的原因。上帝是最高的善，是一切具体的善的规定者，因此人的道德行为也必然是以上帝为根据的。按托马斯·阿奎那的理解，人有三种自然的“倾向”：人同自然物一样，有自然的欲求；人同动物一样，有感性的欲望；人有理智和意志，追求普遍的和最高的善。也就是说，只有追求普遍的和最高的善，才是人不同于自然物和动物的地方。而人的自然欲求和感性欲望虽然可以带来尘世的享受，但也阻碍了人对上帝的接近。只有通过信仰上帝，才能使人达到道德上的自我完善。

> 万事万物的最后目的就是上帝。……因此，我们必须把那些特别使人接近上帝的东西作为人的最后目的。上述快乐阻碍了人接近上帝；接近上帝是要通过深思熟虑，上述快乐对于这种接近是很大的阻碍。……它使人脱离理性的事物。②

---

① 托马斯·阿奎那（Thomas Aquinas，约1225—1274），中世纪经院哲学家和神学家，死后被封为天使博士（天使圣师）或全能博士。他是自然神学最早的提倡者之一，也是托马斯哲学学派的创立者，其著述成为天主教长期以来研究哲学的重要根据。其著作主要有《神学大全》《自然的原则》《反异教大全》等。

② 北京大学哲学系外国哲学史教研室编译：《西方哲学原著选读》上卷，商务印书馆1981年版，第278页。

人的道德行为就是要克服尘世的快乐，依靠自己的理性和意志去接近上帝。托马斯·阿奎那给予道德的一般定义就是，道德是理性创造物向着上帝的运动。

总之，道德权威性的神学论证就在于把神或上帝视为道德的终极根据，认为只有通过信仰神或上帝，才能真正获得道德的力量。我们之所以必须遵守道德，是因为道德是来自上帝的绝对命令。上帝具有无穷的威力，是至善、至真、至美的体现，它决定了人的往世、现世和来世，决定了怎样一种生活才是属于人的最高的幸福。

3. 道德信念的人性根据

15 世纪以后，随着工商业、科学技术和海外贸易的发展，资本主义生产方式在欧洲封建社会的母体中逐渐孕育生长。商品经济的不断扩大和深化，一步一步地把人从传统的纽带中解脱出来，成为追求自身利益的独立的市场主体。这个发展趋势必然同以贬低人性、轻视人的尘世生活、主张禁欲为特征的基督教道德相抵牾。因此，解除传统宗教的精神枷锁，高扬人性和人的感性生活，寻求个性解放，客观上已成为这一时期社会进步的基本要求。这种要求通过著名的文艺复兴运动、宗教改革运动和思想启蒙运动使人文主义思潮成为欧洲近代社会精神解放运动的主流。在人文主义思潮的推动下，道德权威性的神学根据逐渐向人性根据转移。然而，从人性出发阐释道德的永恒根据，必然起之于对人性的假定，而如何界定人的抽象不变的本性，又决定了界说道德根据的不同思路。根据这一点，我们可以将近代欧洲的道德学说大致区分为三种形态：道德理性主义、道德情感主义和道德功利主义。

最早从理性主义的角度试图对道德的根据做出人性解答的思想家，当属荷兰法学家、哲学家格劳修斯[①]。格劳修斯认为，人和动物

---

① 胡果·格劳修斯（Hugo Grotius，1583—1645），16—17 世纪荷兰古典自然法学派主要代表之一，世界近代国际法学的奠基人，同时也是近代自然法理论的创始人之一，主要著作有《战争与和平法》《论海上自由》等。

的最主要的差别就在于，“人类独特的象征之一是要求社会交往的愿望”。人的这种本性使得人类要过一种理智的生活，不愿意和动物一样受本性驱使而只管寻求自己的满足和利益，人们进行社会交往就必然会与他人建立社会关系。这种社会关系是人们互相订立契约而建立的，所以必然是相互限制的。格劳修斯把人们在交往中必须遵守的道德原则称之为“自然法”，他指出：

> 自然法是正当的理性准则，它指示任何与我们理性和社会性相一致的行为就是道义上公正的行为；反之，就是道义上罪恶的行为。①

自然法是真正的理性的命令，是一切行为善恶的标准。格劳修斯的这一思想对近代欧洲的政治学说产生了极为广泛而深刻的影响。英国经验论哲学家霍布斯和荷兰哲学家斯宾诺莎都认为，人的本性在于自我保存，道德的基础在于遵循理性的指导。斯宾诺莎说：

> 道德的原始基础乃在于遵循理性的指导以保持自己的存在，因此一个不知道自己的人，即是不知道一切道德基础，亦即是不知道任何道德。②

德国哲学家康德对道德理性主义做了最为系统的说明。康德将道德归于实践理性，认为人的一切道德行为都以自身的理性为根据，因而是自由的，是应当而且必须承担道德义务的。这是实践理性的基本特征。道德原则应当是来自理性的“绝对命令”，它的根本特性就是“超经验性”：

> 一切道德概念所有的中心和起源都在于理性，完全无所待于经验，并且不特在于纯粹理论的理性，而且一样实实在在地在于人的极平常日用的理性。这些概念不能由任何经验的（即

① 《西方法律思想史资料选编》，北京大学出版社 1983 年版，第 143 页。

② 斯宾诺莎：《伦理学》，贺麟译，商务印书馆 1983 年版，第 212 页。

非必然的）知识抽象而得；就是因为它的起源这么纯洁，它才配做我们最高的实践原则。①

与道德理性主义不同，道德情感主义对道德权威性的界说诉之于人的情感和良知。法国哲学家卢梭、英国经济学家亚当·斯密和英国哲学家休谟都主张这一观点。其中，休谟的观念在理论上最具代表性。他比较明确地否认了道德的理性根据，并在《人性论》中极力把理性从道德领域中排斥出去，认为道德的根据不是理性而是人的感性，"道德宁可说是被人感觉到的，而不是被人判断出来的"。善与恶的道德价值不是从快乐和痛苦中推断出来的，而是在人们感觉到愉快和不快的同时就感觉到了善与恶。善或恶就直接涵摄在快乐或痛苦之中，快乐就是善，痛苦就是恶；德与不德归根结底是由快与不快的感觉印象决定的。对于休谟的这个观点，麦金泰尔后来评价说："休谟坚持认为对善恶的判断，除了是赞成或反对的情感表达以外，别无他物；所以，我们就不可能有任何一种外在于这些感情的标准来判断这些感情……能诉诸的最后法庭无非是有善恶感的人的感情，诉诸世俗中人的感情共鸣而已。"②休谟在之后写的《道德形而上学原理》一书中，虽多少改变了其在《人性论》中所持的那种极端的态度，但仍坚持道德根据不在于理性而在于情感。他认为引发我们行动必须先有一定的倾向，引起这一倾向的只能是人们的欲求、需要，而不可能是理性，因为一件事即使再合理，如果不能引起人们的情感，人们也不会去做。但人们的情感各别，是否有一种统一的情感标准呢？休谟回答说：

道德概念总是包含着某种人类共有的情感，这种情感使相同的对象得到普遍的赞美，并且使得每个人或大部分人对这个

① 康德：《道德形而上学探本》，唐钺译，商务印书馆 2017 年版，第 27 页。

② A. 麦金泰尔：《德性之上》，龚群、戴扬毅译，中国社会科学出版社 1995 年版，第 290-291 页。

对象有一致的看法或决断。[①]

道德功利主义，顾名思义，就是把人们追求道德信念理解为谋求最大功利的愿望。功利主义的代表人物密尔认为人的本性都是追求幸福的，幸福就是获得快乐和免除痛苦。人的幸福有高级（精神快乐）和低级（感官快乐）之分，人们都愿意而且应该选择高级快乐，放弃低级快乐。在他看来，幸福就是一种利益，个人的幸福就是个人的利益，追求幸福的要求使人成为利己的。但在人性中又有一种强大的欲望即社会感情，这种感情使个人想同人类成为一体，不做损害他人和社会的事情，而要求人们以公共利益为行动的目的。由此，密尔提出应以增进或减少社会幸福作为善恶标准，以“最大多数人的最大幸福”为最高的道德标准。

从以上对近代西方道德理论发展线索的分析中可以看出，近代道德理论无论是道德理性主义，还是道德情感主义或道德功利主义，都试图为道德原则找到永恒不变的、绝对的人性根据。但是，由于对人性的理解不同，或者说对人性的各个侧面各执一端的见解，使上述道德学说各自带有明显的片面性。道德理性主义片面追求理性原则，忽视或贬低道德情感、道德经验的现实性，最终把道德原则、道德信念抽象化，并导向信仰主义。而道德情感主义和道德功利主义则忽视或否认道德原则和道德信念的超验性，使道德原则情感化、功利化，并走向道德的相对主义、主观主义。正如麦金泰尔所说的那样，在近代哲学中，存在着维护客观的非个人的道德判断的不成功的企图，而且依据标准和为标准提供合理、正当的理由的运动持续地失败，这就是自启蒙运动的思想家直至功利主义者为道德进行合理论证全部失败的历史时期。这个时期由于社会历史的变迁，客观的非个人的标准虽然还存在，但是这种标准赖以存在的社会背景条件正在丧失。

① 休谟：《道德原理探究》，王淑芹等译，中国社会科学出版社 1999 年版，第 91 页。

四、道德信念的现代困惑

如前所述，近代以来欧洲哲学家对道德的人性根据的探寻并没有找到足以代替宗教伦理的客观的、非个人的道德公准，而是更多地引起了对道德根据的争论。然而，确认道德应该具有客观的、绝对的根据这个基本信念并没有丧失，只不过人的感性、理性、快乐、幸福在其现实性上都是有限的，不足以成为道德的最终判据。为此，绝大多数受欧洲传统宗教文化深刻影响的哲学家都程度不同地仰仗宗教信仰，以此为道德的人性根据做出客观的描述。神学的观念在近代伦理学说中的影响始终挥之不去。这种情况到了 19 世纪末期，终于发生了重大转变。

我们知道，传统道德理论总是在无休止地追问“善是什么”这个问题。然而到了 19 世纪末，这种提问方式突然遭到了质疑。因为这种追问在回答之前已经预设了被追问的对象的存在，也就是说，在还不能确定是否存在善的问题的时候，几千年来的中西哲学却围绕着善是什么做出了许多不同的回答。而对这一问题本身的疑问却直至 20 世纪初才被德国哲学家尼采[①]提上审判的法庭。更为不能想象的是，经过尼采的审判，哲学家们津津乐道的善与恶并不存在：“根本不存在道德事实……道德仅是对一定现象的解释，确切地说是一种误解。”[②]道德不过是统治者为了让被统治的人们驯服而编造的谎言。道德家们对于善是什么的回答都不过是一种人为的编造，其中对于欲望的压抑，对于某种品性的推崇或者贬斥，如推崇勇敢而反

① 弗里德里希·威廉·尼采（Friedrich Wilhelm Nietzsche，1844—1900），德国著名哲学家、诗人和散文家。他最早开始批判西方现代社会，然而他的学说在他的时代却没有引起人们重视，直到 20 世纪，才激起深远的调门各异的回声。后来的生命哲学、存在主义、弗洛伊德主义、后现代主义，都以各自的形式回应尼采的哲学思想。他的主要著作有《悲剧的诞生》《查拉图斯特拉如是说》《人性的，太人性的》《道德谱系》《乐观的智慧》等。

② 尼采：《偶像的黄昏》，见王岳川主编：《尼采文集·查拉图斯特拉卷》，青海人民出版社 1995 年版，第 335 页。

对懦弱，在尼采看来都是对自然人性的扭曲。于是尼采宣称：“我们只有摆脱道德，才能够道德地生活。”[①]

但尼采对于道德的极端否定，其真实意图在于颠覆西方自柏拉图至基督教以来形成的道德传统，建构自己的新道德。他所提出的“上帝死了”的宣言，不过是一种誓与传统道德决裂的态度。在此基础上，尼采要做的是“重估一切价值”。由此，尼采开始建构自己的新道德，并将人的自然生命作为道德的基础。因此，在尼采的道德原则中充斥着对肉体的赞美、对人的自由意志的推崇和对人自身旺盛的自然生命力的推崇。他写道：

> 什么是善？凡是增强我们人类力量感的东西、力量的意志、力量本身都是善。什么是恶？凡是来自柔弱的东西都是恶。什么是幸福？幸福是力量增强、阻力被克服时的感觉。[②]

因此道德价值的理想就是要人回归到人的自然本性，能够“成为你自己”。因为生命的现实表现就是单个人的个体生命的存在。而“成为你自己”这一原则的首要含义，是在自我肯定意义上的每个个体生命对自己生命力量的忠实。尼采认为，要成为自己，首先必须自我肯定。自我肯定就是要每一个人明白人之为人的唯一性和不可替代性。因此，每一个人必须忠实于自己，为自己的生命负责，并真诚地立足于自己的生命去寻求人生的意义。自我肯定意义上的“成为你自己”，就是要每一个人居高临下于他的生命，做他的生命的主人，赋予他的生命以他自己的意义。因此，他所建构的新道德就是一种以个体为中心的自主道德。在尼采那里，这种自主的道德就是一种“超人哲学”。善恶的标准不过是强弱的对比，强就是善，弱就是恶，强者战胜弱者，就是隐恶扬善。

---

① 转引自周国平：《尼采：在世纪的转折点上》，上海人民出版社 1986 年版，第 179 页。

② 尼采：《反基督徒》，见王岳川主编《尼采文集·权力意志卷》，青海人民出版社 1995 年版，第 357 页。

“上帝死了”，这意味着道德意识和道德根据失去了传统的宗教根基，在这种情况下，“重估一切价值”是否可能？19 世纪末至 20 世纪初，以英国哲学家摩尔[①]和罗斯[②]等人为代表的直觉主义伦理学对此做出这样的回答：“善自身”存在于宇宙中，不依赖于任何经验的事物和人的意识，它是简单的、自明的，不能被分析，也不能被定义，只能靠直觉来把握。（摩尔）道德义务的根据不是社会需要，而是自明的直觉，只有道德直觉是永恒不变的。（罗斯）直觉主义伦理学的这一基本观点，实际上取消了评价道德行为的客观标准，甚至取消了道德评价的可能性，经验的或理性的抑或情感的道德原则成了说不清道不明的东西。麦金泰尔对此评价说：

> 客观的非个人的标准已不适用，情感主义的主张已为社会所接受。这是从 20 世纪初直到现在这个当代的历史时期，其开端以直觉主义的出现为代表。在这个时期，普遍性道德已变得不可诠释，善已不可定义了。[③]

这种情况表明，近代以来一直占据优势地位的理性主义开始受到普遍的怀疑，就像宗教信仰在文艺复兴时期所遭遇的冲击那样。20 世纪上半叶，两次世界大战的爆发，更使人难以相信理性为人类行为建立永恒的道德基准的可能性。“启蒙运动的思想教导人们，人应该信赖自己，他既不需要教会出启示，也不需要权威的启迪，以辨别善恶。……而对人的自主精神和人的理性与日俱增的怀疑，产生了道德上的混乱。人既失去了权威的领导，又失去了理性的指引，结果是接受了相对主义的立场。”

事实上，宣布“上帝死了”，已经使从人性中寻找道德的绝对根

① 乔治·爱德华·摩尔（George Edward Moore，1873—1958），英国哲学家，属于分析哲学学派，主要贡献为伦理学，主要著作有《伦理学原理》等。

② 戴维·罗斯（David Ross，1877—1971），英国哲学家，20 世纪英国元伦理学思潮中义务论直觉主义的代表人物，主要著作有《亚里士多德》等。

③ A．麦金泰尔：《德性之后》，龚群等译，中国社会科学出版社 1995 年版，第 10 页。

据的努力看上去非常可疑。后现代哲学家福柯[①]指出，上帝被“人”杀死了，但这并没有在世间给人“建立一个稳定的处所”，反而是宣告了“人的终结”。他说：

> 在当今时代，尼采依然是一条漫漫长路的转折点的标志，与其说是上帝的缺失或死亡，不如说是人的终结（那种移置是微妙而不易察觉的，是向同一性形成的退缩，是人的有限性之所以成为人的终结的原因所在）。……既然他杀死了上帝，他就必须为自己的有限性负责。但是既然他通过上帝之死言说、思考和存在，他的谋杀行为本身也必定会死亡。新的神灵、同样的神灵，已经开始掀动未来的波涛，人类行将消失。尼采思想预告了谋杀者的终结，而不是上帝的死亡；或者说预告了随上帝之死而来的人的终结。[②]

任何个人的存在都是有限的，如果人不能从自身的有限的存在中找到使人成其为人的那种绝对的根据，或者把人性的各个有限的侧面（无论是理性、情感或是功利目的）夸大为人的生存根据，其结果都只能导致道德相对主义的蔓延。

道德上的相对主义不只是一种学术立场或理论观点，它更重要的是这样一种现实：维系我们共同生活秩序的道德实践正在失去不言而喻的公准，失去客观的非个人的根据，随之而来的无休无止的道德争论和相互矛盾的道德推论，使客观的、确定的道德评价几乎化为乌有。麦金泰尔描述了这种道德危机的特征，他说：

> 这一危机体现在三个方面：（1）社会生活中的道德判断的运用，是纯主观的和情感性的；（2）个人的道德立场、道德原

① 米歇尔·福柯（Michel Foucault，1926—1984），法国著名哲学家，被认为是后结构主义者和后现代主义者，主要著作有《词与物》《规诫与惩罚》《性史》《疯癫与文明》《知识考古学》等。

② 福柯：《人文科学》（福柯著《词与物》的最后一章），转引自汪民安等主编：《后现代性的哲学话语》，浙江人民出版社 2000 年版，第 34 页。

则和道德价值的选择，是一种没有客观依据的主观选择；(3)从传统的意义上，德性已经发生了质的改变，并从以往在社会生活中所占据的中心位置退居到生活的边缘。[①]

这种危机蕴涵着更大的危险性，即最终摧毁人们的道德信念，使道德原则丧失其权威性。

以上，我们粗略地描述了有关道德信念和道德权威性的各种历史界说以及道德信念和道德权威性在现代社会中所面临的困境。道德是生产社会秩序的文化机制，从这个意义上说，道德是构造生活世界的规则。如果说社会秩序不过是人的行为的合乎规范性，那么道德信念和道德权威性的危机从根本上说就是社会秩序的危机，甚至是人的生存方式的危机。既如此，我们可以听任这种危机不断深化吗？

第三节 “善”与“正义”

从最一般的意义上说，“善”是道德生活的核心概念，或者说是伦理学的最高范畴；“正义”是政治生活的核心概念，或者说是政治哲学的最高范畴。无论是道德生活，还是政治生活，都具有建立和维系社会生活秩序的基本功能；无论是“善”还是“正义”，都代表着一种体现健全人格和健康社会的正面价值。因此，对“善”的追求和对“正义”的追求无论是在伦理学中，还是在政治哲学中，都是紧密地交织在一起的，表现出道德与政治的内在关联性。

一、古代政治哲学：道德与政治的直接同一

无论是在古希腊哲学中，还是在中国古代哲学中，有关政治问题的哲学思考都属于伦理学的一部分，或者说是伦理学的一个分支。

① 麦金泰尔：《德性之后》，龚群等译，中国社会科学出版社 1995 年版，第 252 页。

因为，在古代哲人看来，政治统治的合法性、权威性也来自道德伦理的基本要求。为政者必须是善者，这一点在古代哲人那里是不言而喻的。在社会生活的共同体中，掌握公共权力的政治统治者以及大大小小的官吏，他们道德品行的优劣直接决定了政治的兴衰。如果统治者和政府官吏不顾公共利益和大众利益，将公共权力变成牟取私利的工具，那就必然导致政权的腐败、社会矛盾的激化乃至共同生活的瓦解。

在中国古代文化中占据主导地位的儒家学说，就其主要内容来说，就是一种包含政治学说在内的伦理道德学说。在这种学说中，政治的最高境界也就是一种最高的道德境界，即“仁政”。儒学创始人孔子就直截了当地指出：“政者，正也。子帅以正，孰敢不正？”（《论语·颜渊》）。其意就是说，为政者必须良善正直，才有可能避免臣民的邪恶。道德上的正直和政治上的正义均是“道义”本身的基本内涵。离开了“道义”，不仅无从判断政治行为和政治活动的是是非非，而且会造成政治秩序的混乱，最终导致天下大乱。被称为“亚圣”的孟子更注重人的道德品性与政治的关系。他强调人性在根本上是“善”的。人性的善就表现为每个人都有“不忍人之心”，而且能“推恩”，即把自己认为好的东西推广到他人身上。人有不忍人之心，能推恩，因而就有“仁心”；君王有不忍人之心，能推恩，因而就有“仁政”。所以他说：

> 人皆有不忍人之心；先王有不忍人之心，斯有不忍人之政矣。(《孟子·公孙丑上》)
>
> 老吾老以及人之老，幼吾幼以及人之幼，天下可运于掌。《诗》云：“刑于寡妻，至于兄弟，以御于家邦。”言举斯心加诸彼而已。故推恩，足以保四海；不推恩，无以保妻子。古之人所以大过人者无他焉，善推其所为而已矣。(《孟子·梁惠王上》)

在古希腊政治哲学中，柏拉图和亚里士多德的政治理论是最为卓越的。尽管他们二人在诸多政治问题上的观点存在着很大差异，但他们都把“善”或“至善”作为政治活动、国家生活的最高目标，以及衡量政治行为和人的政治品质的最终标准，政治统治的合法性也是从“善”的理念中获得最终的依据的。如柏拉图所说：“善的理念是最大的知识问题，关于正义等等的知识只有从它演绎出来的才是有用的和有益的。”[①]

柏拉图在《理想国》中把正义作为他的国家学说的核心理念。这使他成为历史上第一位对正义概念进行理论探讨的政治哲学家。在他看来，一个城邦（国家）主要由三个阶层的人构成，即统治者（护国者）、辅助者（保卫者或武士）和农工商人。每种人在城邦中都做最适合他的天性的事情，互不干扰，这是构成城邦的原则。所谓“正义”就在于符合这个原则，即“正义就是只做自己的事而不兼做别人的事”[②]或“正义就是有自己的东西干自己的事情”[③]。城邦的“正义”主要体现为“智慧”“勇敢”和“节制”这三种美德。其中，“智慧”是属于城邦统治者的美德，“勇敢”是属于城邦保卫者的美德，“节制”则是属于城邦中所有人的美德。因此，正义的城邦就应当是“善”的，“这个国家一定是智慧的、勇敢的、节制的和正义的”[④]。

亚里士多德同样把“至善”理解为人们组成城邦所要达到的目的。所以，他在《政治学》一书中，开篇就说：

> 所有城邦都是共同体，所有共同体都是为着某种善而建立的（因为人的一切行为都是为着他们所认为的善），很显然，由于所有的共同体旨在追求某种善，因而，所有共同体中最崇高、最有权威、并且包含了一切其他共同体的共同体，所追求的一

① 柏拉图：《理想国》，郭斌和、张竹明译，商务印书馆1986年版，第260页。
② 柏拉图：《理想国》，郭斌和、张竹明译，商务印书馆1986年版，第154页。
③ 柏拉图：《理想国》，郭斌和、张竹明译，商务印书馆1986年版，第155页。
④ 柏拉图：《理想国》，郭斌和、张竹明译，商务印书馆1986年版，第144页。

定是至善。这种共同体就是所谓的城邦或政治共同体。[①]

而所谓“至善”就是“追求完美的、自足的生活”。既然城邦的最高目的是至善，那么“公正”就是为政的准绳。亚里士多德认为：

> 人一旦趋于完善就是最优良的动物，而一旦脱离了法律和公正就会堕落成最恶劣的动物。……公正是为政的准绳，因为实施公正可以确定是非曲直，而这就是一个政治共同体秩序的基础。[②]

二、近代政治哲学：道德与政治的疏离

在欧洲传统政治学说中，确信“善”与“正义”、道德与政治的直接同一的学说始终占据主流地位。特别是在中世纪，宗教神学和封建王权的强权统治结合，使道德与政治的直接同一采取了“政教合一”的政治形态，即作为“至善”的神是王权或国家权力的全部根据。然而，到了中世纪末期，教权的腐败、王权的专制、教权与王权之间的矛盾以及宫廷内部围绕权力展开的争斗等等，使人们越来越难以看到，也越来越难以相信政治统治的良善本性，并逐渐对“政治根植于道德”这一传统观念产生怀疑。

最先对这一传统政治观念提出挑战的是文艺复兴时期著名政治理论家马基雅维利[③]。他在《君主论》一书中干脆把政治统治与道德本性剥离开来，提出一种“用目的的正当性来说明手段的正当性”的政治原则。在他看来，人是自私的，追求权力、名誉、财富是人的本性，因此人与人之间经常发生激烈斗争，为防止人类无休止的争斗，国家应运而生，颁布刑律，约束邪恶，建立秩序。为了达到

① 亚里士多德：《政治学》，颜一、秦典华译，中国人民大学出版社 2003 年版，第 1 页。

② 亚里士多德：《政治学》，颜一、秦典华译，中国人民大学出版社 2003 年版，第 5 页。

③ 尼可罗·马基雅维利（Niccolo Machiavelli，1469—1527），文艺复兴时期意大利著名的政治思想家和历史学家，主要著作有《君主论》《论蒂托·李维》《佛罗伦萨史》《论战争与艺术》等。

这个目的，君主应当不图虚名，注重实际，只要能够达到目的，无须考虑手段的道德性质。残酷与仁慈、吝啬与慷慨，都要从实际出发，即所谓“明智之君宁蒙吝啬之讥而不求慷慨之誉”。所以他在《君主论》中说，君主“常常不得不背信弃义，不讲仁慈，悖乎人道，违反神道”。当君主认为“如果没有那些恶行，就难以挽救自己的国家的话，那么也就不必因为对这些恶行的责备而感到不安，一些事情看来是恶行，可是如果照着办了却能给他带来安全与福祉”[①]。这就是说，政治统治的正义是用其最终目的和效果来说明的，一切与此无关的道德都应该被抛弃。基于这种观点，马基雅维利明确地把政治学当作一门实践学科，将政治和伦理分开，把国家看作纯粹的权力组织。可以说，他是近代第一个使政治学独立于伦理学的思想家，因而有“资产阶级政治学奠基人”之称。

当然，在近代政治哲学中，马基雅维利的这种比较极端的政治学观点并不多见。多数政治哲学家并不否认政治合法性本身所蕴含的道义原则，这特别体现在近代法学和政治学有关自然法的讨论中。所谓自然法不外是一些最基本的道义原则，如“各有其所有，各偿其所负”（格劳修斯）、“既受他人恩施之惠，就应努力使他不因施惠而自悔”（霍布斯）等。当然，自然法的内容应当是什么，这是一个争议很大的问题，但不管怎样，自然法所涉及的就是一些最基本的道义原则，法律和政治行为如果不符合自然法的要求，就是不合理、不合法的。因为“自然法”本身就被理解为维系社会共同生活的最基本的尺度，没有这些基本要求或不符合这些基本要求，社会生活就建立不起来，即便建起来了也维持不下去。

但问题在于，如何才能使自然法成为共同的生活准则而不致被个人的任意性所破坏？人性中是否具有足以使自然法得到贯彻的道德根基？对于这样的问题，近代思想家则比较普遍地表现出对人的德性能力的不信任，即便不否认道德良善的重要性，但也不把政治

① 马基雅维利：《君主论》，潘汉典译，商务印书馆1985年版，第75页。

正义的实现寄希望于人的道德品性。如英国哲学家霍布斯从人性本恶的基本立场出发，干脆否认了人凭其本性执行自然法的可能性。在他看来，尽管自然法是理性法则，但人的趋利避害的自私本性使人倾向于不愿接受自然法的约束，因此，要使自然法行之有效，就必须依靠具有强制力的政治权力。他说：

> 正义的性质在于遵守有效的信约，而信约的有效性则要在足以强制人们守约的社会权力建立以后才会开始，所有权也就是在这个时候开始。①

按照霍布斯的这一观点，政治的正义与其说是根源于人性的善，不如说是为了防范人性的恶。

稍晚于霍布斯的英国哲学家洛克不同意人性本恶的说法，而是认为人天生就是要过社会生活的，这就决定了最初的“自然状态”应当是一种社会生活的状态，一个自由、平等的状态。在自然状态中，人们根据自己的愿望行动，并受理智的约束，在理性的范围内，其行动服从自然的道德律，这就是“自然法”。洛克还认为，在自然状态中，每个人都有根据自然法来惩罚违反自然法的人的权利和要求犯罪人做出赔偿的权利。这就是所谓自然权利。由此看来，洛克既肯定了自然法是一种道德律，又肯定了个人执行自然法的正当权利，但他同样认为，政治的正义不可能直接从这种自然法和自然权利中产生。因为，尽管在自然状态中，人们的行为是受理性的自然法约束的，但人们的行为却常常是非理性的，这就造成了自然状态的种种缺陷，其中最主要的缺陷是：第一，缺少一种确定的、规定了的、众所周知的法律作为判别是非的标准和裁决纠纷的共同尺度；第二，缺少一个有权依照既定的法律来裁判一切争执的知名的和公正的裁判者；第三，缺少权力来支持正确的判决，使它得到应有的执行。这样，在自然状态下，人们无法解决在理解和执行自然法方

① 霍布斯：《利维坦》，黎思复、黎廷弼译，商务印书馆1985年版，第109页。

面所产生的分歧，这就易于导致战争状态。要避免可能发生的战争状态，就必须走出自然状态，组成公民社会和公民政府，把每个人执行自然法的自然权利交给这样的政府，通过颁布和执行确定的、众所周知的、大家共同接受的法律，来维护自然法和自然赋予每个人的基本权利。他说：

> 虽然他在自然状态中享有那种权利，但这种享有是很不稳定的，有不断受别人侵犯的威胁。既然人们都像他一样有王者的气派，人人同他都是平等的，而大部分人又并不严格遵守公道和正义，他在这种状态中对财产的享有就很不安全、很不稳妥。这就使他愿意放弃一种尽管自由却是充满着恐惧和经常危险的状况；因而他并非毫无理由地设法和甘愿同已经或有意联合起来的其他人们一起加入社会，以互相保护他们的生命、特权和地产，即我根据一般的名称称之为财产的东西。[①]

霍布斯和洛克的上述观点在近代欧洲政治哲学的诸多学派中是很普遍的。近代欧洲正处在由以自然经济为基础的传统社会向以市场经济为基础的现代社会的过渡过程中，而市场经济是以作为市场主体的个人最大限度地追求私人利益为内在驱动力的，这就必然要求个人的私有财产权利得到国家和法律的保护。不管这种私人财产权利被理解为来自人的趋利避害的本性（如霍布斯），还是被理解为来自人的劳动（如洛克），或者被理解为私有财产制度的产物（如卢梭），私人财产权利都是不能被取消的，不能被侵犯的。这也是近代政治思想家竭力予以肯定的自由、平等权利的核心内容。因此，在近代政治思想家看来，要保护私有财产权利，防止相互侵犯，靠人们的善良意志是根本不可能的，必须将私有财产权利以法理的形式确立下来，并使之得到有强制力的国家的保护。因而在近代大多数政治哲学家看来，道德的良善和政治的正义并不是直接同一的，后

① 洛克：《政府论（下篇）》，瞿菊农、叶启芳译，商务印书馆 2005 年版，第 77 页。

者总是在前者不起作用的地方才能发生。在私有财产权利不受侵犯的前提下，人们所能获得的自由只能是法律意义上的自由，即以明确的法律形式确立和维护个人独立、自主、自由地追求私人利益的合法性；平等也只能是法律意义上的平等，即以法理的形式肯定每个人在私有财产方面的平等权利。这样，思想家们在人们角逐私利的行为中难以相信道德意识本身可以产生积极的政治后果，同时又在自由平等的理想之下寻求实现正义的政治途径。

道德与政治之间的这种疏离使政治思想家们越来越倾向于把政治生活或国家政府之类的问题当作独立的研究领域，探讨政治过程、政治生活、政治制度、政治策略的性质及其发展变化的规律。特别是在19世纪后半叶，随着各门社会科学的普遍兴起，政治问题的研究也逐渐被纳入科学研究的轨道。1880年10月，在美国学者J. W. 柏吉斯的倡导下，美国成立了“哥伦比亚大学政治研究所”，开始培养政治学博士，并进行具有学科意义的政治学研究，这标志着作为科学的政治学的诞生。

三、现代政治哲学：为政治正义确立道德依据

当政治学成为独立的社会科学学科以后，政治哲学一度衰落，政治问题的探讨逐渐被纳入实证科学的轨道，从而在很大程度上将道德问题从政治视野中排除出去。更有甚者，受“唯科学主义”思潮的影响，政治学界一度对政治哲学采取漠视的态度，认为政治哲学所关注的价值判断，没有严格的确定性，不可能是真正的科学，因而不值得重视。这种情况几乎延续了一个世纪。应当说，把政治生活作为独立的对象，从“事实”的意义上加以研究的确是非常必要的；但是从政治生活的总体上说，排除道德问题或忽视“价值”维度的思考，又是十分片面的。在现实的政治活动中，事实与价值是不可分离的。即便是政治学家也很难对政治的科学研究采取中立的态度。但对事实的研究和对事实进行价值判断毕竟是两回事，两者不能互相取代。黑格尔在谈到法哲学的性质时指出：

> 在法中人必然会碰到他的理性，所以他也必然要考察法的合理性。这就是我们这门科学的事业，它与仅仅处理矛盾的实定法学殊属不同。[①]

黑格尔的这一思想对于我们理解政治哲学是很有启发性的。政治制度、政治过程、政治关系、政治活动无疑是人类理性活动的领域，因此在政治中我们也必然会遇到我们的理性，从而也必然要考察政治的合理性问题，也就是要依据正义与非正义、是与非、善与恶、平等与不平等、自由与奴役等政治理念对政治是否具有合理性做出价值评判，并探讨这种价值判断的终极性判据。因此我们也可以说，政治哲学就是研究政治理念以及构成政治现实的那些东西是否符合政治理念，从而具有“合理性”。这个问题，应当说，也恰恰是当代国家政治和国际政治的最为重要的问题。政治学和法学在面对社会现实问题时陷入了“困难”，如二战后对纳粹战犯进行的“纽伦堡审判”。审判涉及政治学和法学上一个核心问题，即军人如果是执行那种在形式上“合法的”法律和上级命令，就可以免除其道德上的责任。受审的纳粹战犯于是利用这一点为自己的罪行开脱，他们辩护说：他们没有犯罪，只是忠实地执行了当时的法律和行政命令。如果按照实证主义的法学观点，这些纳粹战犯就不会被定罪了。事实上，纽伦堡法庭在给这些战犯定罪时，诉诸的是一种价值规范，是作为最高的道德律令的“自然法”，比如不得滥杀无辜、不能进行种族灭绝等。

正是出于对政治合理性的思考，出于对政治正义的追求，政治哲学在经历了多年的沉寂后再度复兴。1971 年，美国政治哲学家约翰·罗尔斯[②]出版了《正义论》一书，这标志着现代政治哲学的兴起。在这本书中，罗尔斯开宗明义地指出：

---

① 黑格尔：《法哲学原理》，范杨、张企泰译，商务印书馆 1982 年版，第 15 页。

② 约翰·罗尔斯（John Bordley Rawls，1921—2002），美国著名的政治哲学家、伦理学家。普林斯顿大学哲学博士，哈佛大学教授，主要著作有《正义论》《政治自由主义》《作为公平的正义：正义新论》《万民法》等。

正义是社会制度的首要价值，正像真理是思想体系的首要价值一样。一种理论，无论它多么精致和简洁，只要它不真实，就必须加以拒绝或修正；同样，某些法律和制度，不管它们如何有效率和有条理，只要它们不正义，就必须加以改造或废除。……作为人类活动的首要价值，真理和正义是绝不妥协的。①

同时，他也十分清楚政治的正义与道德能力的关系，因而他说：

我希望强调，正义观只是一种理论，一种有关道德情感（重复一个十八世纪的题目）的理论，它旨在建立指导我们的道德能力，或更确切地说，指导我们的正义感的原则。②

与罗尔斯齐名的当代政治哲学家诺齐克③也明确地指出：

道德哲学为政治哲学提供了基础和边界。人们相互之间可以做什么、不可以做什么的约束，也限制着人们通过一种国家机器可以做的事情，或者为建立这样一种机器可以做的事情。国家的基本强制力量拥有的任何合法性之根源，正是在于可以强制实行的道德禁令。④

《当代政治哲学》的作者金里卡⑤也认为，在道德哲学与政治哲

① 罗尔斯：《正义论》，何怀宏等译，中国社会科学出版社 1988 年版，第 1-2 页。

② 罗尔斯：《正义论》，何怀宏等译，中国社会科学出版社 1988 年版，第 47 页。

③ 罗伯特·诺齐克（Robert Nozick，1938—2002），美国著名的政治哲学家，哈佛大学教授。生于纽约的布鲁克林区，先后毕业于哥伦比亚大学、牛津大学和普林斯顿大学。他对政治哲学、决策论和知识论都做出了重要的贡献，主要著作有《无政府、国家和乌托邦》《哲学解释》《苏格拉底的困惑》等。

④ 罗伯特·诺奇克：《无政府、国家与乌托邦》，何怀宏等译，中国社会科学出版社 1991 年版，第 13-14 页。

⑤ 威尔·金里卡（Will Kymlicka），加拿大著名哲学教授，1984 年获女王大学（Queen's University）哲学和政治学学士学位，1987 年获牛津大学哲学博士学位，现为加拿大女王大学哲学系教授，主要著作有《自由主义、社群与文化》、《当代政治哲学》《多元文化公民权》《少数的权利》等。

学之间有一种根本性的关联，政治哲学关注的焦点是那些使得公共机构的运作具备合法性的道德义务，公共责任和私人责任的内容和界限，都必须诉诸更深刻的道德原则才能确定。他说：

> 对公共责任的任何解释都必须契合更宽广的道德框架：这种道德框架既要能够容纳又要能够说明我们的私人责任。[①]

当代美国著名政治哲学家列奥·施特劳斯[②]则指出，政治哲学就是哲学的一个分支，因而也就是用关于政治事务的性质的知识取代关于政治事务的性质的见解的一种尝试。然而，对于政治领域中的事物，我们不可能不持赞成或反对、选择或排斥、赞美或谴责的态度，所有这些态度都涉及好与坏、善与恶、正义与非正义的判断，而这样的判断是以一定的判断标准为前提的，政治哲学的努力就是要探讨这些标准，以期获得关于这些标准的真正知识。因此，政治哲学本身不可能是中立的，它的目的既在于认识政治事务的本性，也在于认识公正的或好的社会制度。

---

① 金里卡：《当代政治哲学》，刘莘译，上海三联书店 2001 年版，第 11 页。

② 列奥·施特劳斯（Leo Strauss，1899—1973），是出生于德国的犹太人，曾就读于汉堡大学，1921 年获哲学博士学位，1925 年至 1932 年任职于柏林犹太研究学院。1938 年移居美国，1938—1949 年任教于纽约新社会研究院，1949—1968 年任教于芝加哥大学政治学系。施特劳斯是当代著名的政治哲学家，主要著作有《政治哲学史》《自然权利与历史》等。

第五章　审美论：美与生活

在生活世界中，我们不仅求真、求善，还要求美。求美，就是依据人的自由本性探索并确立“美”的最高标准，按照美的尺度来塑造事物，使我们创造出来的东西不仅能够实际地满足我们的需要，而且赏心悦目，能够在我们的心灵中唤起美的感受，使我们愿意接近它、喜爱它。美并不仅仅意味着消遣和娱乐，它同“真”和“善”一样是人的存在方式，是生活世界的本质特征。因而，对美的理论探讨成为哲学不可或缺的组成部分。

第一节　古代哲学中的美学思想

在古希腊哲学中，对美的探讨起于对“美”的理解，即对“美本身”的形而上学追问。这种追问把现实生活中人们的千差万别的美感提升为一种理性的追索。在中国古代哲学中，虽然没有一本专门的美学著作，但中国文化的深厚底蕴却孕育出了极为独特的审美意识和艺术理论。尽管这些思想并不具有古希腊美学思想的思辨性理论特征，但同样贯彻着道德主义的原则和形而上学的追索。

一、古希腊哲学中的美学思想

1. 柏拉图：美的理念与模仿

柏拉图从他的理念论出发，区分了“美的事物”和“美本身”，把“美本身”称之为“美的理念”或“理念美”，使之与“感觉美”

相区别。在《会饮》篇中，他说：

> 美的理念也叫理念美，感觉的美是易灭的，不完善的。……理念的美是永恒的，无始无终，不生不灭、不增不减的。……一切美的都以它为源泉，有了它一切美的事物才成其为美。[①]

这就是说，“美本身”作为理念才是最真实的、永恒的美，而具体事物的美不过是对美的理念的“模仿”或“分有”，它们之间的关系是一和多的关系。由此可见，柏拉图率先把美从经验领域提升到了超验领域，使之具有了本体论的地位。他反复提醒我们，美的事物之所以是美的，就在于它分有了美的理念，因而只有把握美的理念才能真正获得美的知识。为此，他批评那种只知道或只喜爱美的事物，如美的声音、美的色彩、美的形状，而不知道也不喜欢美本身的人，说他们的生活如在梦中。只有那些能够就美本身领会到美本身的人，那些能够分辨美本身和包括美本身在内的许多具体的东西，又不把美本身与含有美的许多个别的东西相互混淆的人，他们的一生才是清醒的。柏拉图的这个看法是很有道理的。生活中总是有那么一些人，由于不知道什么是真正的美，而沉溺于声色犬马之中，美丑不辨，甚或认丑为美。这样的人的确是浑浑噩噩地生活在梦中。然而，柏拉图把美的理念理解为游离于美的事物之外，先于现实世界并派生出现实世界的独立存在，这就再次显示出他的理念论的神秘主义特征。

柏拉图美学思想的另一特征是他把“美”和“正义”看成是同一层级的概念，认为二者都从属于作为最高理念的“善”。他认为，如果不知道什么是“善”就不可能真正知道什么是“正义”和“美”。柏拉图把“美”看成是从属于“善”的，其目的就是想把他对“美”的理解纳入他对理想政治的设计之中，因而他更看重从“秩序”与“和谐”的角度理解美的内涵，认为求美不仅是追寻美的理念，以

① 柏拉图：《文艺对话集》，朱光潜译，人民文学出版社 1963 年版，第 272-273 页。

使自己内心秩序井然，而且要压抑自己的感性欲望，顺从法律规定的秩序。

柏拉图在形而上学的层面上设定了一个美的理念，同时又把美置于善的关照之下，但这并没有使他抬高艺术创作在现实生活中的地位，反而使他表现出对艺术的轻视或贬损。在他看来，艺术就是一种模仿。现实世界中的事物无非是对理念的模仿，而艺术作品则是对现实事物的模仿，即对模仿的模仿，因而同真正的真理即理念隔了两层。

柏拉图对于艺术的贬斥从根本上说来源于对善的追求，更来源于对他的理想的政治秩序的维护，因而他关于美的理论具有道德主义倾向，将和谐、规则、秩序看作是美的基本特征。为此，他根据理想国的要求对艺术进行削足适履的处理，即艺术必须有利于政治秩序的建构，艺术的好坏也必须从政治标准来衡量。他认为那些表现人性的萎靡、软弱、胆怯、淫欲、恐惧、自私的艺术作品对青年人有极大的腐蚀性，因而力主将这样的作品连同作者一并逐出理想国的设计方案。柏拉图的这一思想固然提醒我们注重艺术的社会责任，但我们也应当看到，他把艺术完全意识形态化，否认了艺术的多样性及其独立价值。

2. 亚里士多德：模仿与陶冶

美的特质是什么？如果从美感的角度来说，美无疑是感性的，因为我们总是从对美的事物的感性直观中获得美的感受。但是如果从美的概念来说，美的问题又不折不扣地是一个哲学问题，因为一旦我们去追问“美本身”是什么时，就必然进入理性思索的范围。于是问题产生了：一个感性的存在能否被理性的思维所把握？如果可以，那么该如何把握？亚里士多德以他独特的方式对这两个问题给予了回应。

亚里士多德没有写过专门的美学著作，对于“美本身”也很少有一般性的论述。但他对戏剧（悲剧）和诗学所做的研究却包含了他丰富的美学思想。亚里士多德的美学思想可以说是对柏拉图美学思想的批判继承。他也认为“美的主要形式是秩序、匀称和明确”①，但他并不像柏拉图那样，把“美在秩序”或“美在和谐”过分地嫁接到政治秩序之中，而是强调“美本身”的独立价值。他也接受了柏拉图的“模仿说”，认为艺术家的作品就是对事物的模仿，但他对这个“模仿说”却做出了十分积极的解释。他认为，艺术作品不会因为是一种模仿就与真理隔了两层，模仿中包含着人们对模仿对象的知识，他说：

> 人从孩提的时候起就有摹仿的本能(人和禽兽的分别之一，就在于人最善于摹仿，他们最初的知识就是从摹仿得来的)，人对摹仿的作品总是感到快感。经验证明了这样一点：事物本身看上去尽管引起痛感，但惟妙惟肖的图像却能引起我们的快感，例如尸首或最可鄙的动物形象。……我们看见那些图像所以感到快感，就因为我们一面在看，一面在求知，断定每一事物是某一事物，比方说，“这就是那个事物”。②

因此，艺术也是一种知识，艺术的模仿不仅能够展现被模仿的对象，而且还有可能洞察到其中所蕴涵的真理。所以，他在《诗学》中这样说：

> 诗人的职责不在于描述已发生的事，而在于描述可能发生的事，即按照可然律或必然律可能发生的事。③

基于这个理解，亚里士多德赋予艺术以崇高的真理价值，认为诗学和哲学实际上同归一途，即达到对普遍性知识的把握。因而他说：

> 写诗这种活动比写历史更富于哲学意味，更被严肃地对待；

---

① 亚里士多德：《形而上学》，吴寿彭译，商务印书馆1959年版，第265-266页。

② 亚里士多德：《诗学》，罗念生译，人民文学出版社2002年版，第10页。

③ 亚里士多德：《诗学》，罗念生译，人民文学出版社2002年版，第24页。

因为诗所描述的事带有普遍性，历史则叙述个别的事。[①]

亚里士多德同样注重艺术的道德功能，他在悲剧理论中提出了著名的“陶冶说”或“净化说”（κάθαρσις）[②]。例如，关于悲剧，亚里士多德认为，悲剧激发了人的怜悯和恐惧，而怜悯与恐惧既是一种痛苦的情绪，同时又是一种特别的快感，因为它们与观众无关而又极易在观众的身上发生。观众在感到幸运的同时又担心自己的现实处境。悲剧正是通过这种快感来净化人的心灵，“把人引到最高尚的方向”。

二、中国古代文化中的美学思想

1. 儒家美学思想：美与德性的融通

同古希腊哲学中的美学思想一样，中国古代文化中的美学思想也起始于对善的探讨，追求美与善的统一，并把人们对美的理解融合到对理想人格和政治秩序的追求中。其中最典型的就是高度注重道德修养的儒家学说。孔子在《论语》中讲到“美”总是同“德”或“善”联系在一起。如《论语·尧曰》：

> 子张问于孔子曰：“何如，斯可以从政矣？”
>
> 子曰：“尊五美，屏四恶，斯可以从政矣。”
>
> 子张曰：“何谓五美？”
>
> 子曰：“君子惠而不费，劳而不怨，欲而不贪，泰而不骄，威而不猛。”
>
> ……

① 亚里士多德：《诗学》，罗念生译，人民文学出版社 2002 年版，第 24–25 页。

② “净化”一词的英译是“catharsis”（导泄法），英国美学家鲍桑奎将其解释为“得到宣泄而减缓下来”，认为这一功能有治疗和教化的作用。悲剧可能会激发观众的某些情感，所看到的恐惧与罪恶虽然可能导致观众一时的恐怖与哭泣，但在激情耗尽的时候，也就是心灵归于平静的时候，随后反而在情感的释放当中感到舒畅和澄明。

子张曰："何谓四恶？"

子曰："不教而杀谓之虐；不戒视成谓之暴；慢令致期谓之贼；犹之与人也，出纳之吝，谓之有司。"

"五美"即"五德"，"四恶"亦"四丑"。在孔子甚至在整个儒家那里，美与丑的分辨就是以善恶为标准的，因而重在人格精神的培养。孔子关于人格美的思想，在孟子那里得到了充分的发挥。孟子[1]确信人在其本性上是善的，问题只在于注重人格的自我培养，如能自觉地发挥自己的善良本性，就能够通人性和天性，从而培养出"至大至刚"并"塞于天地之间"的"浩然之气"。人性为此气所充实，就是一种最高的善，也是一种最高的美。如《孟子·尽心下》中说：

浩生不害问曰："乐正子何人也？"孟子曰："善人也，信人也。""何谓善？何谓信？"曰："可欲之谓善，有诸己之谓信，充实之谓美，充实而有光辉之谓大，大而化之之谓圣，圣而不可知之之谓神。乐正子，二之中、四之下也。"

由此，孟子在人格精神的质朴之美之上又加上了"充实之美"或"充盈之美"。

孔孟的美学思想如同他们的道德学说一样，具有明显的排斥功利和欲望的特征，因而并不关注人们在其感性生活中所获得的美感。这使他们的道德主义审美意识始终带有一种超凡脱俗的神秘主义色彩。

2. 道家的美学思想：与道同行的逍遥

道家学说中的美学思想很少有儒家那样的道德说教，却更具一

① 孟子（前372—前289），名轲，字子舆，战国时期邹国人，中国先秦时期著名的哲学家、教育家和政治家，他创造性地发挥了孔子创立的儒家学说，被称为"亚圣"（仅次于孔子），主要著作有《孟子》（七篇十四卷）。

种形而上学的味道，这与儒家学说的美学思想迥然不同。老子[①]对道的界说原本就有一种空寂、深沉、庄重的美感，他说：

> 有物混成，先天地生。寂兮寥兮，独立而不改，周行而不殆，可以为天下母。吾不知其名，字之曰道，强为之名曰大。（《道德经·二十五章》）

同时，“道”也有一种“模糊之美”，如：

> 道之为物，惟恍惟惚。惚兮恍兮，其中有象。恍兮惚兮，其中有物。窈兮冥兮，其中有精。其精甚真，其中有信。（《道德经·二十一章》）

在老子看来，道无所不在，是万物之本原，万理之根据。它创生万物而不求名利，它抚养万物而不主宰万物。这样的道，常人很难理解。但道能做出这一切又无非出自纯粹的“自然”，无须强求。做人的道理也是一样的。人归根到底也是依道而生，因而最好的处世策略就是遵从自然、效仿自然，而不用那些外在的、人为的东西来强求自己。

用老子的眼光看，与道相比，世间一切人为的东西都没有值得尊重的价值，非但没有，而且背离了道，就成为遗祸无穷的东西。如“五色”可以悦人耳目，但过分使用，就会“令人目盲”；“五音”可以悦耳，但用到极致时，就会“令人耳聋”。（参见《道德经·十二章》）同样，儒家所倡导的那一套仁义礼智的说教也是人为的、违反自然的东西。因此要“绝圣弃智”“绝仁弃义”“绝巧弃利”，做到“见素抱朴，少私寡欲”，从而“返朴归真”，达到与道同行。（参见《道德经·十九章》）这可以说是对“质朴之美”的另一种解释。

---

① 老子（前571—前471），名李耳，字聃，先秦时期楚国苦县历乡曲仁里（今河南鹿邑县太清宫镇）人，我国古代伟大的哲学家，道家学说的创始人，著有《道德经》（又称《老子》）一书。

庄子[1]把道家学说大大地向前推进了，并从中开发出独具特色的美学思想。他同样认为道是无所不在的："有情有信，无为无形；可传而不可受，可得而不可见。"(《庄子·大宗师》)万物依道而生，各有其天性，不可用人为的东西加以扭曲。从这个观点看，儒家的仁义说教其实也不过是扰乱人性的东西。(《庄子·天道》)

从道的观点看，人世间的是非、善恶、贵贱、富祸乃至生死，并没有绝对的、固定不变的标准，追求这些标准反而是自寻烦恼。美丑也是如此。如在《齐物论》中，庄子问道：

> 毛嫱、丽姬，人之所美，鱼见之深入，鸟见之高飞，麋鹿见之决骤，四者孰知天下之正色哉？(《庄子·齐物论》)

所以，美与丑之间并没有泾渭分明的界线，一切都是相对的、有条件的。人在其生活中，不应争是非、比贵贱、分美丑、论高下，而应适其本性而生存，求得一"逍遥"。例如，大鹏"徙于南冥"，鸠鸟"枪于榆枋"，大鹏有大鹏的志向，鸠鸟有鸠鸟的情趣，二者并无美丑贵贱之分。正如西晋哲人注《庄子·逍遥游》时所说："苟足于其性，则虽大鹏无以自贵于小鸟，小鸟无羡于天池，而荣愿余矣。故大小虽殊，逍遥一也。"(郭象《庄子注》)

"逍遥"，这是庄子所倡导的一种无待的、脱却万物负累的精神自由，也是一种伟大的艺术精神。它可以体现为一种将世间杂烦置之度外的闲情逸致，也可以体现为一种天人相和的宏大境界，即"乘云气，骑日月，而游乎四海之外，死生无变于己，而况利害之端乎？"(《庄子·齐物论》)庄子的这种自由的艺术精神深刻地影响了中国传统的艺术理论和实践。

---

① 庄子(前369—前286)，名周，字子休，先秦时期宋国蒙(战国蒙地在何处多有争议，一说河南商丘市民权县，另说安徽蒙城县)人，我国古代伟大的哲学家和文学家，道家学说的主要创始人之一。著有名篇《逍遥游》《齐物论》等。

第二节　美学理论的产生与发展

虽然对美的研究早已出现了，但在古代社会中，这个研究始终同哲学和文学艺术交融在一起，而不是一门专门的学问。美学作为一个独立的学科或哲学的一个独立的分支诞生于欧洲的启蒙时期。它是当时艺术实践对理论的迫切需求的产物。美学作为“学”，不同于一般意义上的艺术理论，它既不是对具体的艺术问题的分析，也不是对各种艺术类型做分类探究，而是要对“美本身”进行深入的哲学探讨。

一、美学的诞生

1. 鲍姆加通对美学的理论定位

鲍姆加通是德国理性主义哲学家沃尔夫的学生。他经过多年的理论思索，在1750年正式出版了《美学》（第一卷）。他把“美学”称之为“Aesthētica”（拉丁文，英译为Aesthetics），即“感性学”。我们知道，人的精神活动大致分为知、情、意三个方面。传统的哲学和逻辑学研究人的理性知识（知），传统的伦理学研究人的道德意志（意），而唯独没有一门专门的学问来研究“情”，即人的感性生活。这不能不说是一种严重的缺憾。

在鲍姆加通看来，人的感性存在并不像以前的哲学家所认为的那样，仅仅是一些混乱的、不值一提的东西，而必须予以积极的、理性的对待。在他之前，莱布尼茨把认识分为模糊的（obscura）和明晰的（clara）两种，而在明晰的认识里，又包含明确的（distincta）和混成的（confusa）认识。在这里，所谓混成的认识，“是指在严格的逻辑分辨界限以下的表象的总和”，即一种基于感性的认识。这种认识虽然未经逻辑分辨，往往难以言说，却能呈现出生动的图像，从而同样具有鲜明性和明晰性。它既不同于逻辑认识，也不同于宗教和道德感悟。鲍姆加通发挥了这个思想。他认为这种混成的认识与理性认识一样，有着明确的认识目的，即达到对感性的完满性的认识。这种完满性就是“美”。这种完善不仅与外在形式的匀称、比例相关，也与内在的精神形式相关。

这样，鲍姆加通为美学开辟了一个独立的研究领域。按照他的理解，美学具有双重性质，它一方面是一种探讨感性活动的认识论，另一方面又是指导艺术的哲学理论。鲍姆加通主张，美学首先是一种自由艺术的理论，它“对各门艺术有如北斗星”，从而成为一般性的指导艺术的哲学理论；其次，美学作为一种探讨感性认识和“情感的逻辑”的认识论，它使感性认识（美学）因此获得了与理性认识（哲学）平等的地位。同时，美学还是一种美的思维的艺术，它的任务是指导人们“以美的方式进行思维”。总之，鲍姆加通不但提出了建构美学的独立学科的要求，而且为我们初步地勾勒出这门学科的大致轮廓，从而使美学具有了严谨的理论形态。

2. 判断力批判：康德的美学理论

鲍姆加通开创了美学，但真正使美学理论臻于完善的则是德国哲学家康德。康德的哲学被称为“批判哲学”，是因为它对人的能力进行了批判性的考察。康德认为人的心灵有三种能力：认识能力、快乐和不快的感觉、欲望能力。相应地，他的批判哲学包含三个部分：纯粹理性批判——探讨认识能力、判断力批判——探讨快乐和不快的感觉、实践理性批判——探讨欲望能力。显然，这三个部分也大致相当于“真”“善”“美”三个方面。康德的美学理论集中体现在他的判断力批判中，其目的就是要为这种审美能力找到先天原则。

康德美学思想的一个基本特征，就是将“美”纳入严格的逻辑构架中加以界定，即根据判断的逻辑功能来寻找审美能力的先天原则。其做法是根据逻辑范畴表中的质、量、关系、样式四类范畴来界定美或美感，即所谓“审美判断四契机”，具体如下。

第一，从质上看，美感是“一种无利害的和自由的愉悦”或“无利害的快感”（disinterested pleasure）。[①]所谓的无利害就是这种美感所引发的愉悦与任何欲望无关。也就是说，审美判断不涉及利害关系的快感，它只关注对象的形式，而与对象的内容无关，是纯粹的、超功利的。例如，美物、美人只因其存在形式而引起我们的快感，这就是美感，由此得出的判断就是审美判断。如果一见美物、美人，就想占有它（她）们，或把它（她）们同某种实用的、功利的目的联系起来，美感就被破坏掉了。

第二，从量上看，美具有普遍性，但美的普遍性不是来自概念，而是来自人们共同的“心意状态”，正如我们常说：爱美之心，人皆有之。因此这种普遍性是一种主观的量，离不开审美主体的存在。美感的这种“主观的普遍性”是审美判断所特有的一种存在方式。人们也总是试图把对美的判断表述为一种普遍性的命题。例如当人们说“这朵花是美的”的时候，人们就有意将这一命题看成是与“这朵花是红的”属于同一类的判断。

第三，从关系上说，美的事物的特质就在于它具有一种“无目的的合目的性”。就是说，审美判断没有明确的目的，但却有合目的性。因为审美活动是人的想象力和知性的自由协调，它不指向特定的目的，但审美对象的形式却适合于想象力和知性的自由和谐的活动，从而具有合目的性。“一朵花，例如一朵郁金香，将被视为美，因为在知觉它的中间具有一定的合目的性，而当我们判定这合目的性时，却不能指出任何目的。”[②]

第四，从样式来看，“美是那没有概念而被认作一个必然愉悦的对象的东西”。审美对象产生的愉快是必然的，但这种必然性不是来自概念，而是来自人与人之间的“共通感”，具有一种“普遍可传达性”。这种“共通感”通过人的情感普遍有效地规定着何物令

① 康德：《判断力批判》，邓晓芒译，人民出版社 2004 年版，第 45 页。

② 转引自鲍桑奎：《美学史》，张今译，商务印书馆 1995 年版，第 343-344 页。

人愉快，何物令人不愉快。因此，这种“共同感”也正是美感所具有的先天原则。

在《判断力批判》中，康德还为美学理论确定了一些最基本的重要范畴，如“自由美”——一种“不以任何有关对象应当是什么的概念为前提”的纯粹美，或单纯由于事物的形态或形式所引起的快感，“依存美”——一种以一个目的概念为前提的理想的美。康德对于“壮美（崇高）”和“优美”的分析是尤其令人称道的。他说：“壮美感动着人，优美摄引着人。”壮美和优美都能在人的心灵中引起快感，优美是想象力与知性的结合，涉及有限对象的形式，因而是直接的、有界限的；而壮美则是想象力与理性的结合，是由那种没有确定界限的和无形式的东西产生的，它追求的是一种完全的整体，一种绝对的“大”。因此，壮美（崇高）所带来的愉快是间接的，是克服了痛感、危险和恐惧之后，显示出人的精神力量的伟大和人作为道德主体的那种尊严。

二、西方近现代美学理论

鲍姆加通、康德开辟了美学的园地，他们的思想也深刻地启发了后代哲学家，并把他们吸引到这个园地中，使这个刚刚开发出来的园地很快成为学术繁荣的领域。

1. 黑格尔：美是理念的感性显现

作为客观唯心主义哲学家，黑格尔认为世界的本原是客观存在着的“绝对理念”，整个世界不外是绝对理念的自我发展、自我认识和自我实现的过程。这个过程经历了逻辑学—自然哲学—精神哲学三个阶段。在精神哲学阶段，绝对理念又经历了从主观精神（个人意识）到客观精神（法、道德、伦理）再到绝对精神的过程。而绝对精神又依次以三种形式自我显现出来，这就是艺术、宗教和哲学。其中，艺术以感性的、直观的形式体现绝对精神，宗教以想象的、象征的形式体现绝对精神，而哲学则以思维的、概念的形式体现绝对精神。黑格尔的美学理论就是绝对精神的艺术阶段。

从这个体系的架构上可以看出，黑格尔的美学思想体现出一种彻底的理性主义精神，其特点是把理念视为“美”的真正本质。所以他的美学思想的基本命题是：美就是理念的感性显现。他说：

> 真，就它是真来说，也存在着。当真在它的这种外在存在中直接呈现于意识，而且它的概念直接和它的外在现象处于统一体时，理念就不仅是真的，而且是美的了。美因此可以这样下定义：美就是理念的感性显现。[①]

所谓“感性显现”就是指不依靠抽象思维而直接呈现于感官的具体形象，也就是形式。任何艺术作品都必须塑造感人的艺术形象，否则就不是艺术，但是艺术作品只有体现了理念也就是真理的时候，才是深刻的、美的作品。

黑格尔十分注重艺术活动对实现人的自由的作用。他认为，人的自由理性首先要把内在世界和外在世界作为对象展现在心灵的意识面前，以便从这些对象中认识和观照自己，也就是用感性的形式表现自身。因此美是感性形式与理念的统一，它借助于感性的形式，却又超越了一切感性的对象，体现着人的自由和精神的无限，具有使人“解放的性质”，是人在实践中对自由的较高阶段目标的不懈追求。不过，黑格尔从理性主义立场出发，不太看重自然美，虽然他不否认自然美的存在，但认为自然显现理念是不充分、不完善的，只有艺术才是心灵的产物，因而艺术美高于自然美，美学应当以艺术美为主要对象。为此，他认为美学应当被确切地定义为“艺术哲学”。

2. 马克思的实践论美学思想：劳动创造了美

19 世纪 40 年代，马克思立足于人的“感性活动”即实践，创立了实践的唯物主义，即历史唯物主义理论。该理论不仅探究和阐释

① 黑格尔：《美学》第 1 卷，朱光潜译，商务印书馆 1979 年版，第 142 页。

了社会生活的实践本质以及人类社会发展的历史过程和历史规律，同时也批判吸收了传统美学理论的优秀成果，形成了一种基于实践的美学理论。

马克思美学思想的核心就是“劳动创造了美”。马克思认为人和动物的根本区别就在于人的生命活动是有意识、有目的的自觉活动，即劳动。人的劳动能够在把握自然物的客观属性和规律的基础上，改变自然物自在的存在形式，赋予它们新的存在形式，使之按人的需要、目的和设想发生变化。这样，被人的劳动所改造过的自然就体现着人的意志和目的，打上了人的意志的印记，成为“人化的自然”。因此，人的劳动不仅是自觉的活动，而且是可以打破自然物既定形态限制的自由的活动。自觉性和自由性是人类劳动的基本特性，从而也是人的基本特征。因此，马克思说：“自由的有意识的活动恰恰就是人的类特性。”[①]

美和美感就产生于劳动过程。劳动是人的观念的对象化，体现着人的意志、智慧、目的、理想，体现着人的本质力量，而通过劳动产生的“对象化世界”或“人化自然”则是人的本质力量的确证。人们在对象化的世界中，在享受自己的创造物的过程中，看到了或体验到了自己的自由自觉的本性，从而产生了美感。因此，可以说“美”就是人的自由自觉的本性在对象化世界中的体现。只有通过劳动，才能使人的理念得以在感性形式中显现，才能使自然的形式成为自由的形式，才能真正达到合规律性与合目的性的统一。因此，美既不是先验的理念，也不是客观事物固有的属性，而是人的劳动创造出来的、体现在对象化世界中的人性。

劳动创造了美，因而无论是审美对象还是审美主体都是在劳动中产生的。首先，从审美对象上来看，马克思说：

> 动物的产品直接属于它的肉体，而人则自由地面对自己的

① 《马克思恩格斯全集》第3卷，人民出版社2002年版，第273页。

> 产品。动物只是按照它所属的那个种的尺度和需要来构造，而人懂得按照任何一个种的尺度来进行生产，并且懂得处处都把内在的尺度运用于对象；因此，人也按照美的规律来构造。[①]

显然，马克思讲的“按照美的规律来构造”，就是说，美是人的内在固有的尺度。也就是说，人在创造产品的劳动中，不仅按照物的尺度创造出对人有用的物品，而且还追求美的形式、美的节奏、美的韵律，使劳动的过程和产品能够引起人们的愉快、舒畅的感受，从而创造出美的产品。

其次，从审美主体上来看，人类审美的生理结构和心理结构也是在劳动中发展起来的。由于劳动过程本身追求按美的规律来塑造事物，因而人的感受器官和精神活动也就会在劳动中不断强化对美的色彩、形态、音律、线条等等的理解和感受，从而使人的审美能力不断地增长，日益全面。如马克思所说：

> 只是由于人的本质客观地展开的丰富性，主体的、人的感性的丰富性，如有音乐感的耳朵，能感受形式美的眼睛，总之，那些能成为人的享受的感觉，即确证自己是人的本质力量的感觉，才一部分发展起来，一部分产生出来。[②]

从马克思的这些基本观念出发，我们可以说，美就是人的实践本质的感性显现，或者说是人的自由本质的感性显现。

3. 李普斯的“移情说”和布洛的“距离说”

李普斯[③]是德国著名美学家，他创立了西方美学中的“移情说”（Einfuhlund，empathy）。他认为，美的价值是一种客观化的自我

---

① 《马克思恩格斯全集》第3卷，人民出版社2002年版，第274页。

② 《马克思恩格斯全集》第3卷，人民出版社2002年版，第305页。

③ 特奥多尔·李普斯（Theodor Lipps，1851—1914），德国心理学家、哲学家、美学家，主要著作为《空间美学》。

价值感，移情是审美欣赏的基本前提。他把移情区分为四种类型：第一，一般的统觉移情，给普通对象的形式以生命，使线条转化成一种运动或伸延；第二，经验的或自然的移情，使自然对象拟人化，如风在咆哮、树叶在低语；第三，氛围移情，使色彩富于性格特征，使音乐富于表现力；第四，生物感性表现的移情，把人们的外貌作为他们内心生命的表征，使人的音容笑貌充满意蕴。他指出：审美的享受不是对于对象的享用，而是自我享受，是在自身之内体验到的直接价值感。这种审美体验产生于自我，并与被感知到的形象相吻合。所以，它既不是自我本身，也不是对象本身，而是自我体验到的对象形象，形象与自我是互相交融、互相渗透的。在这里，享受的自我与观赏的对象是同一的，这是移情现象的基础。

与李普斯的“移情说”相媲美的，还有19世纪末瑞士心理学美学的代表人物布洛[1]提出的“心理距离说”。布洛所说的“心理距离”不是空间距离，也不是时间距离，而是主体超脱了或抑制了与客体之间的功利关系、利害关系所产生的对客体的一种感受，这种感受使我们在心理上同对象保持一定的距离，使它成为审美对象。布洛认为，心理距离是一种艺术要素，正是由于心理距离的介入使人进入了艺术状态，对事物采取艺术态度。同时，心理距离又是一种审美原则，“距离还进一步区分为什么叫做美的，什么仅仅是可人的，提供了最需要的判别标准”[2]。也就是说，唯有介入心理距离，对象才美，否则就是丑。

布洛认为，心理距离并不是说在主客体之间建立起一种非人情的理性关系，它所描述的就是人情的关系，不过它是经过过滤的，超出了人情关系的实际具体性，但保持着人情关系的本来结构。这

---

① 爱德华·布洛（Edward Bullough，1880—1934），瑞士心理学家、语言学家。1902 年任英国剑桥大学教授，主讲意大利文学，通晓包括汉语在内的六种语言。1912 年于英国《心理学杂志》第 5 卷第 2 期发表《作为艺术因素与审美原则的“心理距离说”》一文，提出“心理距离说”。

② 布洛：《作为艺术因素与审美原则的“心理距离说”》，牛耕译，《美学译文》，中国社会科学出版社 1982 年版，第 96 页。

就是人们在欣赏戏剧时所常有的意识，一方面肯定剧情的真实内容，另一方面意识到这是在演戏，并不是“真”的。艺术家的创作只有塑造出高度个性化的经验才能产生最大的艺术效果，但同时他又必须与他的纯个人的经验分离开来。这个尺度是很难把握的，但这也正是艺术家不同于常人的地方。因而他说：

> 距离标志着它是艺术创作过程的各个最主要的环节之一，而且是借以判评常被人笼统称之为“艺术气质”因素的一种特征。①

最好的作品是心理距离最大限度地缩小但又不至消失的距离，这就是所谓“距离极限”。艺术家就是在保持距离极限方面表现才能，而常人通常会把距离丧失掉，这就是平常人为什么不能把他的切身感受传达给他人的原因。

4. 海德格尔的“真理显现说”

海德格尔是20世纪最有影响力的德国哲学家之一。他的名著《存在与时间》标志着他的“基础存在论”哲学的诞生。20世纪30年代以后，海德格尔的哲学研究开始深入到美学，或者说深入到艺术哲学中，并通过对艺术本质的探讨，进一步发挥他的存在论理论。

海德格尔的美学思想的核心内容是认为“艺术本质是真理在作品中的自行置入”，也就是说，真理显现在作品中，并驻扎在作品中，艺术作品是真理的住所。他说：

> 如果真理自行置入作品中，真理便显现于其中，作为在作品中的真理的存在的显现就是美，这里美的显现，即审美并不是不计功利的快感，它既不可以用主观标准也不能用客观标准

---

① 布洛：《作为艺术因素与审美原则的“心理距离说”》，牛耕译，《美学译文》，中国社会科学出版社 1982 年版，第 96 页。

加以衡量。[①]

海德格尔所说的真理，并不是通常所说的主观符合客观的知识，他反对这个看法。他认为，“真理”一词的本来意思是指“去除隐匿性”，即通过揭示，让“存在”“呈显”出来，或者说真理是一种“澄明”。海德格尔在他的存在论中，把“存在”和“存在者”区分开，认为存在者是存在着的各种具体事物，而“存在”本身则是使存在者成为存在者的那种本真的东西。存在本身体现在存在者身上，但同时也被存在者所遮蔽，因而真理就是让“存在”从这种遮蔽中显现出来。那么，什么东西可以显现真理呢？海德格尔认为科学起不到这个作用，因为科学只能把握具体的存在者，而不能把握存在本身，只有“艺术”才是使“真理”呈现出来的最好方式。虽然艺术品也是一种具体的存在者，但在这种存在者中却显化着真理，并一直保留真理的显化。

5. 维特根斯坦：美没有共同的本质

活跃于20世纪前半叶的德国著名哲学家、西方分析哲学的创始人之一维特根斯坦从分析哲学出发阐述的美学思想可谓独树一帜。维特根斯坦是在他讲授的一些美学课程中阐述他的美学思想的。这些课程的讲稿后来被汇集成《美学讲演录》一书。

维特根斯坦的美学思想贯彻着他的分析哲学或语言哲学的立场和方法。传统美学总是要问“美是什么”这样一个问题，而维特根斯坦的分析美学劈头要问的是“‘美是什么’属于哪一类命题”。命题是对世界的陈述，是世界的图像，因而命题必须具有可证实性。但美的理念、美本身等命题都是属于不可证实的形而上学命题，因而是没有意义的。由此，维特根斯坦认为“美的本质是什么”的问题是一个假问题，美学整个地被误解了。因为当人们说某一事物是美的时，是把“美”当作形容词来用，但在对语言的理解中，人们

① 转引自《西方著名美学家评传》下卷，安徽教育出版社1991年版，第405页。

却误把对事物的形容看成是事物的属性，甚至认为美是某种独立存在的东西，从而追寻起美的本质来了。维特根斯坦指出，有关的美的本质的探讨，主要是解决审美对象的共性问题。我们说一朵花是美的，一条鱼是美的，一个人是美的，一首乐曲是美的，因而就以为一定有一个共同的关于美的规定性。维特根斯坦认为，这是因为美本来就没有什么共同的本质，美的共同性其实只是一种“家族相似”，即不同现象的不同特征彼此以多种方式相互关联。所有美的事物被称为美的事物，不是因为它们有一个共同的美的本质，而是说它们具有开放性的家族相似性。

三、中国近现代美学理论

在中国，美学理论作为哲学的一个分支，既是19世纪末至20世纪初西学东渐的产物，又是中西文化交汇与融合的成果。日本近代著名思想家中江兆民第一次将西方的“aesthetics”译为“美学”，后经过近代中国思想家们的介绍和传播，被中国思想界和文化界广泛接受。中国美学理论既受西方美学理论的深刻影响，同时又饱含华夏文明的积极因素。

1. 王国维的美学思想

王国维[①]是中国近代美学的开创者之一。哲学上他信奉康德和叔本华的学说，其世界观和人生观带有明显的唯意志论和悲观主义色彩。他把康德和叔本华等西方近代美学观点与中国传统美学思想结合起来，运用在研究中国古典小说、诗词和戏曲方面，卓有贡献，其主要著作有《〈红楼梦〉评论》《人间词话》《宋元戏曲考》等。他的美学思想由游戏说、天才说、古雅说、意境说构成，意境说是

① 王国维（1877—1927），字伯隅、静安，号观堂、永观，汉族，浙江海宁盐官镇人。清末秀才。他在文学、美学、史学、哲学、古文字学、考古学等各方面成就卓著，是我国近现代的学术大师。

其精华。这几部分都贯穿一个根本观点：美和文学艺术是超越利害的。

王国维的游戏说来自康德的超功利说和席勒的游戏说，他称："美之性质，一言以蔽之曰：可爱玩而不可利用者是也。"[①]即美不具有物质利害性质，文学艺术和审美不是"道德政治之手段"。文学就是一种游戏的事业。"人之努力，用于生存竞争而有余，于是发而为游戏。"王国维接受了叔本华的观点，认为艺术的根本作用在于解脱人生苦痛：

> 美术之务，在描写人生之苦痛与其解脱之道，而使吾侪冯生之徒于此桎梏世界中，离此生活之欲之争斗而得其暂时之平和，此一切美术之目的也。[②]

尤其作为"美术之顶点"的悲剧，其解脱的意义更大。总之，他把康德、席勒、叔本华等人的观点集中在一起，认为美超越利害，根源是游戏冲动，目的是解脱。

此外，王国维还接受了康德关于艺术都是天才之作的观点，认为文学是天才的游戏事业，而天才是"旷世而不一遇"的。同时他又提出古雅说以补充康德的天才说。所谓"古雅"，指的是和自然美不同的艺术美。前者是"第一形式"，后者则是"第二形式"，但第一形式的美即自然形式的美必须通过第二形式的美即"古雅"方能在艺术上得到表现和完成。而且，本来不美的第一形式还可以通过第二形式取得美的价值。王国维的古雅说肯定了艺术形式所具有的美的价值，并且认为这种美的创造不完全依赖于天才，也可以通过后天的努力学习和修养而达到。古雅与优美、宏壮，虽有如上的区别，但其根本性质——超功利，又是完全一致的。

王国维的"意境说"概括了诗词、小说以至戏曲艺术创作和欣赏的审美经验。所谓的"境"是对"自然人生之事实"的客观描写，

---

① 《王国维文集》第3卷，中国文史出版社1997年版，第31页。

② 《王国维文集》第1卷，中国文史出版社1997年版，第9页。

“意”是对这种“事实”的主观态度，所以意境是主客观的统一，而崇尚自然和真实，反对矫揉造作则是意境创造的根本要求。意境不仅指景物，喜、怒、哀、乐也是人心中的一种境界，所以能够写“真景物真感情”者，谓之有境界。

2. 宗白华的美学思想

宗白华[①]的美学思想，不仅是他的理论研究成果，更是他审美体验的结晶，是哲理与情感的有机结合。他的主要美学著作有《美学散步》《美学与境界》等。《美学散步》几乎是宗白华一生美学论文的结集。文集中的文章，最早写于 1920 年，最晚作于 1979 年。他没有构建什么美学体系，只是教我们如何欣赏艺术作品，教我们如何建立一种审美的态度，直至形成艺术的人格，而这正是中国艺术美的精神所在。

宗白华是中国美学思想的大师，他崇尚生命艺术化，将古典美学精神与近代欧洲审美主义融贯起来，以艺术美为宇宙美、人生美的出发点。宗白华阐发意境为介乎功利境界和伦理境界之间，用他的话说：

> 功利境界主于利，伦理境界主于爱，政治境界主于权，学术境界主于真，宗教境界主于神。但介乎后二者的中间，以宇宙人生的具体为对象，赏玩它的色相、秩序、节奏、和谐，借以窥见自我的最深心灵的反映；化实景而为虚境，创形象以为象征，使人类最高的心灵具体化、肉身化，这就是“艺术境界”。

---

① 宗白华（1897—1986），字伯华，祖籍为江苏常熟虞山镇。在安庆长至 8 岁后到南京上小学，1916 年 8 月受聘上海《时事新报》副刊《学灯》，任编辑、主编。1920 年赴德国留学，在法兰克福大学、柏林大学学习哲学、美学等课程。1925 年回国后在南京、北京等地大学任教。曾任中华美学学会顾问和中国哲学学会理事。宗白华是我国现代美学的先行者和开拓者，被誉为“融贯中西艺术理论的一代美学大师”，著有美学论文集《美学散步》等。

艺术境界主于美。[①]

宗白华把中国艺术精神的重要特色之一归结为“充实”与“空灵”、有限与无限的统一。他认为，“空灵”和“充实”是艺术精神的两元。在对“充实”的阐述中，他认为“充实”和歌德的进取精神有某种相通的地方；其对“空灵”的阐述，包含着对艺术特征的深刻理解，并对歌德所描绘的离开有限去追求无限的所谓“浮士德的苦闷”提出了批评。他还着重论述了中国艺术中的意境和空间意识问题，认为中国艺术中的空间表现了人与悠久无限的大自然生命的亲切统一，是一种节奏化、音乐化了的时空合一的空间。这种空间意识是以道家和《周易》的宇宙观为哲学基础的。他对中国古典美学的现代诠释，已成为中西比较美学难以逾越的高峰。

3. 朱光潜的美学思想

朱光潜[②]对中国近现代美学起着重要的导引和建基作用，他的美学融贯中西。1943 年他出版了《诗论》一书，对中国和西方的诗学理论进行了比较研究。1963 年至 1964 年他出版了上下两卷本的《西方美学史》，将西方古代至近现代美学理论系统地介绍到中国。他还著有《悲剧心理学》《文艺心理学》《谈美》《谈文学》等，并撰有大量的文章。可以说，朱光潜是我国现代美学理论的开拓者。

朱光潜早期的美学思想主要受克罗奇直觉论的影响，同时也吸收了心理学美学的思想内容，如李普斯的移情说和布洛的距离说等。他认为审美是“形象的直觉”，具有独特的创造性。他说：

---

① 宗白华：《美学散步》，上海人民出版社 1981 年版。

② 朱光潜（1897—1986），笔名孟实、盟石。安徽桐城人。中国美学家、文艺理论家、教育家、翻译家。曾为北京大学一级教授、中国社会科学院学部委员，曾任全国政协第二、三、四、五届委员，第六届常务委员，民盟三、四届中央委员，中国文学艺术界联合委员会委员，中国外国文学学会常务理事。

艺术活动只是直觉，艺术作品只是意象。[①]

艺术的活动即美感的活动，美感的活动即直觉的活动。[②]

因此，朱光潜在美的本质上坚持心物关系说。心即主体，表现为“直觉-情趣”；物即客体，表现为“形象-意象”。心与物、审美主体与客体是一种你中有我、我中有你的有机统一。

中华人民共和国成立后，朱光潜接受了马克思主义理论，转而对自己以前的哲学观念和克罗奇的美学理论进行批判，力图用创造性劳动来解释美感问题。他反对把美归结为客观事物的属性的观点，也反对把美归结为纯粹的主观意识的观点，而强调美是主客观的统一。他指出：

所谓美感就是发现客观方面某些事物、性质和形状适合主观方面意识形态，可以交融在一起而成为一个完整形象的那种快感。

……

作为艺术的一种特性，美是属于意识形态的，只有这个意义的美才表现出矛盾的统一，即自然性（感觉素材，美的条件）与社会性（意识形态，美的条件）的统一，客观与主观的统一。[③]

这一观点使朱光潜成为我国美学界主客观统一论的主要代表人物。

4. 蔡仪的美学思想

蔡仪[④]是中国现代马克思主义美学家和文艺理论家。他的美学思

① 《朱光潜美学文集》第1卷，上海文艺出版社1982年版，第160页。

② 《朱光潜美学文集》第1卷，上海文艺出版社1982年版，第161页。

③ 《朱光潜美学文集》第3卷，上海文艺出版社1982年版，第71-72页。

④ 蔡仪（1906—1992），原名蔡南冠，中国美学家、文艺理论家，湖南攸县人。著有《新艺术论》《新美学》《中国新文学史讲话》《唯心主义美学批判》《论现实主义问题》等十多种专著，主编高等学校教材《文学概论》和《美学原理》，主编《美学论丛》《美学评林》等刊物。

想最早集中体现在他的《新美学》中。在对待美学的根本问题上，他既不侧重于从西方美学理论中来引申自己的观点，也不侧重于从中国传统艺术观念出发来阐述自己的见解，而是源自他对马克思主义的认识论的理解，从而对美学问题做出了新的探索。

在蔡仪看来，美学的根本问题有两个：一是美的存在问题，二是美的本质问题。以往的美学家只回答了这两个问题中的一个：或者认为美的根源只在于人的心灵，只要人感受到它，它就存在，不被人感受到，就不存在；或者将美理解为主观与客观的辩证的统一；或者认为美是社会实践的产物。蔡仪认为，问题的症结在于这些观点混淆了美的存在与美的认识的本末关系，忽视了美的客观存在归根到底是以美感即人的主观感受来判定的。对此，蔡仪根据马克思主义认识论和方法论的原则，观点鲜明地回答了这两个问题。他指出：就美的存在而言，美的根源在于客观现实；就美的本质而言，美在于现实事物属性条件的统一关系上。[①]

蔡仪不同意朱光潜关于美是主客观的统一的观点，坚持认为，现实的美是一种客观存在。人们观念中的对美的认识即美感总是以具象概念的认识为基础的。为此，他提出“美的东西即典型的东西”“美是客观事物显现其本质真理的典型”等观点，强调美感不仅是对于美的存在的反映，也是美的观念形成的基础，进而发展为美的创造，即按照美的规律来塑造产品（即艺术）。

5. 李泽厚的美学思想

与宗白华、朱光潜和蔡仪等老一辈美学理论家相比，李泽厚[②]堪称是新一辈美学理论家，他的美学思想对 20 世纪后半期的中国美学

① 蔡仪：《新美学》第 1 卷，中国社会科学出版社 1991 年版，第 238-255 页。

② 李泽厚（1930—），著名哲学家，现为中国社会科学院哲学研究所研究员、巴黎国际哲学院院士、美国科罗拉多学院荣誉人文学博士，德国图宾根大学，美国密西根大学、威斯康星大学等多所大学客座教授。主要从事中国近代思想史和哲学、美学研究。

产生了深刻的影响。

李泽厚对我国美学理论的重要贡献，在于将马克思主义哲学中的“实践”范畴引入了有关美的本质的思考中，从而创立了“实践美学”。他的基本观念是：

> 就只有遵循“人类社会生活的本质是实践的”这一马克思主义根本观点，从实践对现实的能动作用的探究中，来深刻地论证美的客观性和社会性。从主体实践对客观现实的能动关系中，实即从“真”与“善”的相互作用和统一中，来看“美”诞生。……一方面，“善”得到了实现，实践得到肯定，成为实现了（对象化）的“善”。另一方面，“真”为人所掌握，与人发生关系，成为主体化（人化）的“真”。这个“实现了的善”（对象化的善）与人化的真（主体化的真）便是“美”。人们在这客观的“美”里看到自己本质力量的对象化，看到自己实践的被肯定，也就是看到自己理想的实现或看到自己的理想……于是必然地引起美感愉快。①

李泽厚认为，作为个体的人之所以能够从审美的角度欣赏自然，是因为作为类的人的“实践”改变了自然与人之间的关系，使本来与人对立的自然变成了某种程度上的人为的自然，即所谓“人化的自然”。探求美的本质，主要不能依据个体心理意识层面的所谓反映，而应依据群体人类物质实践层面的创造。为此，他对什么是美，做出了这样的界说：

> 就内容言，美是现实以自由形式对实践的肯定，就形式言，美是现实肯定实践的自由形式。②

李泽厚进一步指出，这种实践的创造是过程性的，所以对美的本质的透视，不能局限于个体美感对它的横向的认识关系，而且还必

① 李泽厚：《美学三题议》，《美学论集》，上海文艺出版社 1980 年版，第 161-162 页。

② 李泽厚：《美学三题议》，《美学论集》，上海文艺出版社 1980 年版，第 164 页。

须转向纵向的美的历史生成过程。为了说明这一点，李泽厚提出了“积淀说”。他指出，无论是具体自然物的审美属性，还是具体个体内在的文化-心理结构或审美形式感，都不是总体性的物质实践活动所能直接创造的，也不是在这种实践活动基础上抽象出来的认识理性或道德理性所能直接设计的，这种决定必然经过个体活动的中介。

> 所谓“积淀”正是指人类经过漫长的历史进程，才产生了人性——即人类独有的文化心理结构，亦即从哲学讲的“心理本体”，即“人类（历史总体）的积淀为个体的，理性积淀为感性的，社会积淀为自然的，原来是动物性的感官人化了，自然的心理结构和素质化成为人类性的东西”。[①]

20世纪80年代末，李泽厚又将通过“积淀”而形成的“文化-心理结构”进一步归结为“情感积淀”，提出“情本体”概念。他说：

> 这个似乎是普遍性的情感积淀和本体结构，却又恰恰只存在在个体对“此在”的主动把握中……去把握、去感受、去珍惜它们吧！在这感受、把握和珍惜中，你便既参与了人类心理本体的建构和积淀，同时又是对它的突破和创新。因为每个个体的感性存在和“此在”，都是独一无二的。

由此，李泽厚后期的美学思想具有一种明显的心理主义的倾向。

第三节　进入生活世界的美学

一、美源于人们的物质生活

人类的美感究竟是怎样产生的呢？历史上，有关审美起源的理

① 李泽厚：《美学四讲》，天津社会科学院出版社 2001 年版，第 141 页。

论多种多样，如本能说、巫术说、游戏说、符号说和劳动说等等。但无论对审美的发生做何种解释，一个基本事实总是不能否认的，即审美意识最初产生于人们的物质生产或物质生活过程之中，并为物质生产或物质生活服务，而后才逐渐从物质生活中分离出来，成为具有独立艺术价值的领域。

人类的物质生产活动总是制约、影响着人们的精神生活。在原始时代，生产力极其低下，几乎没有什么剩余产品，社会也未出现分工，先民们的一切活动主要是为了谋生，而不是为了审美。随着物质生产和物质生活的不断发展，原始先民在漫长的生产实践活动中逐步产生了朦胧的审美意识。在生产活动中，娴熟的技艺产生了协调、舒展的劳动动作和富有节奏感的劳动过程，人们对劳动产品的制作不仅追求结实、耐用，而且也追求美观的外表。劳动的动作、过程和产品给人带来的愉悦，使“美”的意识在艰苦的劳作中慢慢地升华出来。不过，在原始先民那里，审美意识还不是自觉的，而是与生产和生活的过程紧密地结合在一起。当审美活动还与人们的生产活动直接融合在一起并服从于实用的和功利的目的时，审美活动不可能从生产活动中独立出来成为一种专为满足人们精神需求的艺术活动，审美情趣也不会是一种独立的纯粹的艺术情趣。但随着历史的发展和人类文明的进化，审美最终要从孕育它的实用目的中逐渐独立出来、解放出来。

然而，随着物质生产活动的不断发展，劳动对象的合乎规律的自然形式，经由人的劳动被改造成合乎人的目的的形式。无数次的实践、无数次的重复，则使那些在人的活动和劳动产品中体现出来的合乎规律又合乎目的的形式逐渐在人们的心理结构中“积淀”下来，成为人们感受事物的心理结构，于是便有了对称、端正、均匀、平衡、协调、光滑、舒缓、刚健、稳重、柔和等一系列使人感到愉悦的抽象形式。这些抽象的形式构成了人们审美的心理结构，这种审美心理结构与对象的美的形式具有一种对应关系，当对象的形态与人们的审美心理结构相吻合、相呼应时，便悠然产生了审美意识，唤起了美的感觉，使对象给人带来的愉悦超出了对象本身的功用目的。

人类实践活动本身是一种“赋形”活动，也就是通过实践活动，改变客观对象原有的存在形式，赋予它新的存在形式，这种新的存在形式既合乎对象的客观属性和规律，又合乎人的目的和要求，因而是合规律性与合目的性的统一。人的这种“赋形”活动，体现着人的自由的本质，因为“自由”就是打破事物的既定形态，使之获得体现人的意志和目的的新的存在形式。这种“赋形”活动，不仅给事物以符合人的功利或实用目的的形式，而且赋予事物以能够唤起人们愉悦感的形式，使人们对自己的创造物产生超出功利目的的审美情感。因而当人们在人的创造物身上看到了人自身智慧的显现、理想的实现和打破界限的自由能力时，就会产生一种“感动”、一种发自内心的喜悦，这种审美快感甚至会使创造物的功利目的变得微不足道。因此，没有什么能够比“美感”更能体现人的纯粹的精神需求，更能展现人的自由本质。人的活动及其创造物体现着、确证着人的自由本质。

人的自由本质不仅体现在人和自然的关系中，也体现在人类改造社会的实践活动中。自文明社会诞生以来，随着财富的增长和私有制的出现，人类社会逐渐划分出不同的阶级、阶层和各种各样的利益集团，在这些阶级、阶层和利益集团之间充满了利益的抗争和权力的角逐。人们对自由的追求，无论是表现为为正义而奋斗，还是表现为为真理而献身，无论是追求道德人格的自我完善，还是渴望情爱自由的实现，总是在情欲与理性、真理和谬误、善良与邪恶、正义与奸佞、自由与奴役的胶着对抗中艰难地挺进。

当我们看到代表正义、善良、自由的进步力量最终战胜邪恶势力的时候，我们会不由自主地欢欣鼓舞，凯旋高歌，赞美人性的伟大。这是一种美，一种“阿波罗”式的美：自由的阳光普照大地，万物复苏，生机盎然。那些曾经喧嚣于世的邪恶，在自由之光的照射之下，萎缩溃败，成为人们嘲讽蔑视的对象。而当我们看到，正义、善良和自由的力量被邪恶的势力所毁灭时，我们的心灵会不由自主地被强烈地震撼，以至痛心疾首、热泪纵横。这也是一种美，一种“狄奥尼索斯”式的美：生存的痛苦激荡心灵，阴云笼罩、凄风习习。然而，它也激发着人们对邪恶的痛恨，唤起人们同一切毁灭人类生存价值的势力进行斗争的意志。①

美感和审美形式的产生及其历史积淀表明，人们在创造性的劳动中，不仅按“物的尺度”和需求制造出有使用价值的生产、生活用品，而且还按“美的尺度”塑造自己的劳动产品，使之引起人们的审美快感。所谓“美的尺度”，就是指在人们心理结构中历史地积淀起来的那些使人感到愉悦的抽象形式，人们力求让自己的产品具有这些美的形式，以便能够唤起人们的审美情感。因此，“劳动创造了美”。劳动越是发展，就越是具有“艺术化”的倾向。当审美情趣成为人们自觉追求的目标时，艺术就诞生了。因此，美不是自然界的自在属性，它是在人们的生产实践中主体与客体相统一的产物，它体现着、确证着主体的智慧、能力和自由的本质。随着人类物质生活实践的发展，美才得以展开它的全面性、丰富性。正是在这个意义上，我们可以说美是人的实践本质的感性显现，或者说美是人的自由本质的感性显现。

二、美的形态：自然美、社会美、艺术美

在生活世界中，“美”无所不在，形态万千，人们的审美情感更是丰富多样且富有综合性。在这里，仅就自然美、社会美和艺术美三个方面对美的形态做一简要的描述。

---

① 这里所说的“阿波罗”式的美和“狄奥尼索斯”式的美，是转用了德国哲学家尼采在《悲剧的诞生》这本著名的作品中的说法。尼采通过对希腊悲剧的分析，认为其存在着两种艺术精神，一种是阿波罗精神，即“日神精神”，一种是狄奥尼索斯精神，即“酒神精神”。阿波罗精神高踞奥林匹斯的神山上，俯瞰宇宙人生，把它当成一个梦境和意象去赏玩。希腊的雕刻和史诗，就是阿波罗型的艺术。狄奥尼索斯精神则是酒神的酩酊大醉，它在狂歌醉舞中忘记了人生的苦恼，从而感到生命的酣醉和欢悦。希腊的舞蹈和音乐，就是狄奥尼索斯型的艺术。

1. 自然美

“自然”，顾名思义，就是天造地设、自成自化的种种现象或过程。因此，自然，无论是天地万物，还是千姿百态的景象，本身都无所谓“美”与“不美”。然而，当自然的形态、色彩、声音、结构、布局等客观属性映入我们的感官和心灵，与我们审美的心理结构相呼应、相契合时，就会使我们产生愉悦或快感。这就是说，“自然美”只能在人与自然的关系中产生，是人用其在生活实践中积淀而成的审美心理和美感形式观照自然对象的精神合成的。可以说，“自然美”就是对自然的精神的“人化”。我们不妨运用中国美学思想中的“意境说”把人对自然美的感受分为“欣赏之境”“投入之境”和“超越之境”三个层次。

对“自然美”的感受最初当然是“欣赏之境”，即自然的景色、形态带给我们的愉悦或快感。当你驾一叶轻舟，穿行于桂林山水之间，那舒缓柔和的绿水，那婀娜多姿的青山，有如一幅不断展开的画卷映入你的眼帘，又流向你的心田。你仿佛置身于世外仙境，水色山光带给你的那份舒畅、安宁和清净使生存的烦恼、世间的嘈杂在你的心灵中悄悄地隐去。当你攀登在黄山的奇峰峻岭之间，你会看到，那座座山峰，或雄伟，或险峻，或奇异，或秀丽，尽语言之能难以尽述。古柏苍松在霞光里随风摇曳，奇峰异石在云雾中时隐时现，山路蜿蜒起伏如飘动的长带，花草争奇斗妍似落地的彩云……所有这一切，会使你惊叹不已、感慨万端：大自然是何等的能工巧匠，把这自然的国度装点得如此绚丽多彩、生机勃勃，让人流连忘返、梦绕魂牵。是的，自然的形态、声音、色彩、结构、布局一旦迎合了你的审美心理和美感形式，就会给你带来美的享受。因此，自然的“美”首先是一种形式的美，它是对自然形态的感受，而并不关乎自然物的内容。山是如何形成的，水有怎样的分子结构，颜色是否是不同波长的电磁波，这些对于审美感受都是无关宏旨的。这也正是审美与科学的基本区别。

自然的景物或形态带给你的愉悦和快感还只是自然美的最初层

次。在这个层次上，审美主体与审美客体处在相互分离的状态中，你虽身在美景之中，但自然的景物对你来说，仅仅是外在的观赏对象，自然美的生成还取决于你的心境和你对美的感受能力。而当你沉浸在对自然景致或景物的欣赏中时，你的心境往往会悄悄地发生变化。自然美给予你的愉悦和快感潜移默化地唤起你对审美对象的向往和追求，你的全部感官和心灵都被这个对象所吸引，于是“意随境高”，你逐渐忘却了尘世的喜怒哀乐，忘却了世事的利害得失，忘却了人世间的宠辱悲欢，甚至忘却了自己的存在。此时，你已经不是作为旁观者去观赏对象，而是把全部身心倾注到对象身上；你不是把美吸收到你的感官之中，而是从精神上把自我毫无保留地投入美的对象中。这就是自然美的第二境界——“投入之境”。在这一境界中，审美主体的精神活动完全被审美对象所吸收，美的感受扫除了审美主体心灵中一切阴暗、忧烦的东西，并由此获得一种极高的、没有任何负累的精神享受。

“投入之境”是自然美的升华，但不是自然美的最高境界。审美主体在精神上消融于审美客体之中，但却没有超出审美客体的直观形态和时空的有限性。因而在这个境界中，美的享受是极高的，却是一时一地的；是纯然的，却带着对象的固有形式。只有超越了审美对象的直观形态和时空局限，才能达到自然美的最高境界——“超越之境”。在这个境界中，自然的美不只是一种感官的享受，更是一种心灵的观照。因为，这一境界的生成是与个人对生活的体验密切联系在一起的，更为深刻地体现着人的自由本质。

人作为一种经验的存在物，其生存无时无处不受到来自自然和社会的种种条件的制约；然而人又是一种超验的存在物，他的生命活动的特征就在于他欲求努力打破或超越现实的界限，用自己的创造性的活动来塑造自己的生存世界。因此，人的生存的最高价值就是超越与创造，这既是一种现实的活动，又是一种崇高的境界。当一个人历经坎坷真正体验到自己的生存价值就在于超越和创造时，他的精神世界也会因此而更加开阔豁达。这种精神境界无形中强化了他对自然美的感受能力。当他“身临美境”时，他不仅会“意随境高”，沉浸在美的享受中，而且会使“境随意高”，把自己的精神境界和对生活的体验投射到自然的景物之中，使它们获得一种“生命”。面对雄伟巍峨的山峰，他慷慨激昂，那山，象征着刚毅、庄重和永不低头的英雄气概；面对波涛汹涌的大海，他壮怀激烈，那海，蕴涵着力量、激情和搏击困境的快感。那绵延起伏的山峦，不是他在荣辱成败的交替中挺进的身影吗？那遍染苍穹的霞光，不是他对宏大理想的美好憧憬吗？在这个境界中，物与“我”的界限消失了，那景物化为“我”思想的象征、情感的寄托和心灵的符号。

2. 社会美

社会美是由人的生活实践本身所造就的美。人是社会的存在物，生活实践亦是人的社会性的活动。人在自身的生活实践中必然有三种最基本的精神追求：其一，人作为实践的主体本质上具有自主性和自由性，因而人必然要在生活实践中追求自己的自主性和自由性的不断深化与扩大；其二，人们通过广泛的社会交往活动使众多个体的力量结合或凝聚，形成超越个人有限性的整体力量或社会力量，因此人们必然要在生活实践中追求交往的和谐、真实与真诚；其三，人们生活实践的目的是改造自然与社会，改造个人的生活境遇，创造出属于自己的生活世界，因此人们必然要在生活实践中追求目标的实现或事业的成功。这三种最基本的精神追求构成了社会美的实质内容。也就是说，凡是能够扩大、深化、体现、实现人的自主性、自由性的，就是美的，反之，凡是压抑、贬损、扼杀人的自主性和自由性的东西就是丑恶的；凡是有利于人们社会交往的和谐性、真实性和真诚性的就是美的，反之，凡是有害于社会交往的和谐性、真实性、真诚性的东西就是丑恶的；凡是有利于推进人类进步事业的就是美的，反之，凡是阻碍、破坏人类进步事业的东西就是丑恶的。

社会美直接地体现在人们的实践活动的过程和结果中。我们可以把社会美大致分为三个相互联系着的方面：实践活动的美、实践结果的美和实践主体的美。

实践活动的美既体现在人与自然的关系中，也体现在人与人的社会交往关系中。在人与自然的关系中，无论是改造自然的生产活动，还是探索自然的科学实验活动，都是人的本质、力量、智慧、能力的展现，体现出人类挣脱自然的束缚，征服自然、驾驭自然的那种人格力量和自由本质。因此，人类的实践活动本身就具有极高的美学价值。因为只有人才能进行这种活动，而且环境越是险恶、进程越是艰难，就越能显示人格力量的伟大。尽管这种实践活动并不总是能够成功，甚至会招致惨重的失败，但这无损于这种活动本身的审美价值，因为在这种活动中人们克服困难的勇气、百折不挠的毅力、战胜怯懦的意志、矢志不移的决心以及不畏艰苦的气概本身都体现出一种可歌可泣的“壮美”。此外，在实践活动中，我们也会追求这种活动本身所具有的形式美。协调、优雅的动作和体态，舒展、均衡的节奏和韵律，不仅表现出活动技艺的娴熟、轻松，而且也给自己和他人一种令人赞叹的审美情趣。

美也存在于人们的交往实践中。这不仅是因为通过社会交往，每个个人的活动和生活被整合为整体的共同活动、共同生活，使众多个人的力量整合为整体的或社会性的力量，从而克服了个人的有限性，而且还因为交往本身就是目的。交往不仅能够充实我们的个人力量，还使我们获得极大的精神满足。离开了与他人的交往，我们不是获得了独立，而是必然要陷入孤立，并因孤立而产生孤独感、恐惧感和陌生感。因此，当你独自一人长途跋涉于山野之中时，你会为遇到一个人而欣喜若狂；当你不幸陷入困苦之中时，你会为他人的一个简单的问候而感到温暖。所以，我们需要亲情、爱情、友谊，需要真诚、热情、信誉，需要用微笑泯去冤仇，需要用爱来化解矛盾。所有这一切都能使你体会到生活的美好。在交往中，我们也追求交往活动的形式美。我们进行人际交往，就是要达到互相沟通、互相理解的目的。而要达到这个目的，我们在交往中就不仅要强调真实的内容、真诚的情感、善良的愿望，而且要辅之以令人感到愉悦、舒畅和宽松的形式。因此，我们讲究生动、得体的言语，优雅、自然的身姿、手势和表情，注重仪表和礼仪，等等。所有这些形式有助于为人际交往营造宽松、友好的氛围，表现出你对他人的尊重，并由此获得他人对你的尊重。

社会美更为直观地体现在人类社会实践的结果中。美既然是人的实践本质的感性显现，那么，社会实践的结果，即人类改造自然和社会的成果，或者说，人类活动的一切文明创造物，就是以感性的形式体现着、确证着人的实践本质。在改造自然的活动中，我们不仅创造出各种满足我们生存和发展需求的产品，而且我们还用美的尺度塑造我们的劳动创造物。在这方面，自然美和社会美的一个基本区别就是，自然美是因自然物固有的、自在的形态与我们的审美心理结构和形式相呼应产生的，而社会美则是我们按照自身的审美结构和形式创造出来的。因此，劳动的创造物所具有的美的形态直接就是美的理念的对象化。正是这种对象化，才使“人化自然”具有强烈的美学特征。特别是当我们通过劳动变荒山为田园、变沙漠为绿洲、变天堑为通途的时候，创造性的劳动不仅赋予自然以美的形态，而且更因人的本质、力量、智慧和理想对象化为感性的事实而具有崇高的审美价值。

在改造社会的过程中，社会美既表现为人们在摆脱奴役、争取自由，反抗邪恶、追求正义，摧毁暴政、获得解放的斗争中体现出的那种波澜壮阔、震撼人心的美，又表现为人们用善良的心灵、友好的行为塑造出来的那种和谐稳定、舒畅安宁的美。前者以矛盾抗争的形式显示出人类自由的不断扩大和深化，因而当人们经过坚苦卓绝的斗争最终战胜了奴役、邪恶和暴政的时候，就会载歌载舞、欢呼雀跃；后者则以协调均衡的形式建构出平和安稳、宽松有序的生活世界，使人们在相互理解、友爱互助的关系中体验家园般的幸福。

无论是实践过程的美还是实践结果的美，最终都塑造了实践主体的美。实践主体的美作为一种社会美，不是指实践主体的自然形态，而是指实践主体在丰富生动的生活实践中体现出来的人格的美。

这种人格的美或者表现为一个人在面临困难、身处逆境时所具有的那种刚毅、坚韧、豁达、乐观的品格和气质；或者表现为渊博的学识、开阔的视野、敏锐的洞察力和果断、准确的判断力；或者是在人际交往中表现出的那种情感真挚、乐于助人、善解人意、以解他人之危困为己任的道德品质以及举止优雅、谈吐不凡、宽容大度的风度；等等。所有这些都能使一个人获得一种人格魅力，树立一种美的形象。人格的美不同于人的自然形态的美，它是后天形成的，是在生活实践中锤炼出来的。因此，我们在用美的尺度塑造事物的同时，也要自觉地注重用美的尺度塑造自身。

3. 艺术美

艺术美是美的最纯粹的形态，它体现出人们对美本身的自觉追求，人们通过艺术实践把来自自然和社会生活中的美提炼出来，并用感性的形象将它们再现出来。因此它不像自然美那样受到自然物固有形态的限制，也不像社会美那样总是与实践的功利目的纠缠在一起。也就是说，它超越了物质的形态，超越了有限的目的，达到了纯粹的审美境界。

艺术美当然离不开生活实践。它是把握生活世界的特殊方式。它不像哲学、科学那样用抽象的概念、范畴、理论体系来反映客观世界的本质规律，而是用生动具体的艺术形象和形象体系来再现或表现生活的本质以及自然的与社会的美。因此，艺术思维是一种创造性的形象思维，这种思维虽然要深入到生活的本质当中，但始终离不开艺术家对事物的具体的形象感受和情感体验。艺术作品则是通过对生活素材的选择、提炼和集中，概括出揭示生活本质的具有鲜明个性特征的典型形象或意境。因此，艺术的形象思维总是以情感体验为中介，使美的形象的塑造带有强烈的、富有感染力的情感特征。

艺术形象既是对现实生活审美特征的概括，又是艺术家对现实的审美情感的呈现，它的内容是客观与主观、再现与表现的有机统一。当艺术家对生活素材进行选择、提炼和概括时，不能不表现他本人对生活的理解、评价和理想。因此艺术作品，就其反映生活的真实而言，是对生活的再现；而就其抒发和表达艺术家对生活的理解、评价和艺术家的情感、旨趣而言，则是一种表现。这样，在艺术家的作品中，形象的东西不是现成的事物，而是创造出来的新的形象。中国古代诗歌、绘画所讲究的“气韵”“神韵”，所倡导的“情景交融”都包含着作为艺术美所特有的审美特征。

由于艺术美可以完全超越物质界限的束缚，使人们的想象力、创造力在精神生活的世界中得到充分发挥，因而艺术美也就成为人类自由本质的最典型的体现。

三、以美启真，以美育德

真、善、美的统一通常被人们认为是人生追求和社会文明的最高境界。这同时也表明，真、善、美三者之间既有区别，又有联系。在人类的精神追求中，真、善、美是相互蕴含着的。理论分析尽可将其分门别类，但在现实生活中，它们交融并蓄，很难分隔开来。在这里，我们以“以美启真，以美育德”为题，从美学的角度，简要地分析一下真、善、美的关系。

1. 以美启真

从本章前面介绍的那些美学思想中，我们已经可以看到，不少思想家都把审美活动或艺术活动理解为达到真理的认识方式。如谢林认为美是“以有限的形式表现出无限来”、黑格尔认为美是理念的感性显现等等。当然，艺术家的艺术创作活动与科学家的科学研究活动是很不相同的。后者是用概念和符号来揭示自然和社会的本质和规律，是人直接面对真理；而前者总是要用感性的，甚或用虚构乃至虚幻的手段来塑造生动的艺术形象，以唤起人们的美感。但是，如果艺术作品不能深刻地反映社会生活的真实情理，不能表现人们的真实情感，它就不会有太高的艺术价值。因而，艺术必然蕴含着真，并因此能唤起人们的美感。

有趣的是，自然科学这个在人们看来似乎是最无艺术情趣的领域，同样有着自己的审美情趣。而且这种审美情趣，也的确在科学真理的发现中，起到了重要的作用。许多直接从事认识世界的科学家都将自身经过艰苦的实验分析之后最终豁然开朗的那一刻看作是一种审美状态。直到近代以来，仍然有些科学家秉承着毕达哥拉斯学派所坚持的那种世界的和谐论，认为一切自然的规律也必然符合美的规律，并在构成上具有对称、和谐等诸多特征。许多公式的产生就是以其中所包含的各个要素之间的平衡关系而先于实验被假设出来，并最终得到确证的。对此，著名美籍华裔科学家杨振宁[1]教授有这样一段话：

> 狄拉克在 1963 年的《科学美国》(*Scientific American*) 中写道："使一个方程式具有美感比使它去符合实验更重要。"……今天，对许多物理学家来说，狄拉克的话包含有很大的真理。令人惊讶的是，有时候如果遵循你的本能提供的通向美的问题而前进，你会获得深刻的真理，即使这种真理与实验是相矛盾的。[2]

再进一步说，真本身虽然不是美，但求真却是美的。人的自由在于人能够通过实践活动打破客观事物的既定形态，赋予其符合人的目的和要求的新的存在形式。这种自由必然是以认识和把握对象的属性与规律为前提的。自然的奥秘、社会的奥秘在没有被人们掌握之前，是一种神秘的、强大的、异己的、左右着我们的生活的力量，而一旦被我们所掌握，就会成为我们人类自身的力量。真理就是对自然和社会奥秘的揭示。当然，获得真理的过程往往是艰辛的，

---

① 杨振宁（1922—），安徽合肥人。著名美籍华裔科学家、物理学大师，诺贝尔物理学奖获得者。

② 杨振宁：《美和理论物理学》，《自然辩证法通讯》1988 年第 1 期。

常常伴随着挫折和失败，困惑与迷惘，甚至还有贫困和屈辱，然而这一切又起到了淘汰懦弱、锤炼意志的作用。因此，求索真理的过程本身就显现出人的本质力量的伟大。试想，当一个科学家经过艰苦的探索，最终揭去了层层神秘的面纱，使客观事物的本质和规律赤裸裸地呈现出来的时候，还有什么能够比这更使他振奋不已。这就是一种“美”，一种战天斗地的快感。历史上那些为真理而献身的志士仁人，他们耐得住寂寞、耐得住贫困、耐得住流言蜚语、耐得住强权迫害，显示出人格的崇高，因而，当他们把自己的一生奉献给真理和进步事业的时候，他们也就达到了美的境界。

2. 以美育德

美与善，不必说，更是古今中外美学理论家最为关注的话题。柏拉图把“美”置于“善”的观照之下，认为不理解善，也就不能真正理解美本身。以孔子为代表的儒家学说，更是把美和德统一起来，用一种道德力量来塑造人格的美。的确，美与善作为人的生存的价值或意义，作为人的存在方式，都是以人格的自由为前提的。当人们的道德行为体现出人格的尊严和人性的伟大时，这种道德行为必然具有充分的审美价值。同样，当人们在审美活动和艺术创作活动中体验并彰显人的自由精神时，这种审美的实践也就必然具有充分的道德价值。美与善的这种融合，归结为一点，就是康德所说的，二者都是以“本体的人”为最终目的的。

在现实生活中，善本身就是引起美感的力量。它表现为心灵的美、行为的美、人格的美和社会的美。“善”根源于人类生活实践的社会本性。人类之所以能够与动物相揖别，之所以能够生存与发展，之所以能够创造出经天纬地的辉煌事业，就在于人们能够通过相互交往、相互合作、相互依存而构成一个社会整体，由此形成了超越个人有限性的社会力量，并孕育出洞悉世间一切奥秘的人类智慧。每一个生活在社会中的人都与他人、与社会须臾不可分离。他的生命存在、他的创造生活的能力来自通过交往而对这种社会力量的占有。当他意识到这一点时，当他努力使自己的行为有助于他人、有助于社会、有助于人们之间的和谐共处时，“善”就产生了。“善”就是如此平凡，每个人都能在生活的琐碎细微之处体验“善”所带来的温馨和愉悦；“善”又是如此伟大，它是那种“使人成其为人”的精神力量，或者说只有人才能升华出的精神境界。在这个意义上，“善”与“美”相互交融。当一个人为济他人之难而做出自己的奉献时，他会由衷地感到欣慰，他便获得了由“善”而来的美感；当一个人能够为人类的进步事业奉献自己的才智甚至抛头洒血时，善的力量就为他绘制出壮丽的人生画卷；当一个人舍弃自己的生命以拯救他人于水火之中时，我们每一个人都会为此热泪盈眶，纵情讴歌。这正是“善”凝铸出的可歌可泣的“壮美”。

因此，美育和德育是相通的，是在人格的自我塑造上相辅相成的。孔子说：“志于道，据于德，依于仁，游于艺”（《论语·述而》），又说：“兴于诗，立于礼，成于乐”（《论语·泰伯》）。如果用我们今日之话语加以转释，那就是说，追求宇宙万物的真理是我们的志向，崇高的道德精神是我们的依据，而审美的艺术活动则是我们自由精神的成就和体现。

真、善、美的统一固然是人类生存的最高境界，但它并不因此就是可望而不可即的彼岸，而是就存在于我们朴实无华的现实生活中。只要我们持守人的自由与尊严，世间就没有任何力量可以阻止我们达入此境。

第六章　本体论与形而上学

在了解了真、善、美之后，接下来我们将要讨论哲学的最后一种，或许也是最重要的一种活动，即对终极问题的反复追问。我们所有的哲学活动，本质上都是在寻求事物的原因和根据，然而原因的前面又有原因，根据的下面又有根据，所以我们需要探索一种最初的原因或最终的根据，否则我们的求知活动就会陷入一种"无穷追索"，找不到一个可靠的支撑点。所以，终极问题是哲学最艰深的部分，也是人类理性的雄心所在，因为它试图将"所有问题"归结为"一个问题"，将纷繁复杂的世界统摄在一个或者几个概念之下。相对于日常生活来说，这些终极的存在显得高高在上，深不可测，甚至被认为超出了人类理性的能力，因此只能作为信仰的对象，获得了"神圣"的意义。关于终极问题的追问，主要涉及哲学的几个内在相关并相互交叠的领域，即本体论、形而上学和宗教神学。我们在此不能对这些领域的所有问题都详加论述，只能集中介绍它们相互重叠的部分。

第一节　本体问题与形而上学

我们界定一门学问，一般从它研究的对象入手，一类事物往往对应着一门科学，例如动物学、植物学和心理学等等。终极问题思考的对象显然不是一般的存在物，而是一切存在物之所以存在的根据，我们将这门学问称为本体论或存在论（Ontology）。就其超越于一般的感性事物而言，我们将这门学问称为形而上学（Metaphysics）。

应该说，任何哲学命题都包含或者预设了某种意义上的本体论内容，但是“Ontology”这个词却是16、17世纪才出现的。德国哲学家格克勒纽斯区分出三种沉思的科学：研究一般物质的物理学、研究上帝和天使的超自然科学以及研究存在者与超验物的本体论。“Ontology”这个术语是哲学家根据古希腊文生造出来的。它的第一个词根“on”，是古希腊语的系动词的不定式“einai”（“存在”或“是”）的现在分词，表达存在、在场的事物或事物的存在和在场；它的第二个词根是希腊词“logos”，意为言说、逻辑和理性，引申为学说和科学。这两个词组合在一起，便是关于事物之存在的科学，所以这个词一般直译为“存在论”。而就其含义而言，研究事物之为存在，就是追究事物之根本，联系中国的思想和语文传统，我们通常将这个词翻译为“本体论”。[①]“本”原指草木的根茎，如“木下曰本”（《说文》），“体”则是构成事物的那个东西，有“实体”之意，而“本体”则是构成事物的最根本的东西。因此，本体论这个译名实质上是一种“意译”。

“形而上学”这个术语来自古希腊文“meta ta physika”，它本是亚里士多德的一本著作的名称。但是这个书名却不是亚里士多德本人所取，而是他的著作编修者后来加上去的。我们知道，亚里士多德是个“百科全书式”的大哲学家，他的研究涉及那个时代的人类知识的方方面面，因此后人在编辑他的著作时就需要分门别类，按照亚里士多德的命名分为物理学、动物学、植物学等等。在这个过程中，有个叫安德罗尼科斯的编者遇到了麻烦：他没法对亚里士多德的某一部分手稿进行分类。这些手稿讲的全是玄虚的道理，不属

① 当然，关于“ontology”的翻译，学术界一直有很多争议。希腊语中的“on”和英语中的“being”，兼有汉语中的“存在”“是”“有”等含义，但汉语中的这三个词显然不能通用。因而国内学界一直存在着“存在论”“是论”“有论”“本是学”“万有论”等不同的译法。这些译法均有一定道理，但无论哪一个词都不能涵盖“on”这个词的全部含义。本书采用“本体论”这个译法，是学界比较习惯的译法。

于人们熟知的任何一门具体科学。最终，由于其研究对象跟物理对象比较接近，但又不涉及具体对象，而在反复探讨具体对象“后面的”根据，所以只能将它们编排在“物理学”的“后面”，并取名为“meta ta physika”，直译为中文就是“物理学之后”。西方哲学传到东方后，在我们的词汇表中也没有一个现成的词可以与之对应，所以只能参照中国思想和文学，新造“形而上学”这个词。我们知道，《周易》里面有这样一句话：“形而上者谓之道，形而下者谓之器。”所谓“形而上者”，就是超越于具体事物“之上”的领域，它不能通过我们的感官被感知，只能用思维去把握；而所谓“形而下”的东西，就是我们可以通过感官感受的普通事物。可见，“形而上学”这个中文词与希腊文中的“物理学之后”是相通的，表示一种超乎日常生活领域之上的、玄虚的理论，因此又被称为“玄学”。

在亚里士多德那里，本体论与形而上学是相互交叠的。按照亚里士多德的理解，哲学就是“爱智慧”，也就是追求关于“某些原理与原因的知识”[①]，而最普遍的原理就是事物的本体。对事物本体的研究是亚里士多德形而上学的核心。但是后来形而上学的发展经历了一个体系化的过程。在中世纪，形而上学成为神学的“婢女”，成为讲述上帝启示的一套理性语言。当“本体论”这个术语正式产生的时候，它所指的就仅仅是这个体系中的一个特定部分了，即一般地探讨存在的部分（Metaphysica generalis），与它并列的还有“宇宙论”“理性灵魂学”以及“自然神学”等特殊形而上学（Mytaphysica specialis）[②]。这一领域始终受到来自经验论和怀疑主义的批判。康德考察了这些批判，并将形而上学作为独断论来加以拒斥，但他却是试图提出一种作为科学的形而上学。自此之后，形而上学和本体论不断受到批判，不同时代又总会出现各种形而上学的拯救方案，以不同的方式重复着形而上学的话题。

---

① 亚里士多德：《形而上学》，商务印书馆 1959 年版，第 3 页。

② 参见黑格尔：《哲学史讲演录》第四卷，商务印书馆 1978 年版，189 页。

第二节　实体论的形而上学

形而上学可以说是哲学最纯粹的部分，从哲学产生之时，人类便有形而上学之思了。亚里士多德在他的《形而上学》中回顾了古希腊人对这类问题的探索历程。从某种意义上说，这个过程实际上就是哲学的产生和最初的发展过程。虽然在一开始的时候，哲学家们的思维还没有抽象到亚里士多德的水平，但他们提出的问题和兴趣却深刻地影响着后来的形而上学探讨。所以我们考察形而上学，就要从最初的形而上学问题开始。

一、什么是“本源”

亚里士多德说哲学源于对世界的惊异。这种惊异不是为自然的鬼斧神工所震撼，也不是为个人的命运多舛而悲叹，而是我们偶尔从具体事务中抽身出来的时候，会惊异和赞叹世界竟然如此奇妙！这种惊异使人们不禁要去追问，这个世界是怎么来的？世间万事万物是如何产生的？万事万物的运动变化有没有一个终极的不变的根据？这就是世界本源问题。最初的哲学家提出的就是万物的本源是什么的问题。古希腊哲人泰勒斯提出了“万物的本源是水”的命题，这一般被认定为第一个哲学命题。

我们在这里不去探讨究竟水是不是万物的本源，而是要先看看“本源”这个概念意味着什么？本源（arche）又被称为始基，我们有时候也将它翻译为“本原”。它一方面指万物的来源，或者说万物的根；而另一方面，它又可以指万物的原因、原理。初看起来，这两方面的意思区别并不大，但其中细微的差异对后来的形而上学思维却产生了深远的影响。

首先，本源是万物的来源，万物都是通过它变化而成的。因此，在万事万物尚未生成之前，它就已经存在了。这样，本源就意味着最初、最古老的东西。这种思维方式我们是不难理解的。其实，我们也常常将古老的事物与真实性这个概念联系起来。我们会很自然地倾向于相信最先出现的事物，认为万事万物都是从这个最先存在的东西派生出来的。其次，本源还意味着世界的原因或原理，具有最高的普遍性。很显然，泰勒斯提出“水是万物的本源”这个命题，并不仅仅是为了解释这个或者那个事物，而是解释所有事物。因此，它就可以被理解为所有具体事物都与之发生关系的那种东西，或者所有事物都具有的共同的东西。在这个意义上，本源这个概念也体现了人类理性的另一方面的兴趣，那就是追求普遍的真理。为了获得这种普遍性，本源就要尽可能地不受到具体事物的形体的限制。例如，我们说世上的万物来源于水，就比说来源于石头更有说服力，因为水比石头更加灵活，富于变化，受具体事物形态的限制更少。这就是人类抽象思维的开始。

二、原子、理念、实体

亚里士多德曾说：“初期哲学家大都认为万物唯一的原理就是在物质本性。万物始所从来，与其终所从入者，其属性变化不已，而本体常如，他们因而称之为元素，并以元素为万物原理。”[①]物质元素这个概念能够很好地将本源概念的两个方面统一起来。因而，早期哲学家的任务就是，寻找一种真正最古老的，同时又是最普遍的物质元素，如水（泰勒斯）、气（阿那克西曼德）、火（赫拉克利特），以及水火土气的组合等等。

1.德谟克利特的“原子论”

古希腊自然哲学的本源概念在唯物主义哲学家德谟克利特那里得到了比较充分的发展。德谟克利特认为，世界的本原应当是原子和虚空。原子是构成具体事物的最基本的东西，却又不是具体事物。

① 亚里士多德：《形而上学》，商务印书馆 1959 年版，第 7 页。

原子是不可见的微小颗粒，并在虚空中运动。之前的哲学家都试图摆脱具体事物的形体或形态的束缚，这种思维方式到了德谟克利特这里被发挥到极致。但德谟克利特对原子的规定却又只能从空间（广延性）去规定，广延性意味着它最终还是可以通过某种方式被看见的。既然原子不可见仅仅因为它太小，那么我们设想一下，如果德谟克利特拥有一台显微镜，也许他就能看到他所说的原子了。而如果德谟克利特真的看到原子的话，那么它就不能再作为解释世界的最终原因了，因为那个时候我们就又好奇它是由什么组成的了。这说明原子本身还是不够抽象，它的可感特性影响了它的抽象性。

另外，德谟克利特又说，世间的万物都是通过不同的原子构成的，不同事物的特征仅仅取决于原子大小粗细和原子之间结构比例。这听起来似乎是有道理的，但我们还是很容易发现它的毛病。我们可以设想，一块木头和一块金属之间的差异也许就是因为构成它的原子以及其结构之间的差异。但是我们如何通过这种差异来理解一张木桌子和一把木椅子的差异呢？我们又如何解释，一张木桌子和一张铁桌子也都叫桌子呢？其实，原子最终还只是解释了事物的材料方面，事物的形式方面它却无法解释。

说到事物的形式，我们发现，真正把不同事物区分开来的不是它们的材料，而是它们的形式。所以在一些哲学家看来，形式性的东西才是事物最重要、最根本的要素。所谓“形式”，用苏格拉底和柏拉图的话说，就是事物的理念。理念是感性世界中的各种事物的原因，而个别的感性事物则被理解为是对它的模仿。例如，木匠就是按桌子的理念来制造桌子的。

2. 巴门尼德的“存在论”

以思维本身为出发点，在事物的“共相”或概念中追寻万物的本原，这样一种哲学路线开始于古希腊爱利亚学派的哲学家巴门尼德。黑格尔称赞巴门尼德是古希腊第一位真正的哲学家，因为他把对世界本原的思考从自然哲学的具体的物质形态上升为概念，也就是第一位将“存在”这个最抽象的“共相”视为万物的本原的。

巴门尼德认为，整个世界就是一个由各种各样的存在物所构成的一个共同体，而所有存在物的共同本质就是“存在”。他说：

> 我们不能不这样说和这样想：只有存在物是存在的。因为存在物的存在是可能的，非存在物的存在则不可能。①

巴门尼德认为，在感官所见的世界中，存在物各不相同，从而表现为“多”，人们也通常用语言来区分不同的存在物。但不管存在物如何千差万别，作为存在物它们都是同一的，都是存在的。例如，当我们说“这是一朵花”或“这朵花是红色的”时，这两个命题中都有一个“是”（be、存在、有），这个“是”并不是作为存在物的属性可以被我们直接呈现在存在物身上，而是出现在我们对存在物的判断中，只能被我们的思维所把握，因而“存在和思维是同一个东西”，即“可以被思想的东西和思想的目标是同一的；因为你找不到一个思想是没有它所表达的存在物的”。

这样，巴门尼德确认，世界的本原就是这个“存在”，这个存在是抽象的，它是思维的对象，而不是感官的对象。感官所见的任何存在物都是流变的，仅仅依靠感官所获得的知识都只是“意见”，只有靠思维来把握的东西才是“真理”。由此，巴门尼德看到了在可感世界中追求真理的局限性，因而试图超越可感世界达到思维的真理。而这正是形而上学的典型特征。黑格尔对此称赞说：“因为哲学一般是思维的认识活动，而在这里第一次抓住了纯思维，并且以纯思维本身作为认识的对象。”②

3. 柏拉图的“理念论”

巴门尼德虽然将“存在”本身视为哲学的第一真理，但“存在”

① 《古希腊罗马哲学》，商务印书馆 1961 年版，第 51 页。

② 黑格尔：《小逻辑》，贺麟译，商务印书馆 1980 年版，第 191 页。

这个概念在他的哲学中还是相当抽象、相当空泛的。“存在”作为纯粹的抽象概念只是纯思的起点，尚没有在思维中展开。在他之后，苏格拉底和柏拉图的学说把思维本体论大大地向前推进了一步。

柏拉图认为，真正的存在就是理念。他认为，呈现在感官中的事物总是表现为多，但每一类事物又都有一个共同的名称，即事物的类的概念，这个类概念就是事物的“理念”或“事物本身”。理念不存在于时间和空间中，不可感觉而只能被思想，最重要的是，它与感性事物是分离的。例如，还是眼前这张桌子，在柏拉图看来，跟它对应的有桌子的理念，桌子的理念就是桌子的形式或“范型”，眼前这张桌子是桌子理念的模仿，也就是用一定的材料按照桌子的形式制作出来的。既然是模仿，眼前的这张桌子就是不完美的，不仅与理念相比总有不完善之处，而且它是可以毁坏消失的。相反，理念是永恒的，不可毁坏的，桌子的理念不会因为个别桌子的消失而失去自己的存在。

柏拉图就这样扩展了概念论的研究视野。不过，在柏拉图那里，尽管理念是思维的对象，但他依然直观地将理念表述为独立存在的东西，从而把理念和感性事物硬性地划分为两个世界，即“理念世界（可知世界）”和“感性世界”（可见世界），亦即在现实的感性世界之外，构筑一个理智的存在体（本体）。与此相应，他也把知识分为两种，即“意见”和“真理”。意见就是以感性世界为对象的感性知识；真理则是以理念世界为对象的理性知识。理性知识中的哲学和辩证法是最高的知识，这种知识“决不引用任何感性事物，而只引用理念，从一个理念到另一个理念，并且归结到理念”。这样，柏拉图的理念论进一步明确了形而上学思维范式的特征，即从思维本身出发探求具有普遍性、必然性和确定性的真理性知识。

4. 亚里士多德的“实体论”

柏拉图构建了宏大的理念论体系，这个体系成了西方形而上学的典范，对后世产生了极大影响。无怪乎有人说，整个西方哲学的历史，不过是对柏拉图哲学做的一连串“注脚”而已。但这不是说柏拉图的哲学没有问题。事实上，柏拉图在晚年的时候就对自己的理念论进行了反思，并试图对它进行修补。而在他的学生亚里士多德那里，这些问题被尖锐地提出来了。亚里士多德曾说过：我爱我师，但我更爱真理。这就是针对柏拉图和他的理念论说的。

亚里士多德的哲学也是从“存在论”开始的，他把他的存在论称之为“第一哲学”。他说：

> 有一门学问，专门研究“有”本身，以及“有”凭本性具有的各种属性。这门学问与所谓特殊科学不同，因为那些科学没有一个是一般地讨论“有”本身的。……我们现在既然是在寻求本原和最初的原因，那就很明显，一定有个东西凭本性具有那些原因……因此，我们也必须掌握“有”本身的最初原因。[①]

亚里士多德把“有”本身作为第一哲学的研究对象，但他没有像巴门尼德那样停留在“有”或“存在”的抽象规定上，而是从概念论或范畴论的角度，对“有”进行剖析。他认为，“有”作为所有种类的事物的最高的“共相”，可以被用来表述各种不同的内容。这些内容可以概括为十个基本范畴：实体、数量、性质、关系、地点、时间、姿态、状况、活动、遭受。其中，实体是第一位的，它是可以独立自存的；其他九个范畴均为实体的属性，它们只能被用来述说实体，离开实体他们没有独立自存的意义。因此，只有实体才是根本意义上的“有”。这样，亚里士多德就从“存在”或“有”这个纯思的概念中推演出实体和属性的关系，这同时就是语言中主词和谓词的关系，亦即我们把握和指称存在者的最基本的思维形式和话语形式。形而上学的概念论在亚里士多德这里开始有了完整的表现形式。

---

① 北京大学哲学系外国哲学史教研室编译：《西方哲学原著选读》上卷，商务印书馆1981年版，第122页。

亚里士多德又进一步对“实体”本身进行了解析。他区分出两种意义上的“实体”：一是个别存在着的事物或个体意义上的实体，即“第一实体”，这是最真正的、第一性的实体，在这个意义上，如果说实体即是本体，那么本体即是个体；二是作为“种”概念和“属”概念而存在的实体，即“第二实体”，这里的“种”或“属”是指事物的“共相”，或柏拉图意义上的“理念”。

亚里士多德的实体说显然有意弥合柏拉图在理念世界和感性世界之间制造的断裂。他研究了在他之前的几乎所有的哲学，并试图将它们综合起来。他既不同意早期自然哲学家仅仅从质料的方面解释事物的生成与变化，也不同意柏拉图把理念世界和感性世界割裂开来的观点，而是认为，事物的“理念”或“共相”作为实体（即第二实体）无非就是使一个事物成其为这个事物的“形式”。而形式不是空洞的东西，必须要与事物的质料相结合才能实现自身。为了论证这一点，亚里士多德提出了著名的“四因说”。他认为，万物生成的原因无非是四大类：形式因、质料因、目的因和动力因。四因中，质料因是指构成事物的材料，它是事物的可感知的部分。但是，单凭质料我们还不能创造一个事物，就像木头不等于桌子。质料在本性上是不确定的，它有可能构成各种不同的事物，只有当它被赋予了一定的形式时，才能构成某种现实的事物。因此，就事物本身的性质而言，形式因是使一个事物成其为这个事物的决定性因素。动力因和目的因主要是为了解释事物的运动而设立的，但都可以通过形式因得到解释。质料是被动的、消极的，它自身也没有什么目的，而形式因则是能动的、合目的的。亚里士多德认为，事物的生成过程就是质料获得形式并实现一定目的的过程，这就如同一个工匠赋予木料以“桌子”的形式，而这个形式又必然符合一定的目的。因而，形式决定了质料能够构成什么事物并实现什么目的。可见，事物的动力因和目的因最终都是形式因。

由此可见，亚里士多德强调形式必须在个别事物中实现自身，也就是必须与质料结合才能构成事物。因而，他不同意柏拉图把形式（理念）看成是独立于事物的观点。但亚里士多德并没有把自己的这个思想贯彻到底。当他把形式因当作动力因和目的因来解释事物的生成过程时，由于强调形式对质料的决定作用，就得出了形式先于质料的结论。在他看来，如果认为形式先于质料更加确实，那么，形式也将先于两者组合的事物。这样一来，形式依然可以游离质料而独立存在。进而，亚里士多德认为质料和形式的区分是相对的。如砖瓦对于粘土是形式，对于房屋是质料。如果这样推导下去，必然会在逻辑上推论出一个绝对消极被动的“纯质料”（没有任何形式的质料）和一个绝对积极能动的“纯形式”（没有任何质料的形式）。这个“纯形式”是一切形式的形式，是万物的绝对本质或范型，是万物所追求的绝对目的，也是推动万物的“第一因”。亚里士多德极力强调事物可感方面的重要性，而在具体考察事物的过程中，形式的优先性又重新得到肯定。因此，在最核心的形而上学问题上，也就是对世界本原的解释上，亚里士多德的立场是不够明确且充满矛盾的。而这些矛盾亦可以说是整个古典形而上学的基本矛盾。

三、中国古代哲学中的本体观念

与古希腊人相似，中国古人也很早就在思考终极存在的问题，并以自己的方式进行了回答。中国古人没有发展出类似于古希腊形而上学的一套概念系统。我们知道，系动词在古代汉语中并不重要，而且中国古代思想中也没有一个根本性的存在概念，更没有严格意义上的存在学说。但是在较为宽泛的意义上，我们仍然可以探讨中国古代的本体论思想，因为对于万物的根本原因和存在根据的问题，中国古人也进行了深入的探讨，并为此贡献了丰富的智慧。

1. 道家学说中的本体论思想

在我国古代哲学中，道家学说是最具本体论意味的理论。道家学说的核心概念就是“道”。但道家学说的创始人老子从未给“道”下一个明确的定义。在老子的心目中，“道”根本不同于有名有实的事物，它不可言说，不可命名，甚至用“道”这个字来表示也是很勉强的。因而他在《道德经》中开篇便说：

> 道可道，非常道；名可名，非常名。无，名天地之始；有，名万物之母。常无，欲以观其妙；常有，欲以观其徼。此二者，同出异名，同谓之玄。玄而又玄，众妙之门。（《道德经》一章）

他在《道德经》第二十五章又进一步解释说：

> 有物混成，先天地生。寂兮寥兮，独立而不改，周行而不殆，可以为天下母。吾不知其名，字之曰道，强为之名曰大。（《道德经》二十五章）

这就是说，道是天地之始，万物之母，它创生万物，支配万物的变化，但又隐而不见，只能从万物的生成变化中加以观察体悟。

老子进而用道来解释万物的生成。首先，“天地万物生于有，有生于无”（《道德经》四十章），这里所谓的“无”不是说绝对的空无，而大致是指“道”创生万物之前的“无物”状态。其次，“道生一，一生二，二生三，三生万物。万物负阴而抱阳，冲气以为和”（《道德经》四十二章）。因而“大道泛兮其可左右，万物恃之而生而不辞，功成不名有，衣养万物而不为主”（《道德经》三十四章）。

“道”既然创生万物又养育万物，因而“道”是无所不在的。对于“道”的无所不在，庄子做出了一个十分有趣的说明：

> 东郭子问于庄子曰：“所谓道恶乎在？”庄子曰：“无所不在。”东郭子曰：“期而后可。”庄子曰：“在蝼蚁。”曰：“何其下耶？”曰：“在稊稗。”曰：“何其愈下耶？”曰：“在瓦甓。”曰：“何其愈甚耶？”曰：“在尿溺。”东郭子不应。庄子曰：“夫子之问也，固不及质。正获之问于监市履狶也，每下愈况。汝唯莫必，无乎逃物；至道若是，大言亦然。周、遍、咸三者，异名同实，其指一也。”（《庄子·知北游》）

“道”不仅是万物的本原，而且也是“万理”的终极依据。关于这一点，先秦哲学家韩非子做出了更为明确的解释。他说：

道者，万物之所然也，万理之所稽也。理者，成物之文也。道者，万物之所以成也。故曰：道，理之者也。物有理不可以相薄。……万物各异理，而道尽稽万物之理；故不得不化。不得不化，故无常操。(《韩非子·解老》)。

可以看出，道家学说在本体论方面是相当深刻、相当系统的，在整个世界的哲学文库中，也是极为珍贵的思想资源。

2. 朱熹的理气论

在中国古代哲学中同样也产生了高度思辨的体系性的形而上学学说，其中最典型的就是宋代著名哲学家朱熹的“理气论”。在朱熹的哲学中，所谓的“理”就是指无形体、无方所的抽象精神，很类似于柏拉图所说的“理念”；所谓的“气”就是指有形有象、能“结聚”、能“造作”、能运动变化的东西，也就是指构成事物的原始材料，大致相当于物质元素的概念。

朱熹哲学的一个基本观念，就是“理在气先”。朱熹说：

未有天地之先，毕竟也只是理。有此理便有此天地，若无此理便亦无天地，无人无物，都无该载了。有理便有气，流行发育万物。(《朱子语类》)

然而，朱熹又反复强调，在现实事物中理气是不可分割的，“天下未有无理之气，亦未有无气之理”。因此，理在气先并不是指时间上的先后。按朱熹的解释，“理”是“形而上者”，“气”是“形而下者”，理比气更根本。也就是说，理在气先是一种形而上的推论，一种逻辑意义上的“在先”。

可见，朱熹不像柏拉图那样把理念同具体事物截然分为两个世界，而是强调“理在气中”，万事万物都是气的结聚造作，其运动变化错综复杂，但其中又都是有规则、有秩序的，这个规则和秩序就是“理”，所以理支配了万物的生成与变化。

在解释万物生成运动方面，朱熹把他的“理气说”同之前的“太极说”“阴阳说”和“五行说”等综合起来。他认为“太极”就是理的原始状态，“太极动而生阳，静而生阴”，动静阴阳又互为前提，其运动变化无始无终，即所谓“动静无端，阴阳无始”。在运动变化过程中，起初阴阳之气，浑沦未判，混合幽暗，以后逐渐中间宽阔明朗，从而“分阴分阳，两仪立焉”（两仪即天地）。进而“阳变阴合而生水火木金土”。这五行便是构成万物的材料，由这五种材料又构成了世间一切可感知的事物。

第三节 主体论的形而上学

西方古代形而上学的言说方式与我们今天有很大的不同，甚至与四五百年前的哲学家也不相同。在笛卡尔、培根的那个年代，甚至更早的时候，形而上学发生了一次重大的转折。在亚里士多德和柏拉图那里，形而上学考虑的是世界的本原问题，考虑它在根本上是由什么构成的。此时，人的思维、人的意识这类概念还没有正式产生，在探讨世界本原的时候，不需要将人的作用考虑在内。这当然不是说，那时的哲学家没有思考过关于人的问题，实际上很多哲学家都探讨了人的灵魂、人的感觉、人的思维等等，但在这种情况下，人往往是作为一个外在的客体，而不是作为主体被探讨的。

到了近代，也就是到了笛卡尔、培根那个时代，人的地位在哲学中发生了一次重大的变化。人、人的思维不再是作为一个普通的对象被思考，它进入了形而上学的核心位置。在近代哲学家看来，我们面对的世界和我们的主观活动有着密切的关系。例如，当你说“世界的本质是物质的”时，其实这相当于说“我认为世界的本质是物质的”，那么，问题就在于你有什么根据认为世界的本质是物质的。这个追问必然涉及对主体、主体的认识能力、认识形式的考察。只有从主体出发，我们对世界的认识和解释才说得通。如果我们将古代形而上学称为一种实体论的形而上学，那么近代形而上学就应当是一种主体论的形而上学。

一、近代形而上学的产生与唯理论

1. 形而上学与思维的内在性原则

欧洲近代主体论形而上学的奠基者是法国17世纪著名的唯理论哲学家笛卡尔。笛卡尔哲学的突出贡献就是为主体论形而上学找到了真正属于自身的立足点，这就是他在自己的所谓“第一哲学”中所确立的心灵实体——“我思”。他的“我思”首先是一种普遍怀疑的精神，即把一切既有的观念放到理性中加以质疑，清除一切可疑的观念，追寻出无可怀疑的思想基点，并将全部哲学建立在这个基点上，以确保理论本身的明晰性和确定性。这样，笛卡尔在“我思”中首先确立了思维的主体即“我”的存在，这个“我”也是第一个无可怀疑的实体或本体。不过这个实体只能是一个纯粹的精神实体，如他所说：

> 这个实体的全部本质或本性只是思想，它并不需要任何地点以便存在，也不依赖任何物质性的东西，因此这个“我”，亦即我赖以成为我的那个心灵，是与身体完全不同的……纵然身体并不存在，心灵也仍然不失其为心灵。

也就是说，从思维所能达到的确定性上来说，唯一可以确定的也只能是这种精神意义上的抽象自我。黑格尔把笛卡尔的这种从“我思”出发的理论原则，称之为“内在性原则”。这个原则就是确认一切普遍性、必然性、确定性的真理，一切应当得到思维承认的规定都应当取自思维自身。这个原则同时也是一个自由的原则，即只有通过自由思索，通过自己的思想去洞察，才能证实那些被认为的确实可靠的东西。如笛卡尔所说："我们还分明还具有一个自由的意志，以任意来同意或不同意。"[①]在这个意义上，思维的内在性原则无可怀疑地确立了自由思维的权利。

从这个思维的内在性原则出发，笛卡尔认为普遍性、必然性的真理或确定性的知识只能来自"我思"，确切地说来自理性直觉和演绎推理。笛卡尔并没有否认外部世界的存在，只不过在他看来，从"我思"中不可能直接引申出外部世界的存在，若想明确地、无可怀疑地确立外部世界或物理世界的存在，必须借助一个思维的中介，这个中介就是上帝。所以，他从"我思故我在"这一原理出发，推论出他的第二条哲学原理——上帝存在。有了这个上帝，笛卡尔就把"实体"分为无限实体和有限实体两种类型。上帝是无限实体，"我"以及其他一切存在物都是有限实体，这些有限实体都是由上帝这个无限实体创造出来的。他论证说，既然"我"可以从"我思"中明白无误地引申出"我"这一有限实体的存在，那么我们同样有理由从上帝这个无限实体中进一步论证出"我"之外的其他一切实体即物质世界及其规律的存在，因为这些有限实体如同"我"的心灵一样是由上帝这个无限实体创造出来的。经过这番推论，笛卡尔为近代形而上学确定了三个主题，即心灵（自我）、世界和上帝。后来康德把这三个主题分别表述为心理学命题、神学命题和宇宙学命题。

但是，虽然笛卡尔肯定了外部世界的存在，但却没有成功地论证"我思"与外部世界的同一性。"我思"是一个有限的实体，外部世界中的有形体的东西同样都是有限的实体。这两种实体的区别是："我思"只是一个在思想而无广袤的东西，它是完全不可分的；形体则是有广袤而不思想的东西，它是永远可分的。在笛卡尔那里，这两种实体是借助上帝这个无限实体而达到某种意义上的沟通的，但这是一个没有论证的论证，没有说明的说明。

---

① 笛卡尔：《哲学原理》，商务印书馆 1958 年版，第 15 页。

2. 斯宾诺莎的“实体论”

对于笛卡尔留下来的问题，斯宾诺莎力图通过改造亚里士多德的实体论予以解决。斯宾诺莎认为，实体是在自身之内并通过自身而被认识的东西。实体以自身为存在的根据，是自因的，不依赖于任何他物，它本身就必然包含着存在的概念，即“存在属于实体的本性”[①]。同时，这个作为总体的实体只能是“一”，而不是“多”。因为，如果存在着多个实体，那么势必会出现一个实体依赖于另一个实体，一个实体只能借助于另一个实体才能得到说明，而这必定会与实体的本质相违。

基于这种实体观，斯宾诺莎认为，思维和广延并不像笛卡尔所说的那样是两个互不相干的实体，而只是这个唯一实体的两个属性。实体的这两个属性作为属性是不同的，但它们同是一个实体的属性，因而在本质上是同一的。所以他相信，“观念的次序和联系与事物的次序和联系是相同的”[②]。也就是说，思维和存在是同一的。从实体和属性的关系出发，斯宾诺莎进而自上而下地推论个别事物的存在。他用“样式”这个概念表示个别事物的存在。由于实体本身具有思维和广延两个属性，因而作为样式存在的个别事物也就相应地分为两类，即作为思维或理智的各种观念和作为有形体的各种自然事物。这两类事物归根到底又都出自同一实体，因而本质上也是同一的，凡是出现在广延中的事物无不出现在思维中。不过，斯宾诺莎的实体论同样没有很好地解决思维和存在的同一性问题。他的“实体”概念尽管是一个纯思的构建物，却不像笛卡尔那样是通过“我思”建立起来的，不是通过自我意识这个中介建立起来的。按照他的理论，个人不过是实体的样式，没有独立存在的实体性。这样，他虽

① 北京大学哲学系外国哲学史教研室编译：《西方古典哲学原著选辑·十六—十八世纪西欧各国哲学》，商务印书馆 1975 年版，第 247 页。

② 北京大学哲学系外国哲学史教研室编译：《西方古典哲学原著选辑·十六—十八世纪西欧各国哲学》，商务印书馆 1975 年版，第 299 页。

然从实体和属性的关系上明确论证了思维和存在的同一性，但思维和广延作为实体的属性依然是平行的，谁也不能决定谁。因此，思维和存在的同一性只在抽象的实体本身之中，而不属于作为个人而存在的思维者。

3. 莱布尼茨的“单子论”

如果说斯宾诺莎的实体论是一种“总体实体论”，那么德国哲学家莱布尼茨的实体论则是以绝对的、独立的、众多的单个实体为基础的，他把这种个体的实体称之为“单子”。这是一个独具特色的思维本体论。因为在莱布尼茨那里，单子并非物质性的或具有广延性的原子，而是一种独立的、精神性的个体，其基本属性就是“知觉”。世界万物包括人在内都是由性质各异的“单子”构成的。每个单子都是封闭的、孤立的，同时又都是能动的，单子的运动就是从一个知觉变化过渡到另一个知觉，这是单子运动的“内在原则”，即“欲求”。在这个内在原则的推动下，单子的知觉不断地由低级向高级发展，从而构成一个不同等级的连续发展的序列。

莱布尼茨利用这种单子论，在一定程度上承认了个人的主体性地位。他认为，人是由高级的单子构成的，不仅具有清晰的知觉和记忆，而且有理性或精神，能运用概念进行推理、判断等思维活动。但最高级的单子不是人，而是上帝，它全智、全能，一切具有普遍性和必然性的真理都在它之内。依靠上帝这个中介，各自孤立的单子之间又普遍联系，相互影响，每个单子的发展都能够和其他单子的发展协调一致，形成了和谐的宇宙秩序，即所谓“前定和谐”。不过，在莱布尼茨看来，上帝的作用更像一个立法者或建筑师，它给出和谐秩序的蓝图，却不干预实际生活的进程。而每一个单子，特别是高级的单子——精神(即人)都是一个有独立活动能力的小宇宙。很明显，莱布尼茨利用单子概念来迂回地确认个人的独立性、自主性、能动性，强调个人的独立地位和自由活动的能力。

二、来自经验论哲学的质疑

如培根所表明的那样，欧洲近代的经验论哲学可以说是古希腊本体论哲学中自然哲学思维路线的延伸。唯理论与经验论在认识论上的对立是十分鲜明的。唯理论在认识论上贯彻思维的内在性原则，从思维本身出发，先验地确立思维的普遍原则或原理，并以此为出发点推出特定的东西。相反，经验论哲学家以物理的自然界为对象，从人的感性经验出发，通过对自然的观察和对经验的归纳概括，引导出“共相”和普遍规律。毫无疑问，经验论是一条直接通向经验科学的哲学路线，它本身就具有反形而上学的特征。

1. 英国和法国的唯物主义经验论

培根无疑是唯物主义经验论的奠基人。他明确地强调，自然界真正存在的就是按照一定规律运动的个别物体，自然事物及其运动规律是人们的知识的基础和前提。立足于这种自然本体论观念，培根阐释了经验论哲学的基本原则，即人的一切认识起之于感觉经验。这其实也是对观念的根据问题的经验论解答，即可靠的知识只能来自感觉经验。为此，培根强调，经验是一切科学知识的基础。

培根之后，霍布斯堪称英国经验论哲学中最典型的自然本体论者。他的哲学的核心概念是“物体”。他认为：“物体是不依赖于我们思想的东西，与空间的某个部分相合或具有同样的广袤。”[①]他还明确地肯定了物质的永恒性，认为世界统一于物质，指出：

> 宇宙的每一部分都是物体，不是物体的就不是宇宙的一部分。而因为宇宙是全体，如果不属于宇宙的一部分，那就是无，

① 北京大学哲学系外国哲学史教研室编译：《西方古典哲学原著选辑·十六—十八世纪西欧各国哲学》，商务印书馆1975年版，第82-83页。

也就什么地方都不存在。①

这样，他十分明确地把神学从哲学中驱赶出去，强调哲学的任务就是从物体的产生求知物体的特性或从物体的特性求知物体的产生。为此，他反对笛卡尔关于精神和物质是两种互不相干的实体的观点，指出："不能想象没有思想者的思想。……我们不能把思想同思想的物质分开。"②

在英国经验论的发展中，洛克做出了卓越的贡献。他高度注重对观念的分析，从而使经验论原则真正达到了系统化。但在本体论问题上，洛克却只能说是一个不够彻底的自然本体论者。他的思想深受笛卡尔的影响，认为存在着两种实体：一种是有形的但不能思想的物质实体，另一种是能思想的但没有形体的精神实体。人的一切精神的活动都是精神实体的作用。然而在认识论问题上，洛克却完全抛开了笛卡尔，并确立了彻底的经验论原则。

当然，洛克的经验论较之霍布斯更具有怀疑论的特征。这特别表现在他对因果关系的分析上。洛克认为，尽管人们在经验中经常看到一种结果总是有规则地跟着一种原因而来，因而凭着过去的经验，借助于类比来猜想相似的物体在别的实验中会产生相似的结果，但这不等于说一定的原因会必然地、普遍地产生一定的结果。由此可见，到了洛克哲学，经验论所面临的困难问题已经比较充分地暴露出来。自然本体论最初是经验论路线的前提，但是如果感觉经验构成了经验论不可超越的底线，那么自然本体论本身就必然会失去辩护的理由，因为我们原则上对感觉经验以外是否存在着一个自然实体很难做出合乎逻辑的论证。

受英国经验论哲学的深刻影响，以狄德罗、拉美特利、爱尔维

① 霍布斯：《利维坦》，转引自冒从虎主编《欧洲哲学通史》上卷，南开大学出版社 1986 年版，第 344 页。

② 霍布斯：《对笛卡儿〈沉思集〉的诘难》，转引自冒从虎主编《欧洲哲学通史》上卷，南开大学出版社 1986 年版，第 346 页。

修和霍尔巴赫为代表的法国“百科全书派”哲学家继续坚持自然本体论的观念，并对其做出了较之于前人更为出色的论证，这使得经验论在他们手里变成了比较彻底的唯物论和无神论。首先，他们依据自然科学材料对“实体”这个形而上学的概念进行了唯物主义的改造，认为宇宙中唯一的实体就是具有广延性的物质或自然。从这种观点出发，他们从根本上否定了上帝的存在。其次，受进化论思想的影响，他们把物质的自然理解为一个发展过程，把人理解为物质自然长期发展的结果。由此他们彻底否定了上帝创世论。最后，在物质和精神的关系问题上，他们从不同的角度论证精神是物质的产物并依赖于物质的观点。他们认为，不论是感觉、知觉，还是意志、思维，都不过是外界物体作用于人的外部感官所产生的印象而引起的人的内部器官、特别是大脑的变化。从这个观点出发，他们否定了灵魂不死的观念。

2. 唯心主义经验论与彻底的怀疑论

经验论在法国走向了唯物论和无神论，在英国本土却走向了唯心论和有神论。在这方面，贝克莱[①]的哲学是最为典型的代表。贝克莱从洛克的经验论出发，认为任何观念来自感觉经验且不超出感觉经验的范围。由此，他认为，人们头脑中有关知识对象的观念，归根到底取决于两个方面。第一，这些观念或者是实实在在由感官印入的观念，或者是由于注意人心的各种感情和作用而感知的观念，或者是借助于记忆和想象而形成的观念。如“苹果”就是由颜色、滋味、气味、形相和硬度等感觉观念构成的。但凡我们能够说出一个东西是什么，说出来的总是对这个事物的感觉。第二，“除了所有这些无数的观念或感知对象以外，同样还有‘某种东西’知道或感

① 乔治·贝克莱（George Berkeley，1685—1753），18世纪英国著名的哲学家、近代唯心主义经验论和主观唯心主义的重要代表之一，著有《视觉新论》《人类知识原理》《海拉斯和斐洛诺斯的对话三篇》等。贝克莱是一个虔诚的基督教徒，生前担任教会主教18年。

知它们，并对它们进行各种活动，如意志、想象、记忆等；这样一个能感知的主动实体，就是我所谓的心灵、精神、灵魂或自我”[①]。

根据上述这两个方面，贝克莱首先对“存在”这个形而上学的概念进行了经验主义的或者说感觉主义的改造。在他看来，既然作为知识对象的事物不过是由感觉观念组合而成的，那么事物的存在就仅仅意味着它被感知。因此，构成宇宙的一切物体，在心灵以外都没有任何存在；它们的存在就是被感知或被知道，“如果它们不是实际上被我所感知，或者不存在于我或任何别的被创造的精神的心中，那么，他们不是根本不存在，就是存在于某种‘永恒的精神’的心中”[②]。这可以说是对思维与存在同一性的感觉主义界说。

当然，在贝克莱那里，“存在即是被感知”这个命题并不意味着离开了人的感知事物就不存在。他一再声明，这个命题仅意味着事物的存在依靠一个能动的感知主体，即心灵实体。这个能动的精神体即心灵或精神，可以分为“有限的”与“无限的”两种，前者指人的心灵或精神，后者指上帝。所谓存在就是被心灵所感知，或者说事物不能离开心灵的感知而存在，绝不是说事物的存在与否仅仅决定于“我”个人的有限的心灵是否感知它。一事物的存在，即使没有被“我”这个有限的心灵所感知，也可以被别人的有限心灵所感知，即使没有被别人的有限的心灵所感知，还可以被无限的心灵即上帝所感知。

其实，无论是物质（自然）实体还是精神（心灵）实体，在经验论的原则中都不可能得到切实的论证，这可以说是彻底的经验论原则所必然要达到的理论归结，这也正是休谟哲学作出的基本结论。在经验论方面，休谟明确否认理性主义关于普遍观念先于感觉经验的观

① 北京大学哲学系外国哲学史教研室编译：《西方古典哲学原著选辑·十六—十八世纪西欧各国哲学》，商务印书馆1975年版，第539页。

② 北京大学哲学系外国哲学史教研室编译：《西方古典哲学原著选辑·十六—十八世纪西欧各国哲学》，商务印书馆1975年版，第541页。

点，强调“思想中的一切材料都是由外部的或内部的感觉来的”[①]。基于这个论点，休谟否认了唯物论哲学的物质实体说。他认为，唯物论肯定外物的独立存在，在认识论上只是一种先验的假设。如果从经验出发，便不能证明外物的客观实在性，不能证明我们的知觉是由外在事物引起的。因为，我们从经验中只能知道知觉，只能看到知觉之间的关系，看不到知觉和异于知觉的外物的关系。依照同样的逻辑，他也否认了精神实体说。他认为，同物质实体一样，精神实体的存在与否也是人们的经验所不能解决的。上帝的观念也是如此，上帝作为一种精神实体不能成为知觉的，原因是人们也无法经验到上帝同人们感官之间的联系。“自我”或“灵魂”这种精神实体也是这样，“任何时候，我总不能抓住一个没有知觉的我自己”[②]，“关于灵魂实体的问题是绝对不可理解的”[③]。这样，休谟就把笛卡尔提出的三种实体（上帝、物体和心灵）统统否定了。

第四节 来自德国古典哲学的理论综合

欧洲近代理性主义和经验主义在理论上的交锋，使这两条哲学路线在相互批判中又有所相互吸收，一方面在各自的理论出发点上完善各自的理论，另一方面也使各自所面临的主要问题充分地呈现出来。这同时也暗示着，这两种思潮或路线在理论上各有其合理性又有其无法克服的片面性，其中任何一个都不可能取代另一个。因此，哲学本体论或形而上学的进一步发展必然是要通过这两条哲学路线的理论综合来实现。这正是马克思之前德国哲学所付出的理论努力。

---

① 休谟：《人性论》，关文运译，商务印书馆 1980 年版，第 282 页。

② 休谟：《人类理解研究》，关文运译，商务印书馆 1957 年版，第 21 页。

③ 休谟：《人性论》，关文运译，商务印书馆 1980 年版，第 280 页。

一、康德的知识批判与“未来形而上学”

面对唯理论和经验论旷日持久的争论，德国哲学家康德十分清楚地意识到这两种思潮各自的合理性和片面性，因而他力图通过对人的认识能力和认识形式的考察，使这两种思潮达到一种理论上的综合，并克服它们各自的局限性。康德曾经是理性主义形而上学的信奉者，而在研究了休谟哲学之后，他的思想发生了根本性的转变。他承认，是休谟哲学首先打破了他的教条主义的迷梦，并给他的思辨哲学研究指出了一个完全不同的方向，这就是欲知人的理性能否把握世界本体，必先考察人的认识能力，由此实现对传统形而上学的改造。

康德对人的认识能力的考查是以对“自在之物”（物自体）和“现象”分析为前提的。“自在之物”和“现象”是康德哲学的本体论范畴。所谓“自在之物”，康德明确地指出，就是指存在于我们之外并刺激我们感官从而产生感觉的客体，“现象”则是自在之物作用于我们的感官而在我们的心灵中引起的知觉和表象。这就是说，自在之物是现象的原因，只要承认我们的知觉和表象是被外在于感官的东西所引起的，也就是承认了自在之物的存在。但是，由于现象只是我们的知觉和表象，受我们感官机能的影响，因而它并不反映自在之物的任何性质，至少从知觉和表象本身不能证明现象就是物自体本身的性质，自在之物本身到底是什么样子，我们一无所知。因此，在本体论方面，康德接受了传统自然本体论的观念，他毫不怀疑作为我们的感官对象的而存在于我们之外的物的存在，毫不怀疑感官对象就是作为“物体”而存在的东西。所以，他说：

> 提供了现象的物，它的存在性并不因此就像在真正唯心主义里那样消灭了，而仅仅是说，这个物是我们通过感官所决不能按照它本身那样来认识的。[①]

---

① 康德：《未来形而上学导论》，庞景仁译，商务印书馆 1978 年版，第 51 页。

康德也把由我们的知觉和表象构成的“现象界”称之为“自然界”，即“把自然界仅仅当做现象的总和，也就是当做在我们心中的表象的总和，来认识的”[①]。这样，康德实际上也改造了经验哲学的自然本体论观念，使自然本体论同经验论的基本观念相互协调。

自在之物是现象或自然界的原因，那么我们的理性思维能否透过现象而达及对物自体本身的认识？或者说像传统形而上学所断言的那样，能否在思维本身中获得有关世界本体的真理性知识？这就是“形而上学是否可能”这样一个尖锐的问题。为回答这个问题，康德考察了人的观念的性质和人的认识能力及其形式，提出了著名的“先天综合判断”之说。关于这个“先天综合判断”，我们在本书的第四章中已经做出了介绍和分析。在这里需要强调的是，康德认为我们的知识“始于”经验，但却不能说它“源于”经验。这句话有两方面的意思，首先它是说，我们的知识必须要有感性的材料；其次它是说，单凭感性经验并不能构成知识的全部，因为，“在经验的东西之外，并且一般说来，在给予感性直观的东西之外，还必须加上一些特殊的概念，这些概念完全是先天的，来源于纯粹理智，而每个知觉都必须首先被包摄在这些概念之下，然后才借助于这些概念而变成为经验”[②]。

这样，康德就引入了纯粹理智概念，认为只有把感性的经验材料包摄在这种概念之下，才能形成具有必然性和普遍有效性的知识，也就是具有“客观性”的知识。康德明确将知识的客观性归结为主体性，而在以往的哲学中，“客观性”这个范畴是属于自然的。在这里，康德并没有否认自然的客观法则，但他认为“自然界”不过是由我们的知觉和表象构成的“现象界”，现象之间的普遍的必然的联系，即自然规律，本质上正是我们的纯粹理智概念或形式在经验上的运用，这就是“人为自然立法”的思想。康德通过确认人为自然

① 康德：《未来形而上学导论》，庞景仁译，商务印书馆 1978 年版，第 92、86 页。

② 康德：《未来形而上学导论》，庞景仁译，商务印书馆 1978 年版，第 63 页。

立法这一事实，来证明人对对象的认识能力也就是人对对象的构造能力。在他看来，人类能够认识的领域，无非是人类“产品”，或者说，认识的对象是人类通过自身的力量而构造出来的东西。

但康德对人类认识能力做了明确的限定，即这种认识能力只能在经验的范围内有效，而对于“自在之物”的领域，则是无效的。自在之物是一个否定的概念，它意味着人类认识能力的界限，我们只能知道这个界限内的东西，界限之外的东西，我们只知道它存在，并且对于我们的知识而言是必须存在的，但除此之外，我们对它一无所知。

值得注意的是，康德虽然否认了“自在之物”的可知性，但却没有否认“感性世界”的可知性。他明确指出，我们生存于其中的世界就是作为现象而存在的“感性世界”，这种感性世界没有自在性，它以自在之物为基础，但是对于这个基础我们却一无所知，可这并不意味着“感性世界”也是不可知的。这个“感性世界”固然不是自在之物，但却是自在之物表现给我们的样子。因此，“感性世界（即做成现象的总和的基础的一切）之与未知者之间的关系就好象一只钟表、一艘船、一团军队之与钟表匠人、造船工程师、团长之间的关系一样。对于这个未知者，我固然并不认识它的‘自在’的样子，然而我却认识它的‘为我’的样子，也就是说，我认识它涉及世界的样子，而我是世界的一个部分”[①]。

这就是说，我们生存于感性世界之中，这个感性世界虽然以自在之物为其根源，但它的构成以及它的法则却来自人类主体的感性的和理智的形式，因而它是一个“为我”的世界，我们不仅能够把握这个世界，而且我们对这个世界的把握，即关于这个世界的知识也不终止于某一点上。只不过，人类知识的任何扩展都不能超出感性世界的范围，因为人类的一切感性的和理智的形式都必然是以感性世界中的现象为经验的内容。

---

① 康德：《未来形而上学导论》，庞景仁译，商务印书馆 1978 年版，第 148 页。

按照康德的说法，对人的认识能力进行批判，并将其严格限制在经验的范围内，是为一种未来的形而上学做准备。康德对之前的独断的形而上学的批判并不等于要完全放弃形而上学，而是要在一个新的基础上重新建立形而上学。在他看来，形而上学是人类理性的本性的一部分，“世界上无论什么时候都要有形而上学；不仅如此，每人，尤其是每个善于思考的人，都要有形而上学”[①]。只不过，在经过批判之后，形而上学能否成为科学的，必须先天地予以证明。康德认为这种形而上学在他的那个时代还没有出现，他已经给出这种作为科学的形而上学的标准。在这种标准面前，盖然性、假定以及良知之类的似是而非的概念都是行不通的。

二、从费希特到黑格尔：走向绝对的形而上学

康德的学术见解深刻地影响了现代哲学的各种思潮，他提出的问题几乎决定性地制约了现代哲学的基本发展方向。康德承认“自在之物”的存在，同时又认为，这个“自在之物”是完全不可知的。他设定自在之物的存在事实上是要限定主体的能力。这种限定显然是与近代以来的主体性哲学的基本精神相悖的。自在之物的存在表明主体并不是绝对的。为此，费希特[②]、谢林和黑格尔对这个不可认知的“物自体”均表示强烈的不满。他们以各自的方式，试图消灭这个物自体，建构出一种“绝对的形而上学”。

费希特最先发难康德的“物自体”理论。在他看来，康德既然认为认识只能局限在经验之内，那他就没有任何理由肯定经验之外的“物自体”的存在，“物自身是一种纯粹的虚构，完全没有实在性”[③]。费希特承认我们的一切知识来源于感觉经验，但受康德启发，他着

① 康德：《未来形而上学导论》，庞景仁译，商务印书馆 1978 年版，第 163 页。

② 约翰·戈特利布·费希特（Johann Gottlieb Fichte，1762—1814）17—18 世纪德国著名哲学家，唯心主义者，主要著作有《全部知识学基础》《自然法权基础》《伦理学体系》《论人的使命》等。

③ 北京大学哲学系外国哲学史教研室编译：《西方古典哲学原著选辑·十八世纪末一十九世纪初德国哲学》，商务印书馆 1960 年版，第 142 页。

力探究“经验的根据是什么”。他认为，哲学应当把出现在意识中的唯一确定的东西作为出发点。而当我们把出现在意识中的一切不确定的东西排除之后，剩下的不可排除的东西就是进行排除活动的“自我”和自我的排除活动。这个“自我”不是经验的自我，而是纯粹的自我，纯粹的活动。这样，费希特就把“自我”确立为一个行动的、能动的主体，认为自我既是行动者，又是行动的产物。他把这个纯粹自我的纯粹活动称之为“本原行动”，自我的存在与这个本原行动是直接统一的，即“‘自我存在’乃是对一种本原行动的表述，但也是对整个知识学里必定出现的那惟一可能的本原行动的表述”[①]。这种“本原行动”是一种“纯粹活动”，它不以任何对象为前提，而是产生对象本身，因而它是一切经验和知识的绝对的无条件的前提。

从这个作为“本原行动”的“自我”出发，费希特为自己的哲学体系确立了逻辑相关的三个命题。其一，正题：“自我设定自身”，即“自我原初无条件地设定它自己的存在”[②]。自我的本原行动就是自我设定的行动，即“我”在行动意味着一个行动的自我的存在，同时又意味着自我对这一行动的直接意识，因而它就是一种直观，是不证自明的，无须用概念来说明自我对自身的确认。其二，反题：“自我设定非我”。所谓“非我”就是以自我为前提的“感性世界”。这个感性世界同样是以自我的本原行动为根据的，也就是说，只有相对于“自我”来说，感性世界才是一个对象化的客观世界。如果说，自我设定自身是在意识上对自我的直观，那么自我设定非我就是自我从实践上设定自身，它意味着把自我设定到自身之外的有限世界中，并给自己的实践能动性设定一个界限。其三，合题：“自我和非我的统一”。自我设定非我，将自我置身于感性世界中，成为有限的自我或“经验自我”。但经验自我终归来自绝对自我，与绝对自我保持自身同一性，它能够通过自身能动的活动超越非我对自我的

① 梁志学编：《费希特著作选集》第1卷，商务印书馆1990年版，第515页。

② 梁志学编：《费希特著作选集》第2卷，商务印书馆1990年版，第698页。

限制，从而扬弃非我返回自身，达到自我与非我的统一。费希特以这三个命题为框架构建出一个从抽象到具体的形而上学体系，其核心概念就是作为“本原行动”而存在的“自我”。他的哲学的突出贡献在于启发人们从能动的主体即自我的活动中重新理解“感性世界”，把感性世界理解为人的活动的产物。但在他的笔下，作为一切经验的根据的“绝对自我”依然是一个行动着的理智存在体，是思维的出发点。

继费希特之后，谢林[①]提出绝对同一哲学，力图用一种客观唯心主义的思维原则来解决思维和存在的同一性问题。和费希特一样，谢林也肯定康德哲学的革命意义，但他指责康德设定的“物自体”割裂了理论和实践、必然和自由、思维和存在的关系。费希特的“自我哲学”也没有真正解决这个问题。因为，如果“自我”是与“非我”相对立的，受非我的反对和制约，那么自我就不可能是绝对的、无条件的东西，它与非我的同一性就得不到任何保证。在谢林看来，“自我”和“非我”、主体和客体、自由和必然、思维和存在之所以具有同一性，是因为它们原本就是同一的，或者说就是以“同一性”本身为根据的。这就是说，在它们之上，必然存在着一种凌驾于它们的，既非主体又非客体的东西，这就是所谓的“绝对”或“绝对同一性”。这种“绝对”是产生一切有限事物（物质的和精神的）的本原，“是个人和整个类族自由行动中的客观事物和主观事物和谐一致的真正根据”。

谢林相信，“绝对同一性”是主体和客体、精神和自然、思维和存在的来源和归宿，并且贯穿于双方的矛盾发展过程之中。然而，在他的哲学中，作为思维和存在的最终根据的“绝对同一”是一个神秘化的本体。谢林声称，这种“绝对同一”本身是无意识的，不可言说也不可证明，因而它不是知识的对象，而是行动中的永恒假

① 弗里德里希·谢林（Friedrich Schelling，1775—1854），19世纪德国著名的哲学家、美学家。著有《先验唯心主义》《哲学与宗教》《启示哲学导论》等。

定，即信仰的对象。一句话，“绝对同一性”就是上帝。谢林用这种方式重复了传统形而上学的一个逻辑：把思维和存在的最终依据同化为上帝，把思维的真理性推向彼岸世界，由此走向信仰主义和神秘主义。

在康德之后，黑格尔以其极为卓越的哲学才能，对自古希腊以来欧洲哲学本体论历史发展及其所面临的问题做出了深入细致的批判性总结，并在此基础上创建出一个规模庞大、内容丰富，几乎包罗了所有哲学问题的形而上学体系。这个体系十分明确地贯彻了思维的内在性原则，并运用思辨逻辑的方法，从思维与存在之同一于思维的前提出发，推论出一系列哲学原理。

黑格尔也激烈地批评了康德的自在之物，认为康德关于自在之物的观念是荒谬的。在他看来，真正的知识，应当能穿透自在之物，将所有的内容纳入自身的范围之内。不过，黑格尔借以消灭自在之物的，还是从笛卡尔到费希特这个形而上学传统的核心观念，即主体的自我意识。不过，黑格尔认为康德和费希特没有很好地把握到主体的这种自发的能力，因为他们没有真正将其理解为主体不断反思的过程。黑格尔的“精神现象学”就是对主体的这种成长过程的陈述。因此可以说，黑格尔的整个哲学所关注的就是精神或主体的一个“生产性”的过程。他说：

> 这部《精神现象学》所描述的，就是一般的科学或知识的这个过程。最初的知识或直接的精神，是没有精神的东西，是感性的意识。为了成为真正的知识，或者说，为了产生科学的因素，产生科学的纯粹概念，最初的知识必须经历一段艰苦漫长的道路。①

可见，黑格尔对精神成长过程的描述已经不是仅仅限于认识论的领域，而是扩展到哲学的整个范围了。

---

① 黑格尔：《精神现象学》上卷，贺麟译，商务印书馆1979年版，第17页。

作为一种思维本体论，黑格尔哲学的核心概念就是“绝对理念”。但黑格尔所讲的理念并不是柏拉图意义上的单纯的抽象概念或观念，而是“概念及其现实化”。这一方面是说，概念自身的规定性的展开，必然具有现实性，必然会走向现实，成为现实化的各个环节，而不会仅仅停留在思维的抽象规定中；另一方面是说，现实存在的具体事物及其发展也必然体现概念的必然性，从而具有合理性。在黑格尔看来，传统形而上学的基本缺陷之一就在于片面地坚持概念的抽象规定，使概念局限在抽象理智中，缺乏丰富的现实化内容，脱离经验，远离生活，成为抽象的、空泛的思维规定。

不过，在黑格尔哲学中，思维和存在的同一性，无论怎样体现在经验中或现实化，最终都要回归到思维本身，亦即精神要求它自己的最高的内在性——思维——的满足，而以思维为它的对象。但当精神在以思维本身为对象时，思维自身却纠缠于矛盾中。他认为，任何概念其规定性的充分展开都必然会走向自己的反面，走向自身的他物或者说走向自身的否定性。正是这种否定性推进了概念同时也是事物自身的发展。

由于矛盾既是思维的本性又是事物自身的本质，因而思维和存在的同一性并不是谢林所说的那种绝对的、无差别的“绝对同一”，而是一个在内在矛盾的推动下，通过肯定、否定和否定之否定而不断实现自身的发展过程。康德把矛盾的出现归于思维着的理性或心灵的本质，因而矛盾在康德那里依然是主观意义上的矛盾，而非认识对象或世界的本质。黑格尔则认为，思维中的矛盾正是以思维为本质的那个世界本身的矛盾，把握了矛盾也就把握了物自体。因而，矛盾是推动一切的原则，认识矛盾并且认识对象的这种矛盾特性就是哲学思考的本质。

从这种思维本体论出发，黑格尔的思辨哲学贯彻了彻底的思维内在性原则，这个原则作为思辨哲学的方法也就是辩证思维的基本方法，即从纯粹的思维规定出发，从一个思维规定合乎逻辑地推演出另一个思维规定，因而这种思维的进展是普遍的、必然的，无须依赖经验材料的佐证。用黑格尔的话说：

> 只有思维本身才构成使得理念成为逻辑的理念的普遍规定性或要素。理念并不是思维形式，而是思维的特有规定和规律自身发展而成的全体，这些规定和规律，乃是思维自身给予的，决不是已经存在于外面的现成的事物。①

运用这种思辨哲学的方法，黑格尔构建起他的庞大的思辨哲学的体系。

第五节　形而上学的批判与重建

形而上学一开始就面临着问题：一方面，由于形而上学处理的总是概念，总是事物不变的本质，因此在历史上总被视为“难能可贵”的、崇高的智慧，被尊为绝对的真理；另一方面，有些哲学家又认为，抽象的领域不过是人类思维制造出来的假象，现实中没有这个领域，因此形而上学不仅是玄虚的学问，更是虚幻的学问。这两种想法都是自古就有的，我们可以称之为形而上学和“反”形而上学。当然，这两种观点的对立，根源于形而上学中本体与现象、理性与感性、真理与意见的对立。形而上学只有强化这种对立，其崇高的地位才能彰显出来；反形而上学也承认这种对立，不过它认为真实的一方在于可感的世界，因此它总是在告诫人们不要虚妄地超越。但是形而上学的超越性又是内在于人类存在本性之中的，所以我们会一再地看到各种复兴形而上学的努力。

一、形而上学与反形而上学

形而上学与反形而上学的对立可以追溯到古希腊。在古希腊哲

① 黑格尔：《小逻辑》，贺麟译，商务印书馆1980年版，第63页。

学家巴门尼德那里，就区分了存在与非存在，存在与思想本同一，而意见则对应于非存在。巴门尼德认为，真正的知识只能通过抽象才可能获得，因此只有对物的抽象思索才可能得到真理，只有理性的言说（Logos）才有权做出判断；而向我们反映出杂多和变化、生成和消失之现象的感性，则是所有错误之原因。形而上学选择了抽象的真理之路。从苏格拉底到柏拉图，哲学逐渐发展成为理念论。而理念正是处于万物之后的作为原因的东西。如文德尔班所说，柏拉图的理念论就是“通过概念而认知的非物质存在”，因而他属于“非物质的爱利亚主义”者，“毫不考虑发展和生成的世界，而将这发展和生成的世界留给了知觉和意见”。[①]

亚里士多德在他的《形而上学》中也把形而上学的领域标志为最高级的知识，它超出了自身科学的界限，超出了经验领域的界限。后来的黑格尔也表明了这样的态度：经验的领域是有限的，经验的知识也是有限的，而形而上学的对象领域，经验是无法把握到的，这就是自由、精神和上帝等等。这些对象之所以属于经验之外的另一个范围，乃是因为它们是无限的。所以在他看来，一个有文化的民族如果没有形而上学，“就像一座庙，其他各方面都装饰得富丽堂皇，却没有至圣的神那样”[②]。这些都说明，形而上学在哲学史上具有崇高的地位。正如柏拉图所说，形而上学的对象是如此的光明和神圣，以至于“普通心灵的眼睛”都无法持久地“凝视”[③]，而只有高贵的心灵才能面对这类对象。

但在哲学史上也不乏反对形而上学的人。在古希腊，曾经有个智者学派，他们就嘲笑了巴门尼德的存在学说，认为只有人们可以感知的世界才是真实的，甚至由此推导出“人是万物的尺度”。今天我们在说形而上学的时候，常常指代一种玄虚的思辨，甚至是某些

① 文德尔班：《哲学史教程》上卷，商务印书馆 1987 年版，第 161－162 页。

② 黑格尔：《逻辑学》，商务印书馆 1966 年版，第 2 页。

③ 《柏拉图全集》第三卷，人民出版社 2003 年版，第 59 页。

“纯粹的胡思乱想”坏习惯。奥地利有个“维也纳学派”，它的代表石里克和卡尔纳普就提出了很尖锐的反形而上学观点。他们的理由主要是形而上学的论断是不可证实的同语反复。例如，我们可以通过感觉经验证明我们的面前“存在着”一张桌子，因为我们可以看到它、触摸它，甚至可以用仪器去测量它，但我们不能说通过感觉经验证明“存在”本身是什么。用形而上学的语言说，存在不是非存在，存在是存在的，而非存在是不存在的；存在不是存在者的东西，它只是存在本身。但在维也纳学派的哲学家们看来，这些都是故弄玄虚的做法，谈不上科学，只有跟经验相关，能被经验证明的才是真正的科学。

尼采也激烈地批判了形而上学。他说，形而上学家也就是“哲学家处理的一切都变成了概念木乃伊；没有一件真实的东西活着逃脱他们的手掌”，哲学家也被他讽刺为“概念偶像的侍从”。[①]形而上学这种学问假设了我们知道或能够知道世界后面的另一个世界。在现象世界后面，一个真正现实的、永恒的、自在的、不变化的本质性世界被遮蔽着，而破解和揭示这个世界应该就是哲学的任务，可以说，形而上学就是一种关于彼岸的哲学。但是在他看来，这个彼岸世界对我们这些常人来说确实是不透明的，需要某些“神秘的”方法才能达到，而这些神秘的办法，就是形而上学获得尊贵地位的秘密。

尼采以非常尖锐和激进的方式将形而上学的概念崇拜表达出来。因为这种概念崇拜，形而上学家们的眼里只有抽象的彼岸世界，而忘记了世俗的生活世界。其实，马克思在批评黑格尔的时候也表达了类似的观点。马克思批判黑格尔的哲学是头足倒置的，黑格尔没有意识到，他所主张的精神的世界，其实乃是现实的、具体的人的生活的一种抽象。这种抽象在黑格尔的形而上学中获得了一种独立的假象，马克思将其称为一种意识形态。马克思对形而上学的批

① 参见尼采：《偶像的黄昏》，湖南人民出版社 1987 年版，第 22 页。

判并没有如此简单，还包含着对形而上学的某种重新建构。但是无论如何，马克思和尼采的这种思想，深深地影响了后来的哲学，例如后现代主义、后结构主义等。在今天的哲学界，“克服形而上学”“抛弃形而上学”的呼声依然很高。

但形而上学批判并不一定意味着对形而上学的简单的否定。有些形而上学批判，例如实证主义、后现代主义等都主张完全地抛弃形而上学；而另外一些批判，例如马克思主义哲学、海德格尔的基础存在论，甚至更早的康德哲学，都没有主张完全地抛弃形而上学，也并没有完全放弃超越性的思维。我们可以说，这种批判在一定程度上乃是以重建形而上学为目的的。就像康德在批判了独断的形而上学之后又试图建立作为科学的形而上学一样，我们可以说马克思、海德格尔等人的哲学努力也是在试图建立一种新的形而上学。

二、马克思：从抽象的精神到现实的个人

马克思的形而上学批判的直接对象是黑格尔，其哲学革命也就是超越黑格尔哲学的过程。在这里，我们可以将这个过程概括为从抽象的精神到现实的个人的过程。在黑格尔那里，精神概念成为无所不包的大全。这个大全之所以成为可能，乃是在于黑格尔的唯心主义将对象、客体吸纳入自身的范围内，将所有东西看成精神的外化。在马克思看来，这种无所不包的绝对精神，不过是现实的人的一种极端的抽象，而要获得人、主体的真实形态，就必须将其放到现实中来考察。那么，这个现实意味着什么呢？是不是我们前面讨论过的感觉、经验之类的东西呢？应该说，马克思的现实概念肯定是包含这些要素的，但却不仅仅是这些。通过对黑格尔哲学的批判，马克思打开了一个新的哲学视野，即实践论。

我们通常说，做事情要“现实”一点，其中的“现实”透露出了某种信息，就是做事情要多考虑实际存在的条件，包括诸多客观因素的限制，而不是单纯从主观愿望出发。马克思在研究现实的个人的过程中，实际上也包含着类似的观念。现实的个人不仅仅是通

过其自身而得到规定的，它是受到它生存的环境限制的，最明显的是受到他的对象限制的。也就是说，人或者主体实际上是一种对象性的存在者。

与此相对，黑格尔的自我意识和精神就是非对象性的存在。其实，黑格尔的“精神现象学”也强调对象性，但黑格尔的对象无非是“对象化的自我意识”，因此这种对象性最终是要被克服的。“对象性本身被认为是人的异化的、同人的本质（自我意识）不相适应的关系。因此，重新占有在异化规定下作为异己的东西产生的、人的对象性的本质，这不仅具有扬弃异化的意义，而且有扬弃对象性的意义，这就是说，人被看成非对象性的、唯灵论的存在物。”①而马克思认为，“非对象性的存在物是非存在物（Unwesen）”，“是一种非现实的、非感性的、只是思想上的，即只是虚构出来的存在物，是抽象的东西”。②

显然，说人是感性的和现实的，就是肯定他是有对象的，马克思认为这种有对象的存在必定是一个自然的存在。当然，人作为一种自然的存在，作为一种受动的存在，并不是说它跟其他的自然物没有区别，完全没有主动性。其实，马克思曾批评以前的唯物主义没有把握到人的主观能动性，没有意识到人类改造世界的活动和能力。马克思强调环境影响人，而人又能改变环境。人与他生存的条件之间有着一种辩证关系。只有处于这种辩证关系中的人，才是现实的个人。那么这个环境，这个生存的条件是什么呢？这个环境就是一种在唯物主义基础上理解的历史情境，一种生活世界。人的本质与这个生活世界是直接相关的，是一切社会关系的总和；如果不联系人的生活世界，就只能得到抽象的人的观念。

但从另一方面来说，这种生活世界又是属人的，是人类的活动历史地构成的。马克思所说的“个人不是他们自己或别人想象中的

---

① 马克思：《1844 年经济学哲学手稿》，人民出版社，2000 年版，第 102 页。

② 马克思：《1844 年经济学哲学手稿》，人民出版社，2000 年版，第 106、107 页。

那种个人，而是现实中的个人，也就是说，这些个人是从事活动的，进行物质生产的，因而是在一定的物质的、不受他们任意支配的界限、前提的条件下能动地表现自己的”[①]。现实世界中的事物，无一不处于与人的关系中，无一不是一种“为我”的存在。这样，人与世界之间就形成了一种辩证关系。

无疑，马克思的形而上学批判为我们理解这个世界打开了一个新视野。马克思通过对人与生活世界之间关系的描述，刻画出了一种新的主体性。这种内在于生活世界的主体性，是马克思的哲学理论的出发点。如果我们考虑到马克思对传统形而上学要素的保存，那么也可以将其视为重建形而上学的一种尝试。

三、海德格尔：克服形而上学？

在当代哲学中，海德格尔的基础本体论与马克思的哲学理论有诸多相似。海德格尔也是形而上学的激烈批判者，但与马克思不同的是，海德格尔与传统形而上学的关系显得更加紧密，在他的形而上学批判中，重建的意图也更加明显。

要想理解海德格尔的形而上学批判，有一个关节点，就是他一再强调的“存在论差异”，简言之就是存在不等于存在者。这看起来简单得不能再简单的差异，其实正是形而上学的“核心部件”。与形而上学前辈一样，海德格尔认为形而上学的根本任务就是要探讨存在本身，并且是超出存在者来探讨存在本身。在他看来，整个西方形而上学传统的失误，在于误将某种特殊的存在者当作存在，因此遗忘了存在本身。无论是古代哲学中的理念、实体，还是近代哲学中的精神、意志，都不过是某种特殊的、非一般的存在者。而存在本身反倒被这些“伟大”的存在者遮蔽了。

那么，存在本身到底是什么呢？海德格尔认为，存在是不能用理论的语言表达的，也是不能用理论的方式来思考的，甚至我们在

① 《马克思恩格斯选集》第1卷，人民出版社1995年版，第71–72页。

说存在“是”什么的时候，就已经包含着对存在的误解了。因为说某种东西“是”什么，就意味着首先肯定它是一个存在者。就像我们说眼前的是一张桌子，在还没有认定它是一张桌子之前，就已经肯定它是一个存在者了。也就是说，只有对于存在者，我们才能这么问，而如果要对存在本身发问，这种方式是不行的。这有点令人费解。

但回顾一下存在这个概念的来源，我们就不难理解了。存在，也就是“being”，源于系动词“be”。系动词是印欧语系特有的词汇，它没有自己独立的意思，但我们可以用它来对所有的名词做判断。我们总是说这“是”什么，那“是”什么。哲学家发现，所有的事物都“是”个“什么”，所以就追问“是”本身是什么，这个“是”本身就是我们通常说的存在。它是所有存在者所共有的东西，也被理解为所有存在着的东西之所以存在的原因。但是如果将“是”转而用在“存在”之上，那么就等于否认了“是”作为系动词的特殊性，也就不再是我们想要的那个“是”（存在）了。

按照海德格尔的看法，我们对存在并不是一无所知的。在我们说某物是什么的时候，其实我们已经领悟了“是”意味着什么了，否则我们怎么会问出这种问题呢？只不过在他看来，这种领悟并不是能用理论的语言表达清楚的东西，原因很简单，因为存在不是存在者。我们可以用理论的语言去探讨存在者，却无法直接探讨存在本身。所以，存在本身是超出了存在者领域的东西。

当然，海德格尔并不仅仅是从语言的角度论证存在，他也提出了一种类似于实践论的模式。在他看来，存在是所有存在者存在的根据，而在所有的存在者中，人是一种特殊的存在者，也就是他所说的“此在”（Dasein）。只有人能够从存在者的领域超越出来，追问存在本身。其实人的生活本身就是对存在的一种理解和表达，不过是在我们的理论的、对象性的观念中，这种被原始地理解的存在被遗忘了。存在是支撑着所有存在者的一个隐身的背景，而我们研究的对象，不过是在这个背景之下被突出出来的东西。海德格尔举例子说，我们在使用一把锤子敲东西的时候，如果锤子没有什么问题，我们使用起来就会得心应手，也就不会去研究、观察锤子。这是一种“上手状态”。而一旦锤子出了问题，不能用了，我们就会去研究这把锤子，看看它出了什么毛病，这是一种“不上手状态”。这个时候，锤子已经被竖立为我们的对象，在与这种对象打交道的过程中，我们就产生了理论的态度。在海德格尔看来，存在一刻也没有离开我们的活动，因为它是所有存在着的东西的条件，只不过我们的眼里通常只有作为对象的事物，而没有存在。以往的形而上学，都是这种理论态度的结果。所以它们最多是找到了某个终极的存在者，而不是存在。

那么，人如何才能达到存在本身呢？按照海德格尔的观点，显然不能用传统形而上学的方式，但是如果不用传统的理论的方式，我们又能够用什么方式呢？这是困扰着海德格尔的问题。他试图用一种“思想”来代替传统的“哲学”。按照他的想法，这种思想已经超越了概念的思维，从而也就成了一种“诗性”的思维。但是这种诗性的思维应当如何运作，海德格尔始终不能说清，以至于到最后只能求助于一种“悟道”的方式，就像中国的道家和禅宗一样。这是海德格尔哲学的一个难题。

尽管海德格尔一再宣称他所谓的“思想”是与整个传统的形而上学的思维方式不同的东西，但是很多后来的哲学家却倾向于将他看作形而上学家。因为，海德格尔哲学的根本问题乃是直接来源于形而上学的传统，并且海德格尔的思维方式也包含着典型的形而上学的要素，例如存在不等于存在者，在一定程度上可以说是巴门尼德和柏拉图以来的形而上学思维方式的某种变形。无论如何，在海德格尔那里，存在也是超乎存在者之上的，作为存在者本质的匿名来源。这恰恰符合形而上学传统的思维模式。

第六节　形而上学与信仰问题

按照通常的见解，哲学作为理性的知识，与宗教信仰属于两个完全不同甚至相互冲突的领域，因为求知和信仰从根本上是不同的。但是人类精神的这两个领域却往往最终交汇在一起。因为人类永无止境的求知与人类自身的有限性发生了矛盾，我们的理性知识需要一个最终原因，但是理性却又不能为它进一步寻找原因，因此这个终极原因就处于人类理性的临界点上，再往前跨一步就进入信仰的范围了。所以很多哲学家都将终极原因称为神。从另一个方面看，宗教信仰并不完全是非理性和神秘的。人们在信奉宗教的过程中，并不完全是神秘力量的驱使，往往也有一个被“说服”的过程。这个过程中理性就扮演了关键的角色。所以在宗教体系中，必须有一门学问，专门论证上帝的存在及其与这个世界的关系。这两门学问的交汇，在西方的传统中被称为神-本体论（Theo-Ontology）。

一、古代形而上学中的神学问题

在哲学产生之前，希腊神话已经在以某种方式思考形而上学问题了。神话已经在为世界的“最初的实在”问题寻找答案，并以追溯神谱的方式探求自然最初始、最根本的起源。亚里士多德曾说，“去今甚久的古哲，他们在编成诸神的记载中，也有类此的宇宙观念；他们以海神奥启安与德修斯为创世的父母，而叙述诸神往往指水为誓，并假之名号曰‘斯德赫’。事物最古老的最受尊敬，而凡为大家所指誓的又应当是最为神圣的事物”[①]。虽然形而上学的出现本身是对神话的反动，但是神话所包含的问题却在形而上学中延续下来，甚至有人认为早期的海神崇拜还影响到最早的哲学命题：水是万物的本源。

① 亚里士多德：《形而上学》，商务印书馆 1958 年版，第 8 页。

无论如何，在后来的形而上学中，总有一个部分涉及神的存在。柏拉图就说神是至高的善，是万物的秩序的来源。而在亚里士多德这里，存在着一种脱离了任何质料的纯形式，它的地位最高，因此也就是神性的存在。在解释我们身处其中的这个可感世界的时候，形式必须与质料结合，但在所有形式之上还有一个使一切形式成其为形式的“最高形式”，这就是“神”，它不依赖于任何质料而独立存在。神是世界上一切事物运动所指向的目标，它赋予一切质料以形式。就这点而言，亚里士多德与柏拉图是一致的。我们不难看出，无论是形而上学的本原、实体还是神学中的上帝，都意味着是超越我们生活的可感世界且为这个世界提供依据的那种抽象的东西。在一定程度上可以说，形而上学是科学形式下的神学，而神学则是服务于宗教信仰的形而上学。形而上学的主要问题是“形而上”世界的存在及其与可感世界的关系，而神学则要证明神的存在以及它是如何为我们的世俗生活提供依据的。

亚里士多德之后，新柏拉图主义明确地将形而上学改造成了神学。这个学派的主要代表人物普罗提诺就直接说，世界的最高本体乃是神。他称神为“太一”或“善”。太一既是无所不包的统一性，又是单一、唯一的神。它不是万物的总和，而是先于万物的源泉。它的善不是伦理之善，而是本体的完善和圆满，或者说，它是生命之源、力量之源。普罗提诺的太一显然是从柏拉图的至善的理念改造过来的。

既然太一是这样一个至大无外的东西，那么我们就不能将其与其他任何东西相等同、相对比。如果我们能说出太一具体是什么，那么它势必就不再是无限的东西了。因此，普罗提诺只能以否定的方式来规定这个太一。太一是我们逻辑思维的一个终点，我们只能说太一是它自身。既然我们不能直接认识这种高高在上的神，那么它与世俗的生活有什么关系呢？为了解决这个问题，普罗提诺提出了一种“流溢说”。在他看来，世界生成的模式就像中国的老子说的一样，一生二，二生三，三生万物。太一首先流溢出理智（nous），理智再流溢出灵魂，灵魂再流溢出我们所熟悉的现象世界。按照古希腊的目的论，那么处于低级世界中的万物是要朝向高级世界运动的，因此处于世俗世界中的人也必须朝向至善的上帝运动。这样，普罗提诺就沟通了神的世界与世俗世界，也为世俗世界中宗教生活做出了形而上的论证。

二、近代形而上学中的神学问题

我们通常说，哲学在中世纪乃是神学的“婢女”，是为了论证宗教信仰服务的，而在近代哲学则获得了独立。这不意味着近代哲学不讨论上帝的问题了。事实上，上帝的问题在近代形而上学中延续了下来，只是它采取了与近代哲学的基本问题相适应的形式。在笛卡尔那里，上帝是作为思维与存在的中介而出现的，也就是必须通过上帝这个中介，才能导出物质世界的存在。为此，他从“我思故我在”这一原理出发，推论出他的第二条哲学原理：上帝存在。他的推论是：“我”在怀疑说明“我”不完满，而“我”知道自己是不完满的，乃是因为“我”心灵中有一个绝对完满的观念。这个绝对完满的观念不可能来自不完满的东西，而只能是来自一个绝对完满的实体，这就是上帝。

上帝是无限实体，“我”以及其他一切存在物都是有限实体，这些有限实体都是由上帝这个无限实体创造出来的。他论证说：既然“我”可以从“我思”中明白无误地引申出“我”这一有限实体的存在，那么我们同样有理由从上帝这个无限实体中进一步论证出“我”之外的其他一切实体即物质世界及其规律的存在，因为这些有限实体如同“我”的心灵一样是由上帝这个无限实体创造出来的。与笛卡尔类似，其他唯理论形而上学几乎都不可避免涉及神的问题。在斯宾诺莎那里，实体就是神，他从实体的唯一性出发，直言：“除了神以外，不能有任何实体，也不能设想任何实体。”在莱布尼茨那里，神则是创造“单子”并规定单子活动的规则的能动力量。

康德的知识批判也涉及了上帝。在他看来，以往关于上帝存在的证明不外乎有三种：自然神学的证明、宇宙论的证明和本体论的证明。康德逐一表明这些证明都是不可能的。所有这些证明失败的原因在于，上帝是一种理念，而不是我们认识的对象。但是康德并没有就此放弃上帝的观念。尽管他不能为上帝存在提供知识的证明，但他却试图对此提供道德的证明，或者信仰的证明。在康德看来，人是一种感性的存在，同时是道德的存在；感性的意志的目标是幸福，而伦理意志的目标则是德行，这两个原则在“至善”的概念中才得到结合。然而作为有限的存在者的人是不能达到至善的。“如果道德意识需求至善的现实性，信仰就必然超越经验的人类生活，超越自然秩序，而越入超感的范围。信仰假定一种超越于暂时存在的人格的现实性（不朽的生命）和一种扎根于至高理性、扎根于神的道德世界秩序。”[①]上帝的存在是道德生活一个必然公设。

黑格尔不同意康德这样一种作为设定的上帝，以及上帝的无限与人的有限这种不可克服的距离。在他看来，这种虚空的上帝概念可以通过一个形而上学概念来充实，这就是绝对精神，一种类似于上帝的“普遍神圣的理性”。他直言不讳地说：

> 事实上，真正的关系是这样的：我们直接认识的事物并不只是就我们来说是现象，而且即就其本身而言，也只是现象。而且这些有限事物自己特有的命运、它们的存在根据不是在他们自己本身内，而是在一个普遍神圣的理念里。这种对于事物的看法，同样也是唯心论，但有别于批判哲学那种的主观唯心论，而应成为绝对唯心论。这种绝对唯心论虽说超出了通常现实的意识，但就其内容实质而论，它不仅只是哲学上的特有财产，而且又构成一切宗教意识的基础，因为宗教也相信我们所看见的当前世界，一切存在的总体，都是出于上帝的创造，受上帝的统治。[②]

① 文德尔班：《哲学史教程》下，商务印书馆1993年版，第762页。

② 黑格尔：《小逻辑》，贺麟译，商务印书馆1980年版，第127-128页。

三、形而上学与终极关怀

海德格尔强调使一切“存在者”成其为“存在者”的那个“存在”本身是最普遍的也是最晦暗的概念，是不可定义的但却是自明的概念。这个说法，多少使“存在”概念具有一种抹不去的神秘性。美国著名的系统神学家和哲学家蒂利希[①]干脆接过了这个话题，使之转变为一个神学命题，并由此提出关于人的生存价值的“终极关怀”（ultimate concern 又译“终极关切”）理论。

在蒂利希的宗教哲学中，“终极关怀”被视为神学研究的一个原则性命题。他对此做出这样的解释：

> 我们的终极关切就是决定着我们是生存还是毁灭（to be, or not to be——亦可译为“存在还是不存在”）的东西。只有那些能把它们的对象作为对我们具有生存和毁灭意义的事物来加以阐述的陈述，才是神学的陈述。[②]

如果我们暂且不论蒂利希对终极关怀问题的神学解答，这个解释的基本内涵对于哲学也是适用的。对人的存在来说，没有什么问题比关乎人的生存或毁灭的问题更根本，更具有终极性。这里所说的“生存或毁灭”不仅仅是指自然生命的存活或死亡，而且是指人作为“人”所具有的全部生存价值和意义的获得或丧失。我们可以将之称为价值生命的“生存或毁灭”。

受海德格尔哲学的影响，蒂利希是从传统哲学有关“存在论”的研讨中引申出他的神学命题的。他指出“存在论”的问题就是“什么是存在本身”。在对这个问题的回答中，蒂利希像海德格尔那样把“存在”和“存在者”区分开来，认为“存在本身”不是指任何特定的存在物，也不是指存在物的集合，而是指一切存在物得以存在

① 保罗·蒂利希（Paul Tillich，1886—1965），又译田立克，德裔美国宗教哲学家，系统神学的创立者，基督教存在主义者，主要著作有《系统神学》《文化神学》《信仰的动力》等。

② Tillich. Systematic Theology, The University of Chicago Press, 1967, Volume 1, p.13.

和赖以存在的基础或力量。它比一切存在物更根本，渗透于一切存在物之中；它超越于主客体对立之上，无限高于一切存在物，因而它正是“决定我们存在还是不存在的那个东西”。这个“存在本身”在蒂利希看来，就是“上帝”。换句话说，只有把上帝理解为存在本身，才能真正体悟上帝何以成为万物存在以及人之生存的终极性根据。由此，蒂利希语出惊人地断言：“肯定有上帝同否定有上帝一样，都是无神论。”[①]因为，说“有一个上帝”和说“没有一个上帝”一样，都是把上帝当作有限的“可有可无”的存在物，或归为存在物的一种，从而也就否认了上帝的无限性和永恒性。

蒂利希还认为，对存在的领悟，必须通过人对自身生存的体验。人和其他任何存在物一样，都是有生有灭的或有限的存在，因而被“非存在”所包围，并随时可能陷入“虚无”。一旦人们体验到或意识到自身的有限性，就会对自身的非存在性（如死亡）产生忧惧，这种忧惧导致人们去思考“存在本身”，亦即追寻我做的这一切有什么意义？这一切对我的生命或对我的存在有什么意义？我的生命的意义又是什么？这样的问题就使人走入了生活的深处，并体现出生命的“深度”。所以，在蒂利希看来，人是必然具有宗教性的。宗教不是人生的一个孤立的禀赋，而是人的全部文化和精神生活的“深度”方面，它表现的是人生之终极关切，指向的是维系人的存在并赋予人生以意义的东西。这种终极关切可以通过人的任何创造性的活动表现出来，可以表现为真理的热切追求，可以表现为道德人格中无条件的良心命令，可以表现为献身艺术或爱情的热诚，等等。

然而，让蒂利希感到痛心疾首的是，人们对自身终极命运的关切，常常误入歧途。在物质极大进步的现代社会中，人们往往并没有自觉意识到自身的存在价值，而是表现为竭其心力地对一切可欲对象的占有，也就是把自己无条件的信赖和执着献给一些有限的、有条件的东西，例如荣誉地位、金钱财富、政治权力、种族优越之

① Tillich. Systematic Theology, The University of Chicago Press, 1967, Volume 1, p.237.

类，把这些东西当成终极关切的对象。蒂利希认为，对于人的生存来说，最可怕的就是把有限的存在物当作终极关切的对象。因为有限的存在物总是被非存在所包围，将之作为毕生追求的对象，作为寄托自身全部价值的东西，最终不可避免地会陷入“生存的失望”，沦落于空虚和无意义的境地。因此，问题不在于人有没有“终极关切”，而在于关切的对象是否真的具有“终极性”。只有当人们超越了对有限物的追求，真正去体验“存在本身”的时候，生存的终极意义才能呈现出来。因为，一切存在物都是有限的、有生有灭的，只有使一切存在物得以存在的“存在本身”是不会随着存在物的生灭而生灭的，它是无限的、整体的。而这个“存在本身”就是上帝。对上帝的信仰，可以使我们体验自身生存的无限性根据，从而在信仰中摆脱由于生存的有限性带给我们的忧惧，获得克服非存在的勇气，在自己的创造性的活动中肯定自身存在的价值。

从以上可以看出，蒂利希实际上是采用了柏拉图理念论的方法，把“存在本身”从一切存在物的存在中分离出来，使之独立自存，进而将之神圣化不可认知只能心领的“上帝”。这就使他把“终极关切”变成了心灵深处的“彼岸世界”，重新恢复信仰的权威。马克思当年在评述路德的宗教改革思想时，说过这样一段话：

> 路德战胜了虔信造成的奴役制，是因为他用信念造成的奴役制代替了它。他破除了对权威的信仰，是因为他恢复了信仰的权威，他把僧侣变成了世俗人，是因为他把世俗人变成了僧侣。他把人从外在的宗教笃诚解放出来，是因为他把宗教笃诚变成了人的内在世界。他把肉体从锁链中解放出来，是因为他给人的心灵套上了锁链。[①]

用这段话来界说蒂利希的“终极关切”论也是很合适的，而且一旦把“存在本身”从一切存在物中分离出来，“存在本身”也就成了“虚无”，它给予人们的充其量不过是虚幻的拯救。

① 《马克思恩格斯选集》第1卷，人民出版社1995年版，第10页。